Deel • Traden nach Plan

Robert Deel

Traden nach Plan

Vermögensbildung
Geldmanagement
Risikokontrolle

FinanzBuch Verlag München

Bibliografische Information Der Deutschen Bibliothek
Die Deutsche Bibliothek verzeichnet diese Publikation in der
Deutschen Nationalbibliografie; detaillierte bibliografische Daten
sind im Internet über <http://dnb.ddb.de> abrufbar.

Aus dem Amerikanischen von Christine Meyer

E-MAIL: DEEL@FINANZBUCHVERLAG.DE

Realisierung: Volk Verlag Mümchen
Druck: Wiener Verlag, Himberg

2. unveränderte Auflage 2002
© 2001 BY FINANZBUCH VERLAG GMBH MÜNCHEN
LANDSHUTER ALLEE 61 • 80637 MÜNCHEN
TEL.: 089/65 12 85-0 • FAX: 089/65 20 96
Alle Rechte, einschließlich derjenigen des auszugsweisen Abdrucks
sowie der photomechanischen Wiedergabe, vorbehalten.
Dieses Buch will keine spezifischen Anlageempfehlungen geben und
enthält lediglich allgemeine Hinweise. Autor, Herausgeber und die
zitierten Quellen haften nicht für etwaige Verluste, die aufgrund der
Umsetzung ihrer Gedanken und Ideen entstehen.

ISBN 3-932114-89-2

Für mehr Bücher: www.finanzbuchverlag.de

Inhalt

Inhalt

6

Trading: Ein Portfolio-Ansatz   185

Computer, Software,   209
und Trading-Systeme

Anhang   221

Investologie

EINFÜHRUNG

Warum verlieren die meisten Menschen an den Börsen Geld, während nur einige wenige beständig Jahr für Jahr Gewinne erzielen? Haben Sie sich schon einmal gefragt, wie manche Profis es fertig bringen, an der Börse zu investieren, zu überleben und erfolgreich zu sein? Die Informationen in diesem Buch werden Ihnen die Strategien und Methoden erläutern, mit denen Sie Ihren Erfolg verbessern und ausweiten können.

Die meisten Menschen glauben, dass für den Börsenerfolg überlegenes Wissen nötig ist und dass sie ganz sicher erfolgreich wären, wenn sie diesen Kenntnisstand erreichten. Dies ist jedoch grundlegend falsch. Ein breites Wissen ist zwar durchaus sehr wichtig, stellt aber keinesfalls den Schlüssel zum Erfolg dar. Um Ihnen dies zu verdeutlichen, möchte ich Ihnen ein Beispiel nennen: Einige bekannte Trader vermittelten zahlreichen Menschen ihr gesamtes Wissen über das Traden. Doch in den meisten Fällen verloren diese Menschen dann kontinuierlich Geld und konnten die Performance ihrer Lehrmeister nie erreichen. Das reine Wissen reicht nicht aus. Erfolg an der Börse erzielt man durch die Kombination von Selbstdisziplin, Wissen, Erfahrung und Geschick. Das ist die Erfolgsformel, aber nur wenige tun das Erforderliche, um zu den wenigen Auserwählten zu gehören, die diese Formel beherrschen.

„Wir haben dem Feind ins Antlitz geblickt und uns selbst gesehen!" Pogos Zitat zeigt, dass unser eigenes psychologisches Verhalten in erster Linie für unseren Misserfolg verantwortlich ist. Diejenigen, die erfolgreich sind, haben die zum finanziellen Erfolg nötige Selbstkontrolle und Disziplin. Dieser Erfolg erwächst aus dem Verständnis und der Kontrolle der emotionalen Achterbahn, die der Markt für jeden bereithält, der sich darauf einlässt. Emotionale Entscheidungen an der Börse führen unweigerlich ins Desaster. Alle, die dauerhaften Erfolg anstreben, müssen lernen, ihr eigenes emotionales und psychologisches Verhalten in Stresssituationen unter Kontrolle zu halten.

Investologie nenne ich „das psychologische Verhalten von Personen, die sich aktiv um ihre Kapitalanlage kümmern", und diese stellt den weitaus wichtigsten Aspekt jedes Anlageplans dar. Sie müssen sich selbst kennen und wissen, wie Sie auf den Stress reagieren, den Traden und Investieren für Sie bereithalten.

Die Investologie und die in diesem Text enthaltenen Strategien und Methoden setze ich selbst ein, um mein Kapital erfolgreich anzulegen. Es ist mein Ziel, Ihnen eine solide Wissensbasis zu verschaffen und ein sicheres Fundament, auf dem Sie in den folgenden Jahren Ihre Investment-Karriere aufbauen können. Ich hoffe, diese Informationen tragen dazu bei, Sie vor den Fehlern zu bewahren, die viele andere vor Ihnen begangen haben und die für sie mit schlimmen Konsequenzen verbunden waren. Lernen Sie aus diesen Fehlern und profitieren Sie von ihnen. Machen Sie sich das Wissen und die Erfahrung dieses Buches zu Eigen und bald werden Sie zu den wenigen Auserwählten gehören.

ARBEITSBLÄTTER

Arbeitsblatt zur Einschätzung der Grundlagen Ihrer Investitionen

Um am Markt wirklich erfolgreich zu werden, müssen Sie zunächst den Blick auf sich selbst richten. Beantworten Sie alle Fragen ehrlich. Denken Sie nicht lange nach, sondern antworten Sie spontan. Geben Sie für Frage Nr. 1 mehrere Antworten, die Sie jeweils in einem Schlagwort zusammenfassen.

1. Was bedeutet Geld für Sie?

2. Wie lernten Sie das erste Mal den Wert von Geld zu schätzen?

3. Welchen Stellenwert hat Geld für Sie? Vergeben Sie je nach Bedeutung eine Zahl zwischen 1 und 10. 1 wäre sehr niedrig, 5 würde einer mittleren Gewichtung entsprechen und bei 10 hätte Geld für Sie einen sehr hohen Stellenwert.

4. Wie reagieren Sie auf den Verlust von Geld?

5. Wie kamen Sie zu dem Geld, das Sie investieren?

6. Welche Rendite streben Sie an?
   5 Prozent
   15 Prozent
   30 Prozent
   50 Prozent

7. Welches Risiko sind Sie bereit einzugehen? Wählen Sie eine Zahl zwischen 1 und 10, wobei 1 einem sehr geringen und 10 einem sehr hohen Risiko entspricht.

Eignen Sie sich zum Trader?

Das folgende Arbeitsblatt soll Sie dazu bringen, sich Gedanken über einige grundlegende Ansichten über Geld, Werte und Risiken zu machen. Wir wollen herausfinden, welches Risiko für Sie persönlich als angemessen erscheint. Sind Sie konservativ oder eher aggressiv? Beantworten Sie die Fragen bitte ehrlich und spontan. Im Anhang finden Sie die Auflösung, wie Ihre Gesamtergebnisse zu bewerten sind.

Bevor Sie Ihr Kapital anlegen, ist es wichtig, zu wissen, wie und warum Sie auf emotional gesteuerte Entscheidungen und Marktstress reagieren. Der Antwortbogen über Geld und Ihr Ergebnis zur Risikobereitschaft sollten genügend aussagen, damit Sie sich mit Ihrem größten Feind am Markt auseinander setzen können: mit sich selbst.

1. Ihr Investment verliert, einen Monat nach dem Kauf, im Rahmen einer Marktkorrektur 12 Prozent seines Wertes. Für welche der folgenden Möglichkeiten würden Sie sich entscheiden, wenn die Entscheidungsgrundlagen nach wie vor relevant sind?
a) Abwarten bis es wieder an Wert gewinnt.
b) Bei einer weiteren Wertminderung verkaufen.
c) Nachkaufen, um auf diese Weise die Kosten pro Aktie zu senken.

2. Einen Monat nach dem Kauf von Aktien steigt ihr Kurs um 35 Prozent. Wie verhalten Sie sich?
a) Sie verkaufen.
b) Sie halten.
c) Sie kaufen mehr.

3. Welche der folgenden Möglichkeiten würden Sie am ehesten nutzen?
a) Investition in eine Aktie, deren Kurs sich innerhalb der letzten vier Monate nur geringfügig verändert hat.
b) Investition in einen steuerfreien Geldmarktfonds, um zu beobachten, wie sich der Kurs der erwogenen Aktie verdoppelt hat.

4. Welche der folgenden Alternativen gefällt Ihnen besser?

a) Sie verdoppelten Ihr Geld durch eine Aktieninvestition.

b) Die Umstellung auf Geldmarktfonds erspart Ihnen einen 25-prozentigen Verlust Ihres Kapitals.

5. Welcher der folgenden Glücksfälle würde Ihnen am meisten gefallen?

a) Sie gewinnen 150.000 DM in einer TV-Gameshow.

b) Sie erben 150.000 DM von einer Tante.

c) Sie riskieren 24.000 DM bei Spekulationen am Optionsmarkt und erhalten dafür 150.000 DM.

d) Sie finden 150.000 DM in einer Truhe in Ihrer Dachkammer.

6. Sie verfügen über eine Option, mit der Sie einen Teil eines Industriegebietes kaufen können. Sie können Ihre Option für 60.000 DM verkaufen oder sie ausüben und das Land für 140.000 DM erwerben, um es dann am offenen Markt zu verkaufen. Wie gehen Sie vor?

a) Sie bieten die Option für 60.000 DM zum Kauf an.

b) Sie erwerben das Land für 140.000 DM und veräußern es danach.

7. Sie erben das Haus Ihrer Tante, dessen Wert auf 350.000 DM geschätzt wurde. Das Haus befindet sich in einer ausgezeichneten Wohngegend in einem anderen Bundesland. Obwohl es in einem relativ guten Zustand ist, müssen einige Reparaturen durchgeführt werden. Nach diesen Reparaturen könnte es für monatlich 2.400 DM vermietet werden. Wie verhalten Sie sich?

a) Sie verkaufen das Haus gegen Barzahlung.

b) Sie vermieten das Haus im jetzigen Zustand.

c) Sie lassen die Reparaturen durchführen und vermieten daraufhin das Haus.

8. Sie arbeiten für ein Software-Unternehmen, das seinen Mitarbeitern ein Vorkaufsrecht für Aktien einräumt. Sie können Aktien erwerben, dürfen diese jedoch nicht vor Ablauf von drei Jahren veräußern. Für die Aktien werden keine Dividenden ausgeschüttet. Würde das Unternehmen an die Börse gehen, so könnte der Kurs auf das 10- bis 15fache des Betrages steigen, den Sie pro Aktie gezahlt haben. Wie viel Geld würden Sie für diese Aktien ausgeben?

a) Nichts.

b) Das Einkommen eines Monats.

c) Das Einkommen von sechs Monaten.

d) Das Einkommen eines Jahres.

9. Ein Arbeitskollege erzählt Ihnen von einer Anlagemöglichkeit. Sie müssen schnell Geld beschaffen, um noch einsteigen zu können. Wie viel Geld werden Sie investieren?

a) Nichts.

b) Das Einkommen eines Monats.

c) Das Einkommen von sechs Monaten.

d) Das Einkommen eines Jahres.

10. Sie sind in der Forschung beschäftigt und erfahren von einer neuen Telekommunikationseinrichtung, die die Aktien des Unternehmens in die Höhe treiben wird. Derzeit wird die Aktie zum Kurs von 130 DM gehandelt. Wie viele Aktien werden Sie kaufen?

a) Keine

b) 4.000 Stück

11. Sie haben in einem Deal bisher 600 DM verloren. Welche weitere Summe würden Sie für einen Ausgleich des Verlustes riskieren?

a) 300 DM

b) 500 DM

c) 600 DM

d) 1.000 DM

12. Die Ölpreise steigen zusammen mit den Gold- und Immobilienpreisen. Sie haben am Geldmarkt und in 10-Jahres-Obligationen investiert. Wie verhalten Sie sich?

a) Sie halten die Anleihen.

b) Sie veräußern die Anleihen und investieren das Geld in den Geldmarkt.

c) Sie veräußern die Anleihen und investieren das Geld in Immobilien und Goldaktien.

d) Sie veräußern die Anleihen und verwenden die Marge für den Kauf von Immobilienfonds, Öl- und Goldaktien.

13. Sie haben die folgenden Investitionsalternativen. Für welche werden Sie sich entscheiden?

a) Sie geben sich mit einem Ertrag von 2.000 DM zufrieden.

b) Sie wenden eine Rückkaufoptions-Strategie für einen Ertrag von 8.000 DM an .

c) Sie bedienen sich einer Verkaufsoptions-Strategie für einen Ertrag von 12.000 DM.

d) Sie gehen ein 40-prozentiges Risiko für einen potenziellen Ertrag von 20.000 DM ein.

Die Antworten zum Arbeitsblatt für die Grundlagen Ihrer Investitionen und Ihr Arbeitsblatt zu den Trading-Erfolgen finden Sie im Anhang. Überprüfen Sie Ihre Antworten nicht, bevor Sie Kapitel 1 vollständig durchgelesen haben. Nachdem Sie dieses Kapitel gelesen und Ihre Antworten überprüft haben, werden Sie Denkmuster wesentlich besser kennen.

DIE MENSCHLICHE UMWELT

Gefühle

Um die Reaktion Ihrer Gefühle auf Börsenstress verstehen und kontrollieren zu können, müssen Sie Ihre Überzeugungen und Gefühle gegenüber Geld, Werten und Risiken analysieren. Bitte beantworten Sie dazu zunächst die Fragen auf dem Arbeitsblatt zu den Grundlagen Ihrer Investitionen und dann die auf dem Arbeitsblatt zum Trading.

Nachdem Sie Ihre Antworten auf dem Arbeitsblatt zu den Grundlagen Ihrer Investitionen überprüft haben, sollte Ihnen bewusst sein, dass Geld emotional wahrgenommen wird. Dieser emotionale Zusammenhang veranlasst den Einzelnen, auf eine ganz bestimmte Weise zu reagieren. Sie werden mir gewiss zustimmen, wenn ich behaupte, dass uns dieses durch die Bundesbank emittierte farbig bedruckte Papier eigentlich nichts bedeutet. Uns liegt nur etwas an dem, was das Geld für uns repräsentiert, nämlich Sicherheit, Freiheit, Respekt, Erfolg ... Deswegen verursacht Gewinn ein Gefühl der Freude und der Verlust Angst und Panik. Das nächste Mal, wenn Sie einen Verlust erleiden und in Panik geraten, bedenken Sie, dass Sie nicht Geld (Papier) verlieren, sondern das, was es repräsentiert. Wenn Sie einen 100-DM-Schein in Ihrer Hand als ein Werkzeug aus Papier betrachten können, dann können Sie sich mental und emotional so beherrschen, wie es für einen dauerhaften Erfolg unerlässlich ist.

Die erlernte Wahrnehmung von Geld

Wahrnehmung von Geld und die damit verbundenen Emotionen sind auf unsere Erfahrungen zurückzuführen. Erste Informationen über Geld erhalten wir von unseren Eltern. Ihre Wahrnehmung des Geldes, sei sie richtig oder falsch, wird an uns als Kinder weitergegeben. Dies ist eine Tatsache von immenser Bedeutung, da die wirtschaftlichen Bedingungen, unter denen Sie zum ersten Mal an das Thema Geld herangeführt werden, zweifellos für Ihre lebenslange Einschätzung grundlegender Spar-, Investitions- und Wertprinzipien ausschlaggebend sind. Ein höchst dramatisches Beispiel dafür sind die Menschen, die während der Weltwirtschaftskrise der späten 20er und 30er Jahre aufwuchsen. Sie übermittelten Informationen und Wahrnehmungen, die immer noch existent sind. Zahlreiche auch heute noch vorherrschende Mythen über das Geld stammen aus dieser Ära.

Ihre eigenen Lebenserfahrungen bestimmen, wie Sie über Geld und Investitionen denken. War Ihre erste Erfahrung mit Aktien, Pfandbriefen, Fonds, Optionen oder Termingeschäften negativ, so werden Sie wahrscheinlich lange Zeit oder nie wieder wagen, in sie zu investieren. Der durch Verluste und Niederlagen verursachte psychische Schmerz kann stärker sein und länger andauern als die Auswirkungen physischer Schmerzen. Wenn der physische Schmerz schon längst vergessen ist, hält das Trauma der psychischen Folgen noch an. Dieses Trauma wird dazu führen, dass Sie versuchen, eine Wiederholung dieser Erfahrung zu vermeiden. War die erste Erfahrung positiv, so werden Sie trotz einiger Verluste weitermachen.

Haben Sie diese Investitionserfahrung psychisch verkraften können, so sind die Auswirkungen eines Verlustes auch nicht so negativ.

Die Erziehung trägt in ganz entscheidender Weise dazu bei, wie wir über Sparen und Investieren denken. Obwohl Ihnen ein Wirtschaftsstudium helfen kann, Wirtschaft und Markt generell zu verstehen, so ist dies noch lange keine Garantie für Erfolg. Sie haben gelernt, logisch zu denken, zu folgern, zu agieren und zu reagieren, um einem gesellschaftlichen und pädagogischen Muster zu entsprechen, weil Ihre Ausbildung Ihnen die für einen Job oder Beruf erforderlichen Fertigkeiten vermitteln sollte. Wir wurden mit Daten programmiert, die bestimmen, wie wir ein Problem analysieren, und oftmals definieren diese Daten, wer wir sind. Künstler, Ingenieure und Rechtsanwälte denken unterschiedlich, weil sie unterschiedlich ausgebildet wurden. Begabungen und Wahlmöglichkeiten befähigen uns, sich einer vorbestimmten, gefilterten Lehrbuch-Agenda anzupassen. Die meisten im Hochschulstudium erlernten Informationen reichen nicht dazu aus, um an der Börse oder als Unternehmer Erfolge verzeichnen zu können. Um erfolgreich zu sein, müssen Sie lernen, Möglichkeiten zu entdecken, die anderen verborgen bleiben, und jene Informationen zu erkennen, die es Ihnen möglich machen, das für den Erfolg nötige Wissen zu erschließen.

Werte

Jeder bewertet materielle und immaterielle Dinge sehr unterschiedlich. Wie Sie Geld bewerten und wie Sie es verdient haben, beeinflusst die Art und Weise, wie Sie es investieren. Bewerten Sie Geld im Kontext mit Zeit, so werden Sie es wahrscheinlich mit harter Arbeit gleichsetzen, wobei jede einzelne Mark für Blut, Schweiß und Tränen steht. Menschen, die Geld so bewerten, neigen zu einer ultrakonservativen Haltung und reagieren sehr emotional auf Verluste. Um den Verlustschmerz zu vermeiden, nehmen sie eine noch konservativere Haltung ein und akzeptieren Erträge weit unter dem Inflationsniveau. Die Folge davon ist natürlich finanziell fatal und steht in direkter Beziehung zu der Art, wie Geld und Werte wahrgenommen werden und was sie psychologisch für den einzelnen Investor oder Trader bedeuten.

Investieren Sie leicht verdientes Geld, so werden Sie wahrscheinlich eher größere Risiken eingehen, da dieses Geld einen geringeren Wert zu haben scheint. Hierbei handelt es sich um Geld, für das Sie keinen psychologischen Preis zahlen mussten. Als Beispiele sind hier Erbschaften oder mühelos erlangtes Geld anzuführen. Für Investitionen eingesetztes „leichtes Geld" hat eben in psychologischer Hinsicht einen anderen Stellenwert, und mit der Aussicht auf einen möglicherweise größeren Ertrag werden Sie höhere Risiken eingehen. Erfolgreiches Traden und Investieren verlangt eine wertneutrale Haltung gegenüber dem Investitionskapital. Haben Sie diese erreicht, dann haben Sie einen bedeutenden psychologischen Vorteil.

Verhalten

Die Gesellschaft presst uns in vorbestimmte Verhaltensmuster. Schon in frühester Kindheit lehrt man uns Struktur, Logik und Organisation. Man lehrt uns, logische und strukturierte Entscheidungen zu treffen, die auf einer durch unser kulturelles Umfeld bestimmten linearen Denkweise beruhen. Mangelt es an Ordnung und Struktur, so fällt es vielen Menschen schwer, sich zu entscheiden. Sie mögen es nicht glauben, aber unser eigenes soziales Umfeld hat uns auf die finanzielle Niederlage am Markt vorprogrammiert. Doch warum ist das so? Der Markt ist ständig in Bewegung und vielen Beobachtern erscheint er als Objekt ohne jeglichen Bezugspunkt. Er scheint dem Prinzip von Logik, Ordnung, und Vernunft zu trotzen und ist keine Umgebung, in der wir uns wohl fühlen können. Deshalb müssen wir lernen, uns an eine neue Umgebung anzupassen. An der Börse gibt es Wellen wie im Ozean, doch es handelt sich dabei um Kauf- und Verkaufswellen. Tief unter der Oberfläche lauern Raubtiere, die, wenn Sie es zulassen, Ihr Kapital verschlingen werden. Manche erkennen zu spät, dass die Börse auch eine große Nahrungskette ist, an der nur jene überleben, die sich anpassen.

Es ist schon lange bekannt, dass Erwartungsdruck und gesellschaftlicher Druck das Verhalten einer Person beeinflussen. Der negative emotionale Effekt des Verlierens kann noch durch so genannte Freunde verstärkt werden, die mit Kommentaren aufwarten wie „Siehst du, ich habe dir doch gleich gesagt, dass es nicht funktioniert!" und „Wenn es so einfach wäre, würde es jeder machen!" und uns damit langsam, aber sicher das Selbstvertrauen nehmen, das nötig ist, um wichtige Entscheidungen zu treffen. Besonders abträglich sind solche Aussagen von Menschen, die Ihnen am meisten bedeuten – Ihrer Familie. Ein professioneller Trader muss lernen, sein soziales Umfeld zu beherrschen, und darf nicht zulassen, von ihm beherrscht zu werden. Umgeben Sie sich mit positiv denkenden Menschen, die Sie in Ihrem Vorhaben unterstützen, und vermeiden Sie unter allen Umständen diejenigen, die negativ denken.

Sie tragen Verantwortung. Wenn Menschen Geld verlieren, dann liegt das nicht an den Märkten oder an einem speziellen Investment oder an ihrem Broker. Wenn Menschen Geld verlieren, dann liegt es an ihnen selbst. Die Person, die Ihnen aus dem Spiegel entgegenblickt, ist verantwortlich und niemand sonst. Sie haben es getan. Ganz gleich, ob Sie gewonnen oder verloren haben, Sie sind letztendlich für das Ergebnis verantwortlich. Wenn Sie auf ein Problem stoßen, leugnen Sie es nicht. Sehen Sie in den Spiegel und sagen Sie sich: „Ich bin verantwortlich. Was mache ich falsch?" Dies zwingt Sie zu einer Problemanalyse und verschafft Ihnen die Erkenntnis, dass Verluste kein Versagen sind, sondern eine Möglichkeit, sich auf das Problem zu konzentrieren. In den meisten Fällen werden Sie herausfinden, dass Probleme durch Ihre geistige Haltung gegenüber Trading und Investieren verursacht werden – nicht durch eine Strategie oder Methode.
Wie schon erwähnt, geht ein Verlust von Geld mit schweren psychologischen Folgen einher. Meistens streiten Menschen Verluste ab oder machen andere dafür verantwortlich, da sie nicht zugeben wollen, was der Verlust von Geld für sie bedeutet. Und so machen sie immer weiter, ohne sich jemals dem Problem zu stellen, das sie selbst sind. Ein echter Profi erkennt, dass sowohl das Gewinnen als auch das Verlieren zum Traden und Investieren gehören. Profis wissen auch, dass sie bei einer einsetzenden Verlustserie analysieren müssen, was sie falsch und richtig machen. Sie laufen nicht in die Falle des Selbstbetrugs.

Wenn Sie alles richtig machen, aber dennoch alles schief läuft. Ich bin ein großer Science-fiction-Fan. Eine Serie, die ich mir immer wieder gerne anschaue, heißt Star Trek: The Next Generation. Eine der Figuren ist Lieutenant Commander Data, ein Android, der über ein posatronisches Gehirn verfügt, für das die meisten Menschen einen Mord begehen würden. Data, natürlich, würde gern darauf verzichten, wenn er ein menschliches Wesen sein könnte. Bei seinen Bemühungen, menschlicher zu werden, entdeckt er, dass er zuweilen, trotz seiner intellektuellen Stärke, das Gegenteil von dem erreicht, was er eigentlich erreichen wollte, obwohl er keine Fehler machte. Dies bringt ihn dazu, seine Fähigkeiten in Frage zu stellen und auf einen Defekt infolge eines Programmierfehlers zu schließen.

Es wird Zeiten am Markt geben, in denen Sie alles richtig machen, aber trotzdem verlieren. Bedenken Sie, dass, wann immer es um Wahrscheinlichkeiten und menschliche Emotionen geht, das Resultat Ihrer Handlungen, auch wenn diese richtig sind, unerwünscht sein kann. Versuchen Sie es erneut, und machen Sie sich bewusst, dass niemand immer gewinnen kann. Verluste gehören zum Leben – auch wenn Sie Recht haben.

Ihr Ego und die Sucht nach Gewinnen können Sie ruinieren. Oftmals können Gewinne, aus psychologischer Sicht, ebenso verheerend sein wie Verluste. Gewinnen kann starke Emotionen hervorrufen, die oft zu einer Verzerrung der Realität führen. Die Freude über den Gewinn und die anschließende Euphorie sind Drogen, für die Spieler leben. Sie verursachen unglaubliches Selbstvertrauen und Zuversicht. Je häufiger und mehr Sie gewinnen, desto besser fühlen Sie sich. Ihr Ego gewinnt die Oberhand. Beim nächsten Mal gehen Sie mit der Investition größerer Geldbeträge ein höheres Risiko ein. Sie rechtfertigen dies damit, dass Sie sich sagen: „Ich bin ein Gewinner." Und Ihr Ego sagt Ihnen, dass Sie cleverer sind als der Markt. Immerhin haben Sie die letzten sieben Male hintereinander richtig gelegen und auch diesmal haben Sie den richtigen Riecher. Sie werden all Ihren Freunden beweisen, was für ein Genie Sie sind. Peng! Sie sind ruiniert.

Dieses Beispiel sollte Ihnen verdeutlichen, dass die Kontrolle der mit den Gewinnen verbundenen Emotionen genauso wichtig ist wie die Kontrolle der mit Verlusten verbundenen Gefühle. Messen Sie den Gewinnen keinen so hohen Wert bei, dass es Ihren gesunden Menschenverstand beeinträchtigt. Wenn dies der Fall ist, gewinnen Sie nicht mehr – Sie spielen. Ein Spieler wird so oft wie nötig verlieren, nur um einmal den Kick des Gewinnens zu erleben.

Gier ist ein weiterer mit den Gewinnen verbundener negativer Faktor. Ein alter Wall Street-Spruch besagt: „Bullen machen Geld, und Bären machen Geld, aber Schweine machen niemals Geld". Anders ausgedrückt, der Einsatz des letzten Dollars oder das nicht rechtzeitige Mitnehmen von Gewinnen kann sich verheerend auf Ihre Finanzen auswirken. Distanzieren Sie sich von dem Gedanken des Geldgewinnens und -verlierens. Konzentrieren Sie sich weniger auf das Geldgewinnen als auf die Befolgung der Regeln, die beim Investieren beachtet werden sollten. Sie verlieren nur, wenn Sie diesen Grundsätzen nicht folgen. So eliminieren Sie den Faktor Geld aus Ihrer emotionalen Gleichung des Gewinnens und Verlierens.

RISIKO

Von Anfang an lehrt man uns, Risiken zu meiden. Tatsächlich ist das Wort Risiko für die meisten von uns gleichbedeutend mit Angst und Verlust. Dies führt zu einer weiteren Verstärkung der Gefühle und gesellschaftlichen Vorbehalte gegenüber dem Risiko. Als Trader und Investor werden Sie mit einem interessanten Paradoxon konfrontiert. Wir wissen, dass wir bereit sein müssen, täglich Risiken einzugehen, um die von uns angestrebten hohen Renditen zu erzielen. Als Trader und Investor sind wir täglich in einem Meer von Risiken gefangen. Wie wir psychologisch mit diesem Risiko umgehen, entscheidet über Erfolg und Niederlage.

Ein ständig erfolgreicher Trader oder Investor quantifiziert, analysiert und entwickelt vor allem ein echtes Verständnis für Risiken und lernt sie zu akzeptieren. Das Risiko zu verstehen und es zu akzeptieren sind zwei völlig verschiedene Dinge. Mittels diverser Risikoanalyse-Techniken mögen Sie das Risiko, das Sie eingehen, intellektuell verstehen. Die emotionale und psychologische Risikoakzeptanz ist es jedoch, die bei jedem Trade Ihre Geisteshaltung bestimmt. Wenn Sie nicht ohne zu zögern akzeptieren können, dass mit jedem Trade ein Verlust einhergehen kann, werden Sie niemals eine dauerhafte Trading-Einstellung entwickeln können.

Bestimmen Sie Ihre Risikotoleranz

Ihre individuelle Risikotoleranz und Ihr Investment-Zeithorizont machen Sie einzigartig, so wie ein Fingerabdruck Sie als einzigartiges Individuum unter Millionen ausweist. Interessanterweise wissen 90 Prozent der Investoren nicht, wo die Grenze für ihre wahre Risikotoleranz liegt. Die meisten Trader und Investoren lernen aus begangenen Fehlern. Unglücklicherweise handelt es sich hierbei um sehr teure Lehren, denn es steht echtes Geld auf dem Spiel. Nach mehreren Jahren des Riskierens und Geldverlierens bekommen Sie allmählich eine Vorstellung davon, welches Risiko für Sie angemessen ist. Wäre es nicht besser, diesen Wert festzulegen, bevor Sie Geld am Markt oder in ein bestimmtes Papier investieren? Natürlich!

Die Fragen 6 und 7 Ihres Arbeitsblattes zur Investitionsbewertung eignen sich gut, um mit der Bestimmung Ihrer Risikotoleranz zu beginnen. Auch das Arbeitsblatt mit Ihren Trading-Ergebnissen versorgt Sie mit notwendigen Informationen zu Ihrer Risikotoleranz. Im Anhang finden Sie die Auflösung zu Ihren Trading-Ergebnissen. Lassen Sie uns mit einem einfachen Beispiel beginnen. Nehmen wir einmal an, Ihre Antwort auf Frage (gewünschte Ertragsrate) ist 15 Prozent, und auf Frage 7 (Höhe des Risikos) wählen Sie Antwort 3, ganz unten auf der Risikoskala. Welche Informationen bieten Ihnen diese Antworten? Erstens stimmt das Verhältnis Ihrer erwünschten Rendite zum Risiko nicht. Ihre Risikoziffer hätte 5 oder 6 sein müssen. Menschen streben stets hohe Ertragsraten an, bedenken aber aus irgendeinem Grund nicht, dass höhere Ertragsraten auch mit höherem Risiko verbunden sind. Das Augenmerk liegt auf der Herstellung des Gleichgewichts zwischen der Rendite und einem annehmbaren Risiko. Eine Person mit einer Risikotoleranz von 3 könnte in den meisten Fällen nicht mit den Wertschwankungen umgehen, die ein Investment mit einem potenziellen 15-prozentigen Ertrag mit sich bringt.

Das Investment-Zeitfenster variiert in Abhängigkeit davon, wie Sie an der Börse traden oder investieren. Sie könnten z. B. Fünf-Minuten-Charts traden, während ein anderer mit Tages-, Wochen-Charts usw. tradet. Ihr individuelles Zeitfenster macht Ihren speziellen Trading- und Investing-Stil zu etwas Einzigartigem. Es hängt zugleich von Ihrer Persönlichkeit, Erfahrung und Risikobereitschaft ab. Bei der Auswahl einer speziellen Methode müssen Sie sich zunächst davon überzeugen, dass sie Ihrem Zeitfenster entspricht.

Ihr Ziel sollte es sein, Erträge zu erzielen, die Bankzinsen, den Geldmarkt und die Inflation weit zu übersteigen. Um dies zu erreichen, müssen Sie psychisch auf die mit höheren Ertragsraten einhergehenden Schwankungen und die Fluktuation des Kapitals vorbereitet sein. Um als Trader oder Investor erfolgreich zu sein, müssen Sie Ihre Gefühle beherrschen. Um Sie darin zu unterstützen, bietet die Investologie eine Reihe von Regeln, mit denen Sie in der Lage sein sollten, emotional gesteuerte Entscheidungen zu kontrollieren.

DIE 15 REGELN DER KAPITALANLAGE

Die 15 Regeln der Kapitalanlage basieren auf Fehlern, die innerhalb von 40 Jahren von Profis und Laien begangen wurden. Das Lernen aus den Fehlern anderer ist eine der besten und kostengünstigsten Ausbildungen, die Sie erhalten können. Erinnern Sie sich: Ihr größter Feind werden aller Wahrscheinlichkeit nach Sie selbst sein. Die 15 Regeln der Kapitalanlage werden Ihnen helfen, Emotionen aus dem Spiel zu halten, und Sie bei Ihrer Investment-Auswahl und Ihren Trading-Entscheidungen unterstützen. Merken Sie sich diese Regeln und befolgen Sie sie. Sie könnten Ihnen den Verlust mehrerer tausend Mark ersparen.

1. Niemand gewinnt in 100 Prozent aller Fälle. Wenn Sie dies auch nur für einen Moment glauben, liegen Sie falsch. Auch die besten Geldmanager müssen schlechte Jahre hinnehmen, und ein Erfolgsrezept besteht darin, sich durch Verluste nicht frustrieren zu lassen. Konzentrieren Sie sich nicht auf Verluste oder Erträge – folgen Sie einfach den Regeln des Spiels. Ihre Aufgabe als Trader oder Investor ist es, die Verluste im Verhältnis zu Ihrem Gesamtportfolio möglichst klein zu halten.

2. Investieren Sie nach Plan. Setzen Sie sich stets Ziele, bevor Sie ein Investment tätigen. Definieren Sie alle möglichen Ereignisse – nicht nur, wie Sie sich verhalten, wenn Ihr Plan aufgeht, sondern auch, wie Sie vorgehen werden, wenn er nicht funktioniert. Legen Sie einen Betrag oder einen prozentualen Kapitalanteil fest, den Sie im Falle eines eintretenden Verlustes zu opfern bereit sind. Legen Sie umgekehrt fest, wann Sie Gewinne mitnehmen werden. Schreiben Sie Ihren Plan auf und befolgen Sie ihn.

3. Überprüfen Sie Ihre Investmentauswahl. Zur Auswahl einzelner Papiere müssen Sie sich einer im Vorhinein festgelegten Methode bedienen. Diese Methode variiert bei jedem Trader oder Investor. Einige werden einen Unterbewertungs-Ansatz (Graham/Dodd), andere eventuell einen Momentum-Ansatz bevorzugen. Ihre Auswahl sollte auf der Grundlage Ihrer Ziele, Ihres Zeitrahmens und Ihrer Risikobereitschaft erfolgen. Bestimmen Sie den Trend von Märkten und verschiedener Sektoren und wie sie Ihre spezielle Auswahl beeinflussen.

4. Sehen Sie sich immer den Chart an. Kaufen Sie niemals Aktien, wenn Sie sich nicht zuvor den Chart angeschaut haben. Ermitteln Sie die Trading-Range dieser Aktie im letzten Jahr sowie den Jahreshöchst- und den Jahrestiefstkurs. Außerdem sollten Sie darauf achten, ob sich die Aktie in einem Aufwärts- oder Abwärtstrend befindet. Analysieren Sie die Unterstützungs- und Widerstandszonen – nach Möglichkeit für die letzten beiden Jahre. Überprüfen Sie auch, ob der Chart einen Aktiensplit reflektiert.

5. Bleiben Sie bei einem Trend. Ihre Erfolgschancen sind weitaus größer, wenn Sie bei einem definierbaren Markt- oder Investment-Trend bleiben. Versuchen Sie, mittel- und langfristige Trends zu erkennen. Statistisch gesehen, bieten diese Trends ein höheres Erfolgspotenzial bei geringerem Risiko. Stellen Sie fest, dass sich eine Trendumkehr anbahnt, so handeln Sie entsprechend, indem Sie Gewinne mitnehmen oder limitierte Aufträge erteilen, um Gewinne zu sichern.

6. Erteilen Sie Stop-Loss- und Stop-Limit-Orders. Der richtige Einsatz limitierter Aufträge sichert Ihre Gewinne und begrenzt Ihre Verluste. Betrachten Sie limitierte Aufträge als Ertrags- und Verlustversicherung. Verwenden Sie keine mentalen Stops.

7. Wenden Sie Geldmanagement-Techniken an. Verkaufen Sie aggressive Aktien, wenn ihr Kurs um einen bestimmten Prozentsatz unter den ursprünglichen Kaufkurs fällt; in der Regel sollte dieser Prozentsatz für Trader, die sich eines Hebels bedienen, zwischen 3 und 5 und für andere Investoren zwischen 7 und 10 liegen. Indem Sie Ihre Verluste begrenzen, bewahren Sie Ihr Kapital. Verwenden Sie Dividendenerlöse aus Geldmarktaktivitäten, Pfandbriefen und Aktien, um Verluste in Ihrem Portfolio auszugleichen. Benutzen Sie, wenn erforderlich, verdeckte Call-Optionen, um für Ihr Portfolio Erlöse zu erarbeiten.

8. Kaufen oder verkaufen Sie nur, wenn Sie Vertrauen in einen Deal haben.
Oft werden Sie sich mit einer Kauf- oder Verkaufsentscheidung nicht ganz wohl fühlen. Haben Sie dieses Gefühl immer noch, wenn Sie alle notwendigen Untersuchungen durchgeführt und die Regeln der Kapitalanlage befolgt haben, dann sollten Sie diesen Deal sausen lassen. Zu oft versuchen Menschen, Entscheidungen zu rationalisieren. Versuchen Sie nicht, für eine schlechte Entscheidung eine gute Begründung zu finden. Sie müssen Ihrer Entscheidung vertrauen.

9. Kaufen Sie nur liquide Anlagen in liquiden Märkten. Berücksichtigen Sie diese Regel, können Sie einer vernünftigen Ausführung Ihres Geschäftes sicher sein und im Notfall schnell verkaufen. Mit anderen Worten, halten Sie sich an die größeren Märkte und Papiere mit wenigstens 12 Millionen emittierten Aktien. Stellen Sie sicher, dass das durchschnittliche Tradingvolumen jederzeit die Veräußerung aller Positionen an einem Tag zulässt.

10. Kaufen oder verkaufen Sie nicht auf Grund „heißer Tipps". Weil Menschen auf Tipps anderer hörten, verloren sie mehr Geld, als die Bundesbank im Umlauf hat. Das ist zwar stark übertrieben, aber die Botschaft wird so deutlicher. Erzählt Ihnen jemand von einem Investment, so stellen Sie zunächst Untersuchungen darüber an, bevor Sie auch nur eine müde Mark in das Geschäft stecken. Jeden Tag werden unerfahrene Investoren Opfer solcher Tipps. Fallen Sie nicht auf eine Story herein, auch wenn sie sich noch so gut anhören mag. Kaufen Sie auf Grund von Fakten.

11. Versuchen Sie nicht, einen eventuellen Verlust mit einem aggressiven Papier auszugleichen. War Ihr Timing bei einer aggressiven Aktie falsch, so sollten Sie das Problem nicht verschlimmern, indem Sie Aktien bei sinkendem Kurs kaufen. Höchstwahrscheinlich werden Sie damit Ihren Verlust nur erhöhen.

12. Kaufen Sie unter Wert und verkaufen Sie über Wert. Immer wenn ein Investment auf einen Kurs gesunken ist, der es unterbewertet erscheinen lässt, sollten Sie über einen Kauf nachdenken. Sind alle Anzeichen positiv, aber die Aktien aus irgendeinem Grund am Markt nicht beliebt, so sollten Sie einen Kauf in Erwägung ziehen, wenn sie im Kurs steigen. Befindet sich im umgekehrten Falle ein Investment in einer überbewerteten Position und erfreut sich am Markt einer starken Nachfrage, so sollten Sie daran denken, die Aktien an jemanden zu verkaufen, der bereit ist, einen überhöhten Preis dafür zu zahlen. Einfach ausgedrückt: Kaufen Sie niedrig, verkaufen Sie hoch.

13. Seien Sie geduldig und sehen Sie die Zeit als Ihren Freund. Traden Sie einen mittel- oder langfristigen Trend, so stehen die Vorzeichen für einen Erfolg günstiger, und Sie sind weniger der Gefahr ausgesetzt, zur falschen Zeit aus dem Markt gedrängt zu werden. Auf sichere Weise Geld zu machen braucht seine Zeit – das Einzige, was Sie schnell bekommen können, ist Ärger. Denken Sie daran: Nicht jeder Tag ist ein Trading-Tag.

14. Lernen Sie aus Ihren Fehlern. Die erfolgreichsten Investment-Profis lernen aus ihren Fehlern. Viele schreiben sogar auf, was nicht funktioniert hat, um das Problem später zu analysieren. Fehler können Sie teuer zu stehen kommen; betrachten Sie sie also als Erfahrungen, aus denen Sie lernen können. Begehen Sie denselben Fehler nie zweimal.

15. Befolgen Sie diese Regeln. Einige Menschen sind dazu verdammt, immer wieder die gleichen Fehler zu begehen. Diesem Satz aus 15 Investment- und Trading-Regeln liegt eine 40-jährige Erfahrung zugrunde. Befolgen Sie die Regeln der Kapitalanlage, so ist die Wahrscheinlichkeit, erfolgreich zu sein viel höher, als wenn Sie sie nicht befolgen. Bedenken Sie jedoch stets, dass es keine Garantie für Erfolg gibt. Sie müssen selbst Ihr Glück machen und Ihr finanzielles Schicksal selbst meistern.

Eine nicht ungewöhnliche Geschichte

Eines Tages erhielt Sam einen Anruf von Larry, einem seiner Arbeitskollegen. Larry fragte Sam: „Sam, erinnerst du dich noch an die Aktien, von denen ich dir erzählt habe? Ich glaube, sie werden abgehen wie eine Rakete, und wir werden einen Haufen Geld machen." Sam war ganz aufgeregt über die Vorstellung, eine Menge Geld zu machen, und sagte Larry, dass er noch in derselben Woche ein Konto eröffnen wolle. Genau das tat er dann auch. Innerhalb einer Woche kaufte Sam Aktien im Wert von 12.000 DM, 20 DM pro Aktie. Und richtig, zwei Wochen später wurden die Aktien zu 24 DM gehandelt, und Sam war so begeistert, dass er all seinen Freunden davon erzählte. Die Begeisterung hielt jedoch nur kurze Zeit an, denn innerhalb von drei Wochen gab der Kurs um 6 DM nach und lag zwei Monate später bei 10 DM. Sam war völlig niedergeschmettert, und so sagte er zu seiner Frau: „Sollten diese verdammten Aktien jemals wieder auf 20 DM steigen, werde ich sie verkaufen." Sams Frau war sehr enttäuscht, weil er für den Kauf der Aktien die Ersparnisse verwendet hatte. Diese Entscheidung hatte zu Spannungen zwischen ihnen geführt. Während der nächsten vier Monate wurden die Aktien zwischen 8 und 10 DM gehandelt. Sam entschied sich zum Verkauf bei 10 DM. Aber die Sache war damit noch nicht ausgestanden. Zwei Monate später legte der Kurs von 10 auf 14 DM zu. Das wusste Sam jedoch nicht, denn er wollte mit der Quelle seines Ärgers und seiner psychischen Qualen nichts mehr zu tun haben. Weitere drei Monate später wurden die Aktien zum Kurs von 20 DM gehandelt, und ein Jahr später zu einem Kurs von 54 DM. Sam erfuhr davon von Larry, der seinen Anteil am Gewinn aus diesen Aktien haben wollte. Was Sam jedoch niemals erfuhr, war, dass Larry selbst diese Aktien niemals gekauft hatte. Obwohl sie sich in einem Aufwärtstrend befunden hatten, hatte er keine einzige Aktie gekauft. Kommt Ihnen irgendetwas an dieser Geschichte bekannt vor?

Lassen Sie uns in chronologischer Reihenfolge überprüfen, wie die Regeln des Investierens Sam davor bewahrt hätten, eine solche Niederlage zu erleiden.

1. Sam wusste nichts über dieses Papier. Seine Kaufentscheidung basierte auf der Empfehlung und den mündlichen Informationen eines Freundes. Regel 10: Kaufen oder verkaufen Sie nicht auf Grund „heißer Tipps". Sam verstieß auch gegen Regel 2: Investieren Sie nach Plan. Und schließlich auch gegen Regel 3: Überprüfen Sie Ihre Investment-Auswahl.

2. Sam hatte für die Prüfung der Aktien eine Woche Zeit, er unterließ dies jedoch. Regel 4: Sehen Sie sich immer den Chart an – hätte ihm offenbart, dass sich die Aktien in einem starken Abwärtstrend befanden. Als Sam schließlich die Aktien kaufte, hatte er bereits gegen vier Regeln der Kapitalanlage verstoßen.

3. Nach kurzer Zeit fiel der Aktienkurs unter den Erwerbskurs und setzte seinen ursprünglichen Abwärtstrend fort. Regel 2: Investieren Sie nach Plan sowie Regel 6: Erteilen Sie Stop-Loss und Stop-Limit Orders und Regel 7: Wenden Sie Geldmanagement-Techniken an – hätten ihn davor bewahrt, einem Verfall des Aktienkurses zusehen zu müssen. Alle drei Regeln hätten ihm einen Verlust von mehr als 50 Prozent erspart.

Hüten Sie sich vor Dinosaurier-Wahrheiten

Dinosaurier werden als eine der erfolgreichsten Lebensformen angesehen, die jemals auf der Erde existiert haben. Millionen Jahre lang dominierten sie die Erde. Sie waren die Herren ihrer Welt, doch dann änderten sich die Umweltbedingungen. Die Dinosaurier änderten sich zu ihrem Unglück nicht.

Einige Trader und Investoren verhalten sich wie Dinosaurier. Sie halten bei Investment-Entscheidungen an veralteten, ungenauen Informationen fest und scheinen Änderungen des Investment-Klimas nicht zu erkennen. Das Ergebnis ist der Tod dieser „Investosaurier".

Investments und Märkte sind dynamisch und befinden sich in stetem Wandel – in einem Moment sind sie stürmisch, im nächsten Augenblick ruhig und ausgeglichen. Doch unter der Oberfläche brodeln Kräfte, die unweigerlich zu einer Veränderung der Gegebenheiten führen werden. Um erfolgreich zu sein, müssen Sie sich an veränderte Gegebenheiten anpassen. Sie müssen flexibel und neuen Techniken gegenüber aufgeschlossen sein. Das bedeutet, Sie müssen bereit sein, kontinuierlich zu lernen. Werfen Sie veraltete Informationen über Bord und ersetzen Sie sie durch neue, die für das Umfeld, in dem Sie sich bewegen, relevant sind.

Im vorangegangenen Beispiel beging Sam einen elementaren Fehler, als er sich von jemandem, den er für sehr kompetent hielt, zu einem Investment überreden ließ. Hüten Sie sich vor Menschen, deren Informationen auf Dinosaurier-Wahrheiten basieren. Viele gut meinende, aber schlecht informierte Menschen überreden andere, auf Grund antiquierter Methoden zu handeln.

Finanzieller Selbstmord

Sie werden es vielleicht nicht glauben, aber es gibt Menschen, die sich, bewusst oder unbewusst, immer wieder finanziellen Verlusten aussetzen. Sie scheinen dazu verdammt zu sein, immer wieder die gleichen Fehler zu begehen. Um eine Wiederholung dieses zerstörerischen Verhaltens der Vergangenheit zu verhindern, müssen Sie sich erst eingestehen, dass Sie und nur Sie selbst das Problem darstellen. Und Sie allein sind in der Lage, es zu lösen.

Ich habe einen Freund, der meiner Ansicht nach einer der besten Trader ist, die ich kenne. Er hat die unheimliche Fähigkeit, direkt vor einem Kursausbruch zu kaufen; es ist so, als sähe man Yoda dabei zu, wie er durch Einsatz seiner Macht den Markt überwältigt. Dreimal in seinem Leben hat er es durch das Traden von Aktien zu Reichtum gebracht. Doch diese Stärke muss auch ihre Schattenseite haben, denn dreimal hat er auch alles verloren. Nun kann er es sich nicht mehr leisten, die Fehler der Vergangenheit zu wiederholen. Er kennt diese Fehler. Es stellt sich jedoch die Frage, ob die alten Dämonen, sobald er wieder ganz oben ist, zu mächtig werden und ihn letztendlich zerstören werden. An irgendeinem Punkt müssen Sie die Realität erkennen und aufhören, Ihren eigenen Weg zu gehen. Darauf zu bestehen, im Recht zu sein, wenn das Gegenteil bewiesen ist, ist so, als würde man am Bug der Titanic stehen und „I did it my way" singen, während das Schiff für immer im Meer versinkt.

Realitätstest

Wann immer Sie als Marktteilnehmer auftreten, stehen Sie in direkter Konkurrenz mit den besten Investoren und Tradern der Welt. Dies sollte Sie jedoch keinesfalls entmutigen. Es sollte Ihr Augenmerk auf realistische Erwartungen richten und Sie erkennen lassen, dass es sich hierbei nicht um den leichten Weg zum schnellen Reichtum handelt. Sind Sie fest in der Realität verankert, so ist es für Sie viel einfacher, am Markt psychologisch zu überleben. Die Realität hilft Ihnen dabei, Ihr Ego zu kontrollieren und die Risiken richtig einzuschätzen. Die Realität bringt Sie auch dazu, sich auf Ihre Stärken zu konzentrieren und Ihre Schwächen zu akzeptieren. Auf diese Weise lässt sich ein destruktives Ego kontrollieren, das anderenfalls jede Chance auf Erfolg zerstören würde.

Die Geschichte der zwei Hüte

Die Investment-Methode und Ihr Trading-Plan hängen in hohem Maß davon ab, welchen Hut Sie bei Ihrer Entscheidung tragen. Besonders wichtig ist, dass Sie sich daran erinnern, welchen Hut Sie trugen, als Sie die

Entscheidung trafen – und dass Sie ihn nicht wieder absetzen. Erweist sich eine Trading-Entscheidung als falsch und bewegt sich der Titel in die falsche Richtung, legen Sie oftmals Ihren Trader-Hut ab und setzen den Investoren-Hut auf. Sie sagen sich: „Daran werde ich länger festhalten." Anstatt dem aufgestellten Trading-Plan zu folgen und zu einem vorbestimmten Zeitpunkt zu verkaufen, werfen Sie Ihre Methode und Ihren Trading-Plan über Bord, um einen Verlust oder Irrtum zu vermeiden. Dieser plötzliche Methodenwechsel wird Sie aller Wahrscheinlichkeit nach weitaus mehr kosten als der Verlust, den Ihr Trading-Plan nach sich zieht.

In alten Kinofilmen trugen die Bösewichte stets schwarze Hüte und die Helden weiße. Vergessen Sie nicht, welchen Hut Sie tragen und warum. Eine plötzliche Identitätskrise könnte Sie eine Menge Geld kosten. Ihre Entscheidung basierte auf Fakten und Informationen, die, sofern sich nichts geändert hat, immer noch gelten. Ändern Sie Ihren Trading-Plan nicht, nur um einen Verlust zu vermeiden. Ein guter Trading-Plan berükksichtigt die Realität und damit die Möglichkeit von Verlusten. Erinnern Sie sich an die Regel 1 des Investierens: „Niemand gewinnt in 100 Prozent aller Fälle."

WAS IST DER MARKT?

Wenn Sie zehn verschiedenen Leuten diese Frage stellen, werden Sie zehn verschiedene Antworten erhalten, von esoterischer bis zu empirischer Art. Anscheinend denken die meisten, dass sich der Markt in New York, Chicago, London, Hongkong oder Tokio befindet. Der Markt ist jedoch nicht konkret. Er ist eine unsichtbare Vereinigung zu einer globalen Gesinnung. Der Markt existiert in den Köpfen aller Marktteilnehmer, angefangen beim kleinsten Kleinanleger bis hin zum größten institutionellen Trader oder Investor. Ihre Wertvorstellungen und die damit einhergehenden Gefühle wie Angst und Gier verleihen dem Markt seine Dynamik.

Wer sind die Hauptakteure?

Es ist wesentlich, dass Sie die wichtigsten Teilnehmer am Markt und ihre Rolle kennen. Dies ist von großer Bedeutung für Sie als Privatanleger oder Trader, denn Sie können diese Informationen zu Ihrem Vorteil nutzen.

Der Spezialist. Ein Mitglied der Börse, das vom Board of Directors der New Yorker Börse ernannt wird. Er beaufsichtigt und vereinfacht die Ausführung von Aufträgen der Broker auf dem Parkett. Er wirkt bei der Aufrechterhaltung eines fairen und ordnungsgemäßen Marktes mit, in dem Sie eine Aktie traden, selbst wenn keine anderen Trader dies tun. Mit der Zustimmung eines Börsenangestellten kann ein Spezialist Geschäfte mit einem anderen Mitgliedsunternehmen durchführen, wobei er einen institutionellen Investor für ein großes Aktienpaket für sein eigenes Portfolio in einer privaten Freiverkehrstransaktion repräsentiert. Kauft er, so findet der Kauf zu einem niedrigeren Kurs als dem vorherrschenden Mindestkurs statt. Verkauft er, so ist der Preis um einiges höher. Der Spezialist verwendet ein so genanntes Spezialisten-Buch. In diesem Buch registriert er alle Kauf- und Verkaufsaufträge, die zu einem vorbestimmten Preis (Limit-Orders und Stop-Orders) für ein bestimmtes Wertpapier ausgeführt werden sollen. Der Spezialist kennt die Marktgröße einer bestimmten Aktie.

Der institutionelle Broker. Ein institutioneller Broker kauft und verkauft Wertpapiere für Banken, Fondsgesellschaften, Versicherungsgesellschaften, Pensionsfonds oder andere institutionelle Kunden. Institutionelle Broker handeln große Mengen und berechnen ihren Kunden im Allgemeinen eine geringere Stückprovision, als der Privatanleger bezahlen muss.

Der professionelle Trader. Jemand, der Wertpapiere auf eigene Rechnung kurzfristig in Erwartung schneller Profite kauft oder verkauft. In den meisten Fällen macht sich der Trader die Hebelwirkung in Form von Marge und Optionen zunutze.

Freiverkehrs-Market-Maker. Ein Market-Maker handelt im Auftrag einer Wertpapiergesellschaft, die für ein bestimmtes Wertpapier verantwortlich ist. Der Händler muss jederzeit bereit sein, dieses Wertpapier zum angegebenen Preis zu kaufen oder zu verkaufen. Die Aufgabe des Market-Makers ist es, für Liquidität und Stabilität zu sorgen.

Private Anleger oder Trader. Personen, die Aktien in kleinen Mengen kaufen und verkaufen – meist in Paketen zwischen 50 bis 1.000 Stück. Prozentual macht ihr Trading-Volumen nur einen geringen Anteil des täglichen Umsatzes an jeder größeren Börse aus.

DER ZAUBER DES ECHTZEIT-TRADING

Sie sitzen vor Ihrem Computer und starren wie gebannt auf den Bildschirm. Jede kleinste Aufwärtsbewegung Ihres Investments ruft euphorische Freude in Ihnen hervor; jeder kleinste Abwärts-Tick lässt Ihr Herz rasen und Angst ergreift Sie. Von Tagesbeginn bis Börsenschluss befinden Sie sich in einer emotionalen Berg- und Talfahrt, die das Echtzeit-Trading für Sie bereithält. Jede kleinste Bewegung in Echtzeit, sei sie positiv oder negativ, vergrößert Ihre mentale und seelische Belastung. Alles wirkt, als betrachteten Sie es durch ein Vergrößerungsglas, und jede Sekunde zählt.

Entscheidungen scheinen in Sekundenschnelle nötig zu sein, und in jeder Sekunde muss eine gründliche Entscheidung über Kaufen, Verkaufen oder Halten getroffen werden. Am Ende des Tages haben Sie das Gefühl, einen Marathon hinter sich gebracht zu haben. Mental und körperlich erschöpft, wissen Sie, dass Sie morgen den gleichen Marathon wieder laufen müssen und hoffen, als Gewinner aus diesem Rennen zwischen Ihnen und dem Markt hervorzugehen.

Ohne Vorbereitung auf den Stress, den das Echtzeit-Trading mit sich bringt, könnten Sie ein Opfer des so genannten „Auktions-Syndroms" werden. Bei einer Auktion treibt die Leidenschaft des Kaufens und Verkaufens den Menschen in ein Fieber. In diesem Geisteszustand neigt man dazu, irrationale Entscheidungen zu treffen. Man lässt sich von der aktuellen Handlung einfangen, und erst nach einiger Zeit wird man sagen können, ob die Entscheidung richtig oder falsch war. Zweifellos müssen Entscheidungen an der Börse rational getroffen werden.

Sind Sie kein Trader, sondern ein Spieler, und treten Sie als Marktteilnehmer nur um der Handlung willen auf, dann bedeutet das Echtzeit-Trading für Sie sowohl Qual als auch Ekstase. Der Unterschied zwischen einem Trader und einem Süchtigen liegt darin, dass der Trader das Traden lassen kann, wenn sich die Trends ändern. Ein Spieler aber wird nicht aufhören, den Profis so lange sein Geld zu geben, bis er pleite ist.

Um Echtzeit-Trading erfolgreich betreiben zu können, müssen Sie den Regeln des Investierens und Ihrem Trading-Plan folgen. Kauf- und Verkaufsentscheidungen müssen vor Aufnahme eines Geschäftes gefällt werden, keinesfalls täglich und scheibchenweise. Wenn Sie Ihre Emotionen kontrollieren und vor Abschluss eines Deals Ihre Analyse durchführen können, dann kann Ihnen das Echtzeit-Trading sehr gute Gelegenheiten bieten. Es ist wahrscheinlich, dass Sie bei Kursbewegungen innerhalb eines Tages zu einem höheren Kurs verkaufen oder einem niedrigeren Kurs kaufen können. Wenn Sie Ihr Ziel und Ihren Trading-Plan im Auge behalten, kann das Echtzeit-Trading äußerst gewinnbringend sein.

WENN BILLIG TEUER IST

Vor die Wahl gestellt, werden einige Investoren und Trader vielfach mehr wählen anstatt weniger, auch wenn mehr in Wirklichkeit null sein könnte. Wie doppeldeutig ist das! Ich spiele damit auf ein interessantes psychologisches Phänomen an. Stellen Sie jemanden vor die Wahl, eine 10-DM-Aktie oder eine 60-DM-Aktie bei einem gegebenen Kapital x zu kaufen – wie wird er sich verhalten? Die meisten werden die 10-DM-Aktien kaufen, doch die Beweggründe sind falsch.

Warum würden die meisten Menschen ein Papier kaufen, das weniger als 30 DM kostet, aber keines, dessen Preis bei 60 DM liegt? Weil Menschen sich auf Zahlen fixieren und nicht darauf, was sie tatsächlich bekommen. Der Faktor Gier spielt hierbei eine Rolle. Sie denken, dass sie Geld machen werden, wenn sie mehr Aktien haben und der Kurs nur um ein paar Mark ansteigt, und dennoch verfügen sie ohnehin nur über ein Gesamtkapital x. Lassen Sie die Gier nicht die Oberhand gewinnen und Sie dazu bringen, etwas nur deshalb zu kaufen, weil es billig ist.

Ist etwas billig, so hat das normalerweise seinen Grund. Es ist interessant, zu beobachten, wie aus billig plötzlich sehr schnell null werden kann. Manchmal sind dazu nur ein paar Tage nötig. Sie würden weitaus besser stehen, wenn Sie bei Ihrem Kauf auf Qualität achteten, auch wenn Sie in diesem Fall nur wenige Aktien kaufen könnten. Qualität mag nachlassen, aber sie fällt selten auf null. Etwas Billiges ist kein Schnäppchen, wenn Sie am Ende Ihr gesamtes Geld verlieren. Etwas Billiges kann Sie sehr teuer zu stehen kommen.

Ihr Ziel ist es, Ihr Kapital zu bewahren und zu erhöhen, und nicht, es so schnell wie möglich zu verlieren. Halten Sie sich fern von den rosa Aktien und fast allen Aktien unter 30 DM. Kleine Unternehmen haben oft wunderbare Erfolgsgeschichten auf Lager, die von Legionen von Verkäufern verbreitet werden. Ist es nicht erstaunlich, dass der Kurs dieser Aktien sinkt, direkt nachdem Sie gekauft haben? Die Lehre ist einfach. Kaufen Sie keinen Ramsch, wie billig er auch immer sein mag oder wie gut sich die Story auch anhört. Achten Sie beim Kauf auf Qualität und kaufen Sie ausschließlich auf Grund von Fakten und Informationen. Erinnern Sie sich an Regel 10 der Kapitalanlage: Kaufen oder verkaufen Sie nicht auf Grund „heißer Tipps".

Drei Sätze, die Sie niemals aussprechen sollten

„Ich habe zu früh verkauft." Sie sollten einen Verkauf niemals bedauern, wenn der Kurs einer Aktie gestiegen ist. Plagen Sie Gewissensbisse, weil Sie ein paar Punkte einbüßten, so ist der Grund dafür – auch wenn Sie es nicht hören wollen – Gier; ein Gefühl, das Ihnen bei finanziellen Entscheidungen im Wege steht. Es liegt in der Natur des Menschen, einer Sache nachzutrauern, die sich nicht mehr ändern lässt. Beim Traden und Investieren kann dieses Verhalten allerdings zu ernsthaften Problemen führen. Denken Sie daran, dass Ihr Trading-Plan und Ihre Methode Sie zum Verkauf veranlassten. Die Entscheidung zum Verkauf basierte auf Fakten und Informationen, nicht auf Gefühlen. Was später passiert, ist irrelevant. Sie erzielten aus diesem Geschäft einen Gewinn, und das ist der Alternative, nämlich einem Verlust, sicherlich vorzuziehen. Was sich nach oben bewegt, bewegt sich auch stets wieder nach unten und manchmal trifft es direkt auf Sie. Eine Möglichkeit, ein erfolgreicher Trader oder Investor zu werden, ist, zu früh zu verkaufen: Wenn Sie zu früh verkaufen, verzeichnen Sie einen Gewinn, keinen Verlust.

„Der Markt ist zu teuer". So lange Börsen existieren, haben Menschen diesen Satz als Entschuldigung dafür gebraucht, nicht zu traden und nicht in Aktien zu investieren. Seit mindestens 100 Jahren befindet sich der Markt in einem Aufwärtstrend. Sicher, es gibt Zeitabschnitte, in denen Korrekturen nötig sind, aber während der letzten 100 Jahre war der Gesamttrend ein Aufwärtstrend. Markthöchstkurse sollten für Sie nur von Bedeutung sein, wenn Sie beabsichtigen, kurzfristig in ein Geschäft einzusteigen.

Solange die Weltwirtschaft wächst, werden sich die Märkte in einem Aufwärtstrend bewegen. Irgendwo auf der Welt gibt es immer eine Möglichkeit, Gewinne zu erzielen. Wenn Sie sich stets ängstigen, dass der Markt zu teuer sein könnte, so werden Sie wahrscheinlich auch in den nächsten 100 Jahren nicht an der Börse anlegen. Aber das ist in Ordnung, denn so bleibt mehr für uns, die nicht nach einer Entschuldigung suchen, an diesem großartigen Spiel nicht teilzunehmen.

Wenden Sie solide Strategien und solides Geldmanagement an, wenn Sie zu Marktspitzen kaufen, aber lassen Sie sich nicht von steigenden Kursen abschrecken. Gehen Sie an Bord und bleiben Sie, bis sich der Trend umkehrt.

„Der Markt ist zu billig". Der Markt ist zu billig? Vor vier Monaten wollten Sie nicht kaufen, weil der Markt zu teuer war, und jetzt wollen Sie nicht kaufen, weil er zu billig ist! Als er zu teuer war, erwarteten Sie einen Kursrückgang. Jetzt, da die Kurse sinken, ist Ihnen der Markt zu billig. Zu niedrig? Kaufen Sie teuer und verkaufen Sie billig, oder kaufen Sie billig und verkaufen Sie teuer?

Billig zu kaufen und teuer zu verkaufen sollte einfach sein, oder? Ganz offensichtlich ist das nicht der Fall, denn ist der Kurs eines Titels auch niedrig, so ist er doch niemals niedrig genug. Markttiefstkurse gehen mit einer negativen Presse einher und mit bärischen Beratern, die Sie davon überzeugen wollen, dass sie weiter nachgeben werden. Raten Sie also, was passiert? Sie verpassen eine 100- oder 200-Punkte-Bewegung. Warum? Weil der Markt zu billig ist und Sie darauf warten, dass er zu teuer ist, um wieder von vorn anfangen zu können. Dieses verrückte Spiel sollten Sie nicht mitspielen.

Der Grundgedanke der Börse

Wie kann man die Grundidee der Börse oder einer bestimmten Aktie verstehen? Hierzu ist es zunächst erforderlich, dass Sie sich der Technischen Analyse widmen und einen so genannten Balken-Chart betrachten. Unter einem Balken-Chart versteht man die grafische Darstellung des Tageshöchst-, Tiefst-, Eröffnungs- und Schlusskurses. Diese Daten können komprimiert werden, um längere Zeiträume – wie etwa eine Woche, einen Monat oder ein Jahr – darstellen zu können. Das Kursdiagramm reflektiert einerseits einen extremen Optimismus in Form von Höchstkursen und andererseits einen extremen Pessimismus in Form von Tiefstkursen. Stellen Sie sich den Balken als Seil vor. An einem Ende befinden sich die Bullen (Haussiers), die von den Höchstkursen repräsentiert werden, und am anderen Ende die Bären (Baissiers), die durch die Tiefstkurse dargestellt werden. Während des Tages findet ein Tauziehen statt, um einen Konsens zwischen Bullen und Bären zu erzielen. Von Bedeutung ist der Tagesschlusskurs. Er stellt den Wert dar, bei dem Bullen und Bären eine Einigung über den Kurs oder den Wert einer Gruppe von Aktien oder eines Marktes erzielen. Liegt der Schlusskurs näher am Tageshöchstkurs, so haben die Haussiers gewonnen. Fällt der Schlusskurs niedriger aus, so haben die Baissiers gewonnen, und befindet er sich in der Mitte, so wurde ein Wertkonsens zwischen dem hohen und niedrigen Kursbereich erzielt.

Wenn Sie ein Balkendiagramm lesen können, so lesen Sie tatsächlich den Grundgedanken der Börse, denn alle Teilnehmer enthüllen hier, was sie an einem bestimmten Tag über den Verlauf einer Aktie oder eines Marktes denken. In Kapitel 4 werden die Technische Analyse sowie technische Indikatoren erörtert. Merken Sie sich zunächst, dass Ihnen diese Analyse einige Anhaltspunkte über Kurs- und Trendrichtung einzelner Aktien und ganzer Märkte liefert.

Abbildung 1.1 zeigt die Bewegung des Höchst-, Tiefst- und Schlusskurses über einen Zeitraum von einer Woche. Beachten Sie den Schlusskurs (S) der letzten drei Tage im Verhältnis zum Höchstkurs. Eine steigende Kurstendenz ist möglich. Dieses einfache Kursdiagramm dient als Einführung in die Technische Analyse, die Ihnen bei dem großartigen Spiel des Trading sehr hilfreich sein kann.

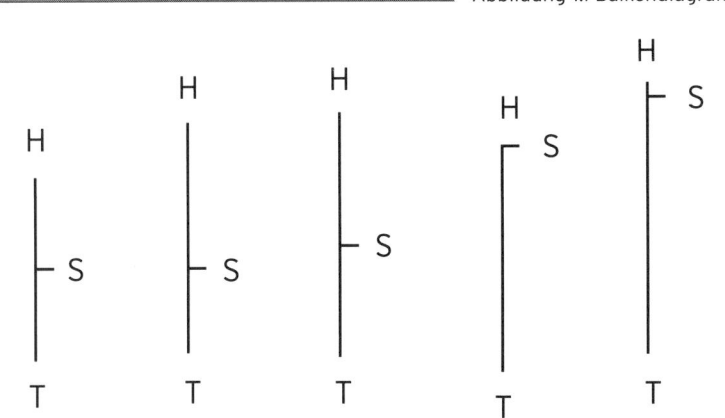

Abbildung 1.1 Balkendiagramm

H = Höchststand; T = Tiefststand; S = Schlusskurs

WARUM GIBT ES DIE BÖRSE?

Das große Spiel

Manche Menschen drängt es an die Börse, als würden sie von einem Magneten angezogen. Der Grund für diese Anziehungskraft ist offensichtlich. Die Börse bietet dem einzelnen Marktteilnehmer die Möglichkeit, eine Menge Geld zu verdienen. Im Gegensatz zu fast allen anderen Einkommensmöglichkeiten, schreibt die Börse weder eine Kleiderordnung noch Qualifikationen jeglicher Art vor. Deals werden in Lichtgeschwindigkeit, im Cyberspace, durchgeführt, wo sich Käufer und Verkäufer niemals von Angesicht zu Angesicht gegenüberstehen. Man teilt sich seine Arbeitszeit selbst ein und ist sein eigener Chef. All dieses gehört zum Reiz des großen Spiels.

Der Markt zählt zu den wenigen Orten, an denen es möglich ist, Renditen zu erzielen, die Inflationsraten und Steuersätze weit überschreiten. So können Sie hier echte Gewinne erzielen, mit denen Sie Ihr Geld in relativ kurzer Zeit verdoppeln können. Man kann Renditen von 15 bis 50 Prozent oder noch höher erzielen. Im Lauf der Zeit haben sich die Börsen als einige der wenigen Orte herausgestellt, an denen ein Mensch zu Reichtum kommen kann. Bedenken Sie, dass Trading und Investieren ein Beruf ist und auch als solcher ausgeübt werden sollte. Es handelt sich hierbei nicht um ein Hobby. Wenn Sie sich auf Ihren Beruf konzentrieren, so werden Sie möglicherweise reicher belohnt, als Sie es sich in Ihren kühnsten Träumen hätten ausmalen können.

John Templeton, Benjamin Graham, Warren Buffett, George Soros. Dies sind die Namen nur einiger weniger Legenden der Geschichte der Kapitalanlage in Aktien. Diese Männer verdienten an der Börse Milliarden von Dollars. Sie schufen mit ihrem Talent zum Traden und Investieren am Markt persönliche Reichtümer und Finanzimperien. Diese Menschen und noch viele andere waren Meister des „großen Spiels".

DIE GESCHICHTE DER BÖRSE

Niemand weiß mit Sicherheit, was in der Zukunft passieren wird. Wiederholen sich Ereignisse und Wirtschaftskreisläufe, so scheint der Versuch, die Vergangenheit zu verstehen, um Hinweise auf die Zukunft zu erhalten, nur logisch. Die wenigsten Menschen haben echte Kenntnisse über die Geschichte der Aktienmärkte. Wenn Sie Laien nach dem Monat, Tag, Jahr oder dem Kursrückgang fragten, der zum Marktzusammenbruch in den 80er Jahren geführt hat, so hätten die meisten keine Ahnung. Der Großteil der Öffentlichkeit könnte diese Frage nicht beantworten, obwohl dieses Ereignis erst kürzlich stattfand und dramatische Auswirkungen auf ihr Leben hatte.

Als Trader und Investor gehört es zu Ihrem Beruf, die Vergangenheit der Börse zu kennen und zu verstehen. Es ist für Sie von immenser Bedeutung, über die Marktgeschehnisse in der jüngsten Vergangenheit Bescheid zu wissen. Wenn Sie die Vergangenheit kennen, fällt es Ihnen leichter, richtige Entscheidungen für Ihre wirtschaftliche Zukunft zu fällen. Sie sollten nicht nur die Bullen- sondern auch die Bärenmärkte kennen. Die Baissemärkte werden Ihnen zeigen, was passieren kann – und in der Vergangenheit passierte. Sind Sie sich einmal darüber im Klaren, dass Korrekturen von 20 bis 50 Prozent historisch gesehen nicht ungewöhnlich sind, so werden Sie sich gezwungen sehen, ein Geldmanagement anzuwenden und Ihr Portfolio zu schützen.

Ein Rückblick von 1897 bis 1997

Aktien, so zeigt die 100-jährige Geschichte des Dow Jones Industrial Average, boten stets einen wirksamen Schutz vor Inflation. Es gab kurze Rezessionsperioden (Baissemärkte), die starke Kursrückgänge von 20 bis 50 Prozent verursachten. Aber jedes Mal innerhalb dieser 100 Jahre erholte sich der Markt von diesen Tiefstkursen – und erreichte immer ein noch höheres Niveau. Betrachten Sie die Börse über solch einen langen Zeitraum, so erkennen Sie, welche Auswirkungen verschiedene ökonomische Bedingungen auf sie hatten. Mag die Gegenwart auch anders sein, so herrschen doch viele dieser Bedingungen immer noch vor. Wenn Sie aus der Vergangenheit lernen können, dann können Sie schwerwiegende Fehler vermeiden, und die Kenntnis der Fehler der letzten 100 Jahre kann Sie wahrlich zu einem sehr guten Trader oder Investor machen.

Die Bärenmärkte der letzten 100 Jahre

1906 – 1914
1929 – 1932
1937 – 1942
1946 – 1949
1966 – 1974
1980 – 1982
1987 – 1990
1994

Schon immer gab es Abwärtstrends, die den Markt wieder an seine früheren Höchstkurse zurückführten. Trading-Ranges hielten sich manchmal über Jahre, bevor neue Höchstkurse erreicht wurden. Bei den derzeitigen Marktgegebenheiten jedoch wird ein Höchstkurs kontinuierlich durch einen weiteren ersetzt. Doch das war nicht immer so. Marktkorrekturen sind die Norm und keine Ausnahme. An einem bestimmten Punkt wird sich dieses Modell umkehren, und frühere Muster von Marktbewegungen werden wieder Gültigkeit erlangen. Betrachten Sie alle Bärenmärkte, und achten Sie dabei besonders auf die Jahre 1966, 1974 und 1987. Diese drei Baissemärkte verschaffen Ihnen einige besonders wertvolle Erkenntnisse.

Jene, die aus der Vergangenheit lernen können, sind hoffentlich nicht dazu verdammt, in der Zukunft die gleichen Fehler zu begehen. Die Erfahrung hat mir gezeigt, dass Menschen, die sich mit einer Reihe von Problemen konfrontiert sehen, sehr ähnlich reagieren. Angst, Gier und emotionale Entscheidungen sind auf der ganzen Welt zu finden. Weichen auch historische Umstände eventuell voneinander ab, so ähneln sich doch meistens die Menschen und ihre Reaktionen auf Herausforderungen und herrschende Bedingungen.

Verschiedene ökonomische Bedingungen

Während der letzten 100 Jahre herrschten am Aktienmarkt unterschiedliche ökonomische Bedingungen vor. Um Ihr Portfolio zu sichern, müssen Sie sich an die wirtschaftlichen Gegebenheiten anpassen.

Deflation	Preisstabilität
1871 – 1896	1896 – 1900
1892 – 1895	1921 – 1929
1919 – 1922	1934 – 1940
1929 – 1932	1952 – 1955

Deflation und gemäßigte Inflation	Rapide Inflation: ein neuartiges Phänomen
1885 – 1892	1914 – 1919
1899 – 1915	1940 – 1947
1942 – 1945	1949 – 1951
1951 – 1965	1965 – 1971 – 1981

Lernen Sie aus der Geschichte

Besuchen Sie Ihre Bibliothek und informieren Sie sich über die verschiedenen Zeitperioden und die ökonomischen Bedingungen jedes Ereignisses. Konzentrieren Sie sich dabei auf die letzten 60 Jahre der Börsengeschichte. Denken Sie daran, dass der Markt in den Gedanken aller Marktteilnehmer existiert, vom kleinsten Privatanleger bis zum größten institutionellen Investor. Studieren Sie ihre Wertvorstellungen und ihre Gefühle der Angst und Gier, die der Markt während dieser Zeit widerspiegelt.

SIE SIND BEREIT

Sie besitzen nun die notwendigen Informationen, um sich psychisch auf den Markt vorzubereiten. Sie sollten sich bewusst sein, wie und warum Sie auf eine bestimmte Weise auf Marktbelastungen reagieren. Sie kennen eine Reihe von Regeln, die es Ihnen erleichtern, emotional gesteuerte Entscheidungen zu kontrollieren, und Sie kennen Ihre Risikogrenze. Die Lehren der Geschichte und die Fehler anderer sind für Sie von unschätzbarem Wert. Sie sind nun bereit für die nächste Stufe.

Der Unterschied zwischen Gewinnern und Verlierern

1. Gewinner lernen aus ihren Fehlern, Verlierer nicht.

2. Gewinner machen niemanden für ihre Niederlage verantwortlich. Verlierer machen jeden verantwortlich, außer sich selbst.

3. Gewinner gehen kalkulierte Risiken ein. Verlierer gehen einfach Risiken ein.

4. Gewinner lernen, ihre Gefühle zu beherrschen. Verlierern gelingt dies nicht oder nur selten.

5. Gewinner lernen stets dazu und verbessern somit ihre Leistung. Verlierern fehlt dazu die Zeit.

6. Gewinner folgen Regeln. Verlierer kennen keine Regeln.

7. Gewinner setzen ihre Stärken ein und minimieren ihre Schwächen. Verlierer widmen sich ihren Schwächen nicht.

8. Gewinner entwickeln einen Erfolgsplan. Verlierer folgen keinem Plan.

9. Gewinner verteilen das Risiko. Verlierer setzen alles auf eine Karte.

Alle Investments und alle Anlagestrategien der Welt sind nutzlos, wenn Sie nicht lernen, emotional gesteuerte Entscheidungen zu beherrschen. Sie müssen sich über Ihr Ego und ein möglicherweise selbstzerstörerisches Verhalten klar werden und darauf eingehen. Nach dem Studium der Investologie sollten Sie nach einem Blick in den Spiegel ein klareres Bild der darin zu erkennenden Person haben.

Risikomanagement

RISIKOTYPEN

Das Wort Risikomanagement scheint einen Widerspruch in sich darzustellen. Allein mit der Erwähnung dieses Wortes beschwört man Angst und Panik herauf. Risiko, richtig definiert, ist jedoch lediglich die messbare Wahrscheinlichkeit eines Verlustes. Dabei sind die Schlüsselwörter natürlich messbare Wahrscheinlichkeit. Die meisten Menschen halten Risiko für einen unsicheren und nicht quantifizierbaren Faktor. Das stimmt aber nicht. Es gibt mehrere verschiedene und unverwechselbare Risikoformen, die jeder Trader und Investor kennen sollte, und für jede existiert eine Methode der Berechnung des zu erwartenden Resultates. Für Ihren Investment-Entscheidungsprozess ist eine eingehende Analyse aller bestehenden Risikoformen von größter Bedeutung.

Das Inflationsrisiko

Die Beeinträchtigung Ihrer Kaufkraft durch steigende Preise ist eine sehr große Gefahr. Selbst eine geringe Inflation kann auf Ihr Portfolio eine verheerende Auswirkung haben. Übervorsichtige, konservative Investoren, deren Portfolio zu einem hohen Anteil aus Schatzbriefen und Geldmarktpapieren besteht, werden hohe Kapitaleinbußen hinnehmen müssen. Eine Inflation wertet oftmals auch die Währung eines Landes ab.

Zinsrisiko

Steigende Zinssätze sind stets mit einem Wertverlust von Schatzbriefen verbunden. Steigende Zinssätze können auch Aktien ungünstig beeinflussen, insbesondere, wenn Dividenden ausgeschüttet werden. Bei steigenden Zinsen sind die Dividendenerträge wenig attraktiv. Betroffen sind außerdem Effektenkreditkonten sowie variable Hypotheken und andere zinsempfindliche Investments.

Ökonomisches Risiko

Normalerweise bezieht sich das ökonomische Risiko auf eine Rezession oder eine konjunkturelle Abkühlung. Der Rückgang der Erträge bewirkt sinkende Aktienkurse, wobei sowohl Wachstumsaktien als auch konjunkturabhängige Unternehmen betroffen sind. Ein weiterer zu berücksichtigender Faktor: Für kleine Unternehmen kann die Umschuldung von Schatzbriefen bei niedrigen Zinssätzen problematisch sein. Ein ökonomisches Risiko stellt auch die Tatsache dar, dass zu bestimmten Zeiten bestimmte Wirtschaftsbereiche für Investoren günstig sind und andere nicht. Diesen Punkt werden wir uns noch in Kapitel 5 unter der Überschrift „Konjunkturzyklus-Investmenttaktiken" genauer ansehen.

Politisches Risiko

Hierzu gehört die ungünstige steuerrechtliche Behandlung von Kapitalanlagen unter einer Bundes- oder Landesregierung. Weitere politische Risiken sind Kriege und Handelsabkommen.

Währungsrisiko

Der Wert der D-Mark im Vergleich zu anderen Weltwährungen kann ein Risiko darstellen, und zwar besonders dann, wenn Sie Investitionen außerhalb der Bundesrepublik Deutschland (außerhalb „Euro-Land") tätigen. Hier müssen Sie mit Verlusten auf Grund von Veränderungen der Wechselkurse rechnen.

Spezifische Risiken

Dies bezieht sich auf einzelne Investments, einzelne Unternehmen und Wirtschaftssektoren. Jedes Unternehmen stellt ein ganz spezifisches Risiko dar. Das Gleiche gilt auch für den einzelnen Wirtschaftsbereich. Immer sind einige Sektoren begünstigt und andere nicht. Auch Sie tragen als Trader oder Investor ein bestimmtes Risiko, denn Sie sind derjenige, der den Handlungsverlauf bestimmt. In dieser Hinsicht stellen Sie selbst auch ein spezifisches Risiko dar.

Reinvestitionsrisiko

Das Reinvestitionsrisiko bezieht sich auf die Reinvestition von Kapital in verschiedenen Phasen eines Konjunkturzyklus. Ein einfaches Beispiel stellt hierfür ein fälliges Geldmarktpapier dar. Sie verfügen nun über Kapital zur Reinvestition, der derzeitige Ertrag für Geldmarktpapiere mag jedoch viel niedriger sein. Sie müssen nun zwei Faktoren berücksichtigen: (1) Welcher mögliche Ertrag in der derzeitigen Wirtschaftssituation ist kompatibel mit Ihrer Risikostufe? (2) Für welchen Zeitraum soll das Kapital gebunden werden? Vielleicht möchten Sie eine weitaus kürzere Zeitspanne wählen, weil Sie nach drei Monaten auf höhere Renditen hoffen.

Liquiditätsrisiko

Es besteht die Möglichkeit, dass Sie ein Investment nicht schnell genug kaufen oder verkaufen können, da es wegen einer Beschränkung nicht liquide ist. Sie werden herausfinden, dass Aktien mit geringen Handelsumsätzen manchmal schwer verkäuflich sind. Dies trifft besonders auf die Aktien kleiner Unternehmen zu, die am Freiverkehrsmarkt gehandelt werden.

BETA-RISIKOANALYSE

Bei der Durchführung einer Risikoanalyse für eine bestimmte Aktie ist die relative Volatilität gegenüber dem Markt ungemein bedeutend. Sie müssen herausfinden, ob die Volatilität dieser Aktie größer oder kleiner ist als der Marktdurchschnitt. Ein Beta-Koeffizient von 1,00 entspricht der normalen Marktvolatilität. Konservative Investoren neigen dazu, Aktien mit niedrigerem Beta auszuwählen, während aggressivere Trader und Investoren höhere Koeffizienten bevorzugen. Es sollte jedoch klar sein, dass größere Kursschwankungen zu erwarten sind, je höher das Beta ist. Viele Trader begrüßen große Kursschwankungen – insbesondere Options-Trader, die die meisten Aktien mit niedrigem Beta meiden.

Obwohl der Beta-Koeffizient für die meisten professionellen Geldmanager keinerlei Bedeutung hat, sehe ich ihn als einen Ausgangspunkt für die Risikoeinschätzung von Investments, die in ein Trading-Portfolio aufgenommen werden sollen. Das Problem liegt darin, dass sich das Beta ständig ändert, und zwar deshalb, weil es den Prozentsatz der durchschnittlichen Kursänderung gegenüber dem Prozentsatz der Änderung des Marktindex darstellt. Und dieser variiert, wie Sie sich vorstellen können, von Tag zu Tag. Ich schlage eine monatliche Kalkulation des gewichteten Mittelwertes des Beta und eine Darstellung des Ergebnisses in einem Schaubild mit 1,00 als Mittellinie vor. Auf diese Weise können Sie langfristig die Volatilität Ihres Portfolios in Relation zum Markt bestimmen. Mit Hilfe dieser einfachen Grafik können Sie sich einen Überblick über die Betaschwankungen über mehrere Monate hinweg verschaffen. Da der Markt saisonal bedingten Trading-Mustern folgt, die bestimmten Monaten entsprechen, kann sich diese Information als sehr wertvoll erweisen. Einige Monate weisen bullishes, andere bearishes Potenzial auf. So wird Ihnen ein hohes Beta in den Monaten September und Oktober kaum gefallen.

Das gewichtete Beta: die Kalkulation

Die gewichtete Kalkulation berücksichtigt den Umstand, dass nicht jedes Investment Ihres Portfolios demselben DM-Betrag oder derselben Aktienanzahl entspricht. Das gewichtete Risiko des gesamten Portfolios ist eine genauere Darstellung der gesamten Portfolio-Volatilität. Die Volatilität kann sich als Ihr Freund oder Ihr Feind erweisen. Ihr Ziel ist es, mit Ihrem Trading-Portfolio in kürzester Zeit den höchstmöglichen Gewinn zu erzielen. Gleichzeitig wollen Sie das Risiko überschaubar machen. Ein gewichtetes Beta-Portfolio wird Ihnen beim Erreichen dieser beiden Ziele helfen.

Das Konzept eines Trading-Portfolios wird in Kapitel 5 unter der Überschrift „Strategien einer verbesserten taktischen Portfolio-Verteilung" noch detaillierter beschrieben (siehe Abbildung 2.1).

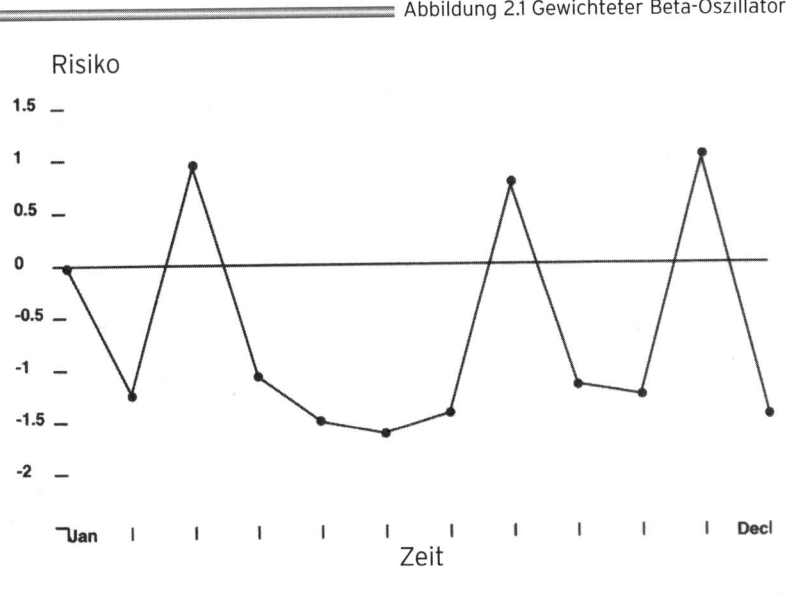

Abbildung 2.1 Gewichteter Beta-Oszillator

TAKTISCHE DIVERSIFIZIERUNG

Eine einfache Definition für Diversifizierung ist „das Verteilen des Risikos". Dies kann auf verschiedene Arten geschehen. Eine traditionelle Diversifizierungsmethode ist die Verteilung der Vermögenswerte. Bei der Verteilung der Vermögenswerte teilt ein Portfolio-Manager diese in verschiedene Kategorien ein: Aktien, Schatzbriefe, Edelmetalle, Geldmarkt. Bei einer solchen Verteilung besteht nur eine geringe Wechselbeziehung zwischen den Investments. Die Logik einer so weit gefächerten Vermögensverteilung wird aus dem Versuch ersichtlich, einen Großteil des Marktrisikos „wegzudiversifizieren". Obgleich dieser Ansatz sicherlich das Risiko verteilt, hat er keine Auswirkung auf Ihre Rendite. Für einen Trader oder professionellen Investor ist dieser Diversifikationsansatz nicht sehr reizvoll.

Ihr Ziel sollte sein, den S&P500 (oder den DAX) um eine möglichst hohe Spanne zu übertreffen. Dazu bedürfen Sie einer Diversifizierungsmethode, die von der traditionellen Methode abweicht. Sie muss mit einer Reduzierung des Risikos und einer Erhöhung der Rendite einhergehen. Mit taktischer Verteilung werden Sie es schaffen.

Vier Faktoren taktischer Diversifizierung

1. Ein Wirtschaftssektor oder eine Branche (z. B. Automobilindustrie) bietet eine hohe Wahrscheinlichkeit von Kurssteigerungen. Vier Bereiche werden ausgewählt und im Hinblick auf mögliche zukünftige Leistungen der Reihe nach untersucht.

2. Einzelne Investments innerhalb eines Sektors werden auf der Basis verschiedener Faktoren ausgewählt. Die Kriterien dafür werden in Kapitel 4 unter der Überschrift „Auswahl und Überprüfung" untersucht.

3. Taktisch ausgewählte Investments stehen in direkter Wechselbeziehung zueinander. Es werden Titel ausgesucht, die sich gegenseitig in zweifacher Hinsicht ergänzen. Zunächst wird ein Investment mit einer mög-

lichen höheren Wertsteigerungsrate an einem Titel mit niedrigerem Beta gemessen. Durch Verbinden der verschiedenen Beta-Faktoren ergibt sich ein weitaus geringeres Gesamtrisiko des Portfolios. Zweitens stellt die Rendite aus diesen beiden Titeln eine Mischung der beiden Titel dar. Beide Faktoren können zur Erreichung eines gewünschten Ergebnisses korrigiert werden.

4. Vermögenswerte werden häufig entsprechend den Konjunkturzyklen, dem Risiko und Ertrag angepasst. Wie Sie sehen, handelt es sich hierbei nicht um ein statisches Diversifizierungssystem von Papieren, bei dem diese über verschiedene Sektoren verteilt werden. Durch die taktische Verteilung ist die Diversifizierungsmethode weitaus mehr auf Kursschwankungs-Momente fokussiert. Vermögenswerte werden in Sektoren und Titeln positioniert, die besonders Erfolg versprechend sind. Die Diversifizierung dient der Bewältigung der größeren Risiken, die solch eine Methode beinhaltet. Das Thema der taktischen Diversifizierung werden wir wieder in Kapitel 5 unter der Überschrift „Strategien einer verbesserten taktischen Verteilung" aufgreifen.

DIE MATHEMATIK DES RISIKOS

Ich glaube, dass jeder irgendwann schon einmal das alte Wort gehört hat: „Begrenzen Sie Ihre Verluste." Obwohl das logisch klingt und wir es als vernünftigen Ratschlag akzeptieren, wollen wir das Thema Verlust meist nicht ansprechen. Die Gründe dafür wurden in Kapitel 1 schon hinreichend erläutert. Hoffentlich begegnen Sie nun Verlusten und Risiken mit dem Willen, Ihre Handlungen zu beherrschen und sich nicht von Ihren Handlungen und Emotionen beherrschen zu lassen.

Abgesehen vom psychologischen Aspekt des Risikos gibt es einige zwingende mathematische Gründe, die eine Begrenzung von Verlusten unabdingbar machen. Haben Sie das richtig verstanden, werden Sie einen Verlust von einer ganz anderen Seite betrachten. Dann werden Sie die Begrenzung Ihrer Verluste mit der Wahrung Ihres Kapitals gleichsetzen, so dass

Sie in das nächste viel versprechende Geschäft einsteigen können. Die folgende Tabelle zeigt Ihnen den zum Ausgleich eines bestimmten prozentualen Verlustes nötigen prozentualen Gewinn. Sie basiert auf Ihrem ursprünglichen Kapitaleinsatz.

Kapitalverlust in %	zum Ausgleich benötigter Gewinn in %
5	5,3
10	11,1
15	17,6
20	25,0
25	33,3
30	42,9
35	53,8
40	66,7
45	81,8
50	100,0
55	122,0
60	150,0

Sie erkennen sicherlich, dass der zum Ausgleich benötigte prozentuale Ertrag geometrisch steigt. Bei der Verwendung der Hebelwirkung wird das Verlustpotenzial vergrößert (Marge, Optionen, Termingeschäfte). Die Erfahrung hat gelehrt, dass der Ausgleich eines Verlustes von mehr als 25 Prozent des Investitionskapitals äußerst schwierig ist. Ihr Ziel sollte es sein, unter allen Umständen einen mehr als zwölfprozentigen Verlust Ihres Ausgangskapitals zu vermeiden. Dies könnte sehr schwierig werden, aber Sie sollten es versuchen.

Die Wahrscheinlichkeit von Verlustgeschäften

Geld zu verdienen ist sehr wichtig, aber man sollte sich auch bemühen, dieses zu behalten. Eines der besten Mittel, dies zu erreichen, besteht sicherlich darin, sich ein Horrorszenario auszumalen, wenn Sie ein Papier kaufen oder traden wollen. Nach einer Kaufentscheidung denkt jeder Trader oder Investor typischerweise nur daran, Geld zu verdienen, nicht aber daran, es zu verlieren. Die Gedanken kreisen nur um den Profit. Nichts ist abwegiger für Anleger als die Vorstellung, sie könnten einen Verlust erleiden. Trader, Investoren und einige Profis neigen leider dazu, alles rosarot zu sehen und die Schattenseiten erst viel später zu entdecken. Wie Sie mit Verlusten und der Wahrscheinlichkeit von Verlusten umgehen, kann den entscheidenden Unterschied zwischen Verlust und Niederlage ausmachen. Wenn Sie ein erfolgreicher Trader oder Investor werden wollen, müssen Sie wissen, dass Verlust nun einmal der Preis für das Traden ist. Wie für jedes andere Geschäft auch, benötigen Sie einen Geschäftsplan, um mit solchen Ereignissen umgehen zu können und damit die Verluste für Sie nicht das Aus bedeuten, bevor Sie richtig angefangen haben. Eines Mittwochnachmittags leitete ich ein Seminar, an dem eine Gruppe von 30 Brokern und Finanzplanern teilnahm. Die meisten von ihnen waren neu im Geschäft. Ein paar konnten auf zwei- oder dreijährige Erfahrung zurückblicken. Ich stellte ihnen folgende Frage: „Könnten Sie sich, basierend auf Ihrem Wissen, Ihrer Erfahrung und Ihren Fähigkeiten, vorstellen, sechs Verlustgeschäfte hintereinander hinzunehmen?" Nur drei von ihnen gaben durch Handzeichen zum Ausdruck, dass sie diese Möglichkeit für sich in Betracht zögen. Denn so, wie ich die Frage gestellt hatte, war bei den meisten der Eindruck entstanden, ich würde Ihre Fähigkeiten und Ihr Ego anzweifeln. Schließlich waren sie Profis, die in Kürze für jemanden arbeiten würden. Sie konnten sich einfach nicht vorstellen, sechs Verlustgeschäfte hintereinander zu akzeptieren. Ich wusste, sollte dieses Ereignis eintreten, würden sie an ihren Fähigkeiten zweifeln. Sie würden genau dann Selbstvertrauen einbüßen, wenn sie es am nötigsten hätten. Ich begann mit der Erklärung der Theorie und der Wahrscheinlichkeit von Ereignisfolgen.

Ein Erfolg muss nicht zwangsläufig einen weiteren Erfolg nach sich ziehen. Der Markt wimmelt von Variablen, die das Ergebnis der besten Strategie oder des besten Systems ändern können. Sie müssen die Tatsache akzeptieren, dass eine Verlustreihe vorkommen kann und vorkommen wird. Die folgende Tabelle gibt die Wahrscheinlichkeit von aufeinander folgenden Verlusten wieder.

Verlustreihe	Wahrscheinlichkeit
3 Verluste in Folge	12,5 %
4 Verluste in Folge	6,25 %
5 Verluste in Folge	3 %
10 Verluste in Folge	1 in 1.000

Wenn Sie jetzt denken, dass fünf oder zehn aufeinander folgende Verluste eine Seltenheit sind, so denken Sie noch einmal nach. Jeder, der schon eine Zeit lang tradet, kann bezeugen, dass eine solche Verlustreihe bei einem aktiven Trader nicht nur möglich, sondern sogar gewiss ist. Bedenken Sie, dass die oben genannten Wahrscheinlichkeitsziffern auf einem 50:50-Verhältnis basieren, vergleichbar mit dem Werfen einer Münze. Der Markt verfügt über Millionen von Variablen, die die Wahrscheinlichkeit von Ereignisfolgen verzerren. Trotz dieser Verzerrung sollten Sie einen Plan für eine in der Zukunft sicherlich einsetzende Reihe von Verlustgeschäften aufstellen, indem Sie einen wirksamen Weg konstruieren, damit fertig zu werden.

ENTSCHEIDUNGSZONEN

Ein Faktor des Risikomanagements einzelner Investments ist die Vorbestimmung von Kauf- und Verkaufszonen. Das befähigt Sie zur Analyse von Investments, bevor eine emotionale Bindung entstehen kann. Eine Kurszone ist hier weitaus sinnvoller als der Versuch, bestimmte Kurspunkte auszuwählen. Sehr oft haben Trader oder Investoren einen festen Kurs im Kopf und verpassen so eine Gelegenheit um den Bruchteil eines Punktes. Einem auf einen bestimmten Kurs fixierten Trader oder Investor kann es passieren, dass er unfähig wird, Kauf- oder Verkaufsentscheidungen zu treffen, wodurch sich die Wahrscheinlichkeit eines Verlustes von Kapital und Chancen noch erhöht.

Entscheidungszonen sind Kursbereiche innerhalb einer zuvor bestimmten Trading-Range zwischen Höchst- und Tiefstkursen. Sie basieren auf früheren und aktuellen Kursbewegungen. Oftmals sind sie in Unterstützungs-

und Widerstandsbereichen anzutreffen. Das Thema Unterstützung und Widerstand wird in Kapitel 4 unter der Überschrift „Technische Analyse" noch einmal aufgegriffen. Für das Studium der Entscheidungszonen ist es wichtig, dass Sie sich Charts ansehen und bestimmte einfache Kursmuster erkennen. Widmen wir uns jedoch vorerst einem einfachen Beispiel einer Entscheidungszone.

Bei einem Investment scheint die rückläufige Kursbewegung zu stagnieren und es scheint sich in einer Konsolidierung zwischen 64 und 72 DM zu befinden. Fällt der Kurs des Investments unter 64 DM oder steigt er über 72 DM, könnte diese Zone von Bedeutung sein. Betrachten Sie die erwähnten Zahlen als Hausse- und Baisse-Extremwerte. Der Extremwert von 64 DM ist die kurzfristige Unterstützung und die Untergrenze der aktuellen Kursbewegung. Nehmen wir an, Sie wollen zu diesem Zeitpunkt kaufen. Ihre Kaufentscheidungszone reicht von 66,50 DM bis 62,00 DM, was einer Kursspanne von 4,50 DM entspricht.

Im Risikomanagement bieten Entscheidungszonen Folgendes:

1. Sie zwingen Sie zur Analyse der Kursbewegung eines Investments und zur Bestimmung des Wertes.

2. Sie legen eine Kurszone für einen möglichen Einstieg oder Ausstieg fest.

3. Sie bieten zur Verlustbegrenzeung eine Preisspanne für Orders bis auf Widerruf oder Stop-Limit-Orders.

Verwechseln Sie Entscheidungszonen nicht mit starren Kurspunkten. Sie stellen eine Kursspanne dar, in welcher eine Kauf- oder Verkaufsentscheidung getroffen werden könnte. Entscheidungszonen sind sehr nützlich, da sie den Trader oder Investor dazu zwingen, den Regeln des Trading-Planes zu folgen, den er vor der emotionalen Bindung an einen Deal aufgestellt hat. Haben sich die Gegebenheiten nicht geändert, muss der Trading-Plan befolgt werden; ansonsten müssen Sie Ihre Aktionen neu überdenken. Entscheidungszonen werden wir später in diesem Kapitel noch einmal diskutieren, und zwar unter der Überschrift „Pivotzonen".

Verlustbegrenzung und Gewinnsicherung

Die Verlustbegrenzung ist wahrscheinlich eines der wichtigsten Elemente eines erfolgreichen Trading-Plans. Limitierungen sind ein grundlegender Bestandteil des Risikomanagements. Beherrscht man das Verlustrisiko und verwendet dafür Limitierungen, so ist dies eine Möglichkeit der Kapitalerhaltung. Limitierungen sollten insbesondere verwendet werden, wenn man sich der Hebelwirkung bedient. Werden Verluste unter Hebelwirkung nicht kontrolliert, kann der Aufzinsungseffekt des Verlustes so stark werden, dass ein Ausgleich unmöglich wird.

Wenn ich während meiner Arbeit mit Brokern, Finanzplanern und privaten Anlegern eines gelernt habe, so ist es, Verluste zu kontrollieren. Von Zeit zu Zeit höre ich von kleinen Verlusten, die in 20- bis 50-prozentige Verluste ausufern. Durch eine taktisch platzierte Limitierung könnte dies verhindert werden. Doch einige Anleger befürchten, bei einem kleinen Verlust ausgestoppt zu werden. Betrachten Sie eine Limitierung als eine Versicherungspolice, die Ihr Kapital vor katastrophalen Verlusten bewahrt. Verluste sollte man als Preis für jegliche Geschäftstätigkeit betrachten. Wichtig ist es, den größtmöglichen Teil Ihres Kapitals zu erhalten, während Sie Ihre Verluste auf ein Minimum begrenzen. Die Verlustmathematik hat Ihnen gezeigt, wie hoch der prozentuale Gewinn sein muss, um die Gewinnschwelle wieder zu erreichen. Es sollte kein Zweifel darüber bestehen, dass Limitierungen von entscheidender Bedeutung sind.

Irgendwann einmal werden Sie den Begriff „mentale Limitierung" hören, der sich auf einen speziellen Kurs in Ihrem Kopf bezieht, bei dem Sie einsteigen oder aussteigen wollen. Hierbei handelt es sich nicht um einen konkret limitierten Auftrag. Die Logik der mentalen Limitierung liegt darin, dass der Spezialist, der die Position der Limitierungen kennt, diese auslösen und Sie aus der Position drängen wird. Das klingt ganz logisch, aber daraus ergibt sich ein echtes Problem: Bei 95 Prozent aller Trader wird eine mentale Limitierung nicht funktionieren. Die wenigsten Menschen haben die nötige Selbstdisziplin, zu einem vorbestimmten Kurs zu verkaufen oder zu kaufen. So werden Sie versuchen, jede nur denkbare Entschuldigung dafür zu finden, nicht das zu tun, was Sie ursprünglich vorhatten. Sie werden versuchen, eine Rechtfertigung dafür zu finden, eine Entscheidung nicht zu treffen, zu der Sie vor einer gefühlsmäßigen Einbindung durch solide unemotionale Analyse gekommen sind: „Ich glaube, dass der Kurs zum Ende des Tages wieder zulegen und höher schließen wird." „Der Kurs sollte zur Unterstützung zurückkehren." „Ich bin sicher, es handelt sich nur um eine Bewegung innerhalb dieses Tages." Werden Sie kein Opfer der Unentschlossenheit. Verwenden Sie zur Verlustbegrenzung konkrete Limitierungen entsprechend Ihrem Trading-Plan. Wenn Sie den Markt oder Ihre Aktien nicht in Echtzeit verfolgen können, sollten Sie immer Limitierungen verwenden.

Wenn Sie glauben, Profis hätten kein Problem mit mentalen Limitierungen, so liegen Sie falsch. Ich habe so genannte Profis zu Salzsäulen erstarren sehen, wenn sie an ein mentales Limit stießen, und während sie noch versuchten, eine Rechtfertigung für einen Nichtverkauf zu finden, verloren sie Tausende von Mark. Mentale Limitierungen funktionieren nur bei gut trainierten, disziplinierten und erfahrenen Personen.

Limitierungen können auch zur Gewinnsicherung verwendet werden, indem man sie am Eingang in die Gewinnzone positioniert. Steigt der Kurs eines Investments, platzieren Sie die Limitierung direkt hinter dem aktuellen Tiefstkurs. Dieses Verfahren bezeichnet man als „Hochrollen der Limitierungen" (Scrollen). Dabei wird Ihr Limit bei einem plötzlichen Kursrückgang Ihres Investments ausgelöst, und Sie steigen mit einem Gewinn aus. Einen Gewinn mitzunehmen ist für die meisten Menschen ein sehr schwieriges Unterfangen. Verwenden Sie Limitierungen zur Gewinnsicherung, läuft dieser Prozess automatisch ab.

Limitierte Aufträge und Fristen

Bei einer Stop-Order handelt es sich um einen Auftrag an Ihren Broker, zu einem bestimmten Kurs zu kaufen oder zu verkaufen. Gilt dieser Kurs, wird die Order zu einem Marktauftrag, der sofort ausgeführt wird. Der Nachteil der Stop-Orders ist darin zu sehen, dass sie auf Grund der bevorzugten Behandlung von Marktaufträgen oder wegen plötzlicher Kursschwankungen bei niedrigeren oder höheren Kursen als dem Kurslimit ausgeführt werden könnten.

Eine Limit-Order ist ein Auftrag, zu einem bestimmten oder günstigeren Kurs zu kaufen oder zu verkaufen. Der Broker wird das Geschäft nur innerhalb der Kursrestriktion ausführen.

Eine Stop-Limit-Order ist ein Auftrag an einen Broker, zu einem bestimmten oder günstigeren Kurs zu kaufen oder zu verkaufen, aber nur, nachdem ein Kurslimit erreicht wurde. Ein Vorteil der Stop-Limit-Orders liegt in der Vermeidung einiger typischer Risiken, die zu einem Marktauftrag werden, sobald ein bestimmter Kurs erreicht wird. Der Nachteil einer Stop-Limit-Order liegt darin, dass sie den Markt insgesamt verfehlen könnte, wenn ein Limit oder günstigerer Kurs nicht erreicht wird. Dies könnte aufgrund von Kurslücken passieren oder weil die Kursbewegung den genauen Limit-Kurs nie erreicht.

Unter einem Tagesauftrag versteht man einen Auftrag, der für einen Trading-Tag Gültigkeit besitzt. Erteilen Sie eine Stop-Order, so müssen Sie eine Zeitbegrenzung für den Auftrag angeben.

Eine Good-till-canceled-Order (GTC) besitzt so lange Gültigkeit, bis sie durch eine telefonische oder schriftliche Benachrichtigung des Brokers storniert wird. Einen GTC-Auftrag sollte man für zwei Monate offen lassen. Wenn Sie diesen danach löschen, können Sie ihn zu einem späteren Zeitpunkt jederzeit durch einen Auftrag ersetzen, der dem aktuellen Marktgeschehen eher entspricht.

Hüten Sie sich vor offenen Aufträgen. Alle Stop-Orders werden als offene Aufträge bezeichnet. Überlegen Sie genau, wann und zu welchem Kurs Sie diese Aufträge erteilten. Vergessen Sie sie nicht, oder Sie werden eines Tages entdecken, dass Sie 500 Aktien gekauft haben, die Sie gar nicht mehr haben wollen. Löschen Sie einen Auftrag stets, wenn er sich von Ihrer ursprünglichen Eröffnungsposition zu weit entfernt, und widerrufen Sie einen GTC spätestens nach zwei Monaten.

Verwenden Sie Limits, ganz gleich, was man Ihnen sagt

Allen, die gegen Limits argumentieren, fällt es meist sehr schwer, einen Verlust hinzunehmen. Es ist kaum anzunehmen, dass sie große Beträge traden oder investieren. Sonst wäre ihnen sicherlich daran gelegen, ihr Verlustrisiko durch Limits zu mindern. Für mich erscheint es unverständlich, wenn jemand gegen eine Verlustbegrenzung und eine Kontrolle des Portfolio-Risikos argumentiert.

Jeder, der am Markt investiert und kein Real-Time-Trading betreibt oder aus irgendeinem Grund dem Marktgeschehen nicht folgen kann, muss Stop- und GTC-Orders verwenden. Wenn Sie vor Bekanntwerden des Kurses einen Auftrag erteilen, können Sie eine Aktie zu einem speziellen Kurs kaufen oder verkaufen. Lassen Sie es mich noch einmal sagen: Limits sind ein grundlegender Bestandteil des Risikomanagements.

Wie man Limits positioniert

Die Positionierung Ihrer Limits wird von Ihrer individuellen Trading- und Investitionsstrategie sowie von Ihrem Zeithorizont bestimmt. Traden Sie zum Beispiel dreimonatige, sechsmonatige oder 1-Jahres-Trends, so wird die Positionierung der Limits stark von der Positionierung eines anderen Anlegers abweichen, der nur für eine Woche, einen Tag oder ein paar Stunden im Markt ist. Sie mögen jetzt denken, das sei logisch, aber meine jahrelange Erfahrung hat mich gelehrt, nichts für logisch zu halten. Was für eine Person einfaches Englisch ist, ist für eine andere Griechisch.

Die folgenden Beispiele für das richtige Positionieren von Kauf- und Verkaufslimits basieren auf der Trendfolge. Mit einer trendorientierten Positionierung von Limits sollten Sie die besten Ergebnisse erzielen.

Wo man ein Kauflimit positioniert

Zur Positionierung von Limits sind zwei Strategien möglich. Die erste ist die so genannte Pivot-Kauflimitierung. Hierbei versucht man, innerhalb einer bestimmten Kurszone zu kaufen, in der sich ein Abwärtstrend wahrscheinlich umkehrt und vermutlich ein Aufwärtsmomentum erkennbar wird. Dieser Punkt befindet sich normalerweise an der Basis des Unterstützungsbereichs oder direkt darunter. Da die Möglichkeit einer Penetration der Stützung und einer Wiederaufnahme des Abwärtstrends nicht ausgeschlossen ist, birgt diese Methode einige Risiken. Deshalb erfordert die Pivot-Limitierung den Verkaufsstopp unter Ihrem Einstiegskurs.

Bei der zweiten Strategie handelt es sich um eine Ausbruch-Kauflimitierung. Diese Methode vermutet bei einem Abwärtstrend keine Kursumkehr. Die Ausbruch-Kauflimitierung wird direkt über dem Widerstandsbereich positioniert. Tritt also die Kursumkehr bei einem Abwärtstrend ein, so kaufen Sie das Papier nach dem Kursausbruch. Ein schützendes Verkaufslimit kann unter Ihrem Einstiegspunkt für den Fall positioniert werden, dass die Aufwärtsbewegung sich wieder umkehrt. Verwenden Sie eine Ausbruch-Kauflimitierung, so tätigen Sie Käufe immer mit einer Aufwärtsbewegung des Kurses und daher positiv – genau das Gegenteil zu der Pivot-Kauflimitierung, bei der Sie eine Kursumkehr vorhersehen, der Trend jedoch weiterhin negativ ist.

Achten Sie bei der Positionierung einer trendorientierten Pivot-Kauflimitierung auf die folgenden Faktoren:

1. Bei einem langen Abwärtstrend gibt es einen Punkt extremer Verkaufsmüdigkeit.

2. Momentumindikatoren zeigen eine Verlangsamung des Abwärtstrends oder eine Umkehr an.

3. Umsatzindikatoren zeigen weniger Anbieter und mehr Nachfrager an.

4. Der Kurs sollte sich an der Basis oder direkt unter einer getesteten Stüt-

zungsebene befinden. Eine Überprüfung der Stützung sollte zumindest zu drei verschiedenen Zeitpunkten während früherer größerer Rückgänge vorgenommen worden sein. Ist die Stützungsebene ein oder zwei Jahre alt, so handelt es sich hierbei um einen Pluspunkt. Jede Stützungsebene, die älter als zwei Jahre ist, hat statistisch gesehen keine Gültigkeit.

Betrachten Sie die nachfolgenden Beispiele für Pivot-Limitierungen in den Abbildungen 2.2 und 2.3, Ausbruch-Kauflimitierungen werden in Abbildung 2.4 gezeigt.

Zwischen Punkt 1 und Punkt 2 in Abbildung 2.2 befindet sich eine aktive Pivot-Zone, in der die Kurse sich mehrmals umkehrten und höher stiegen.

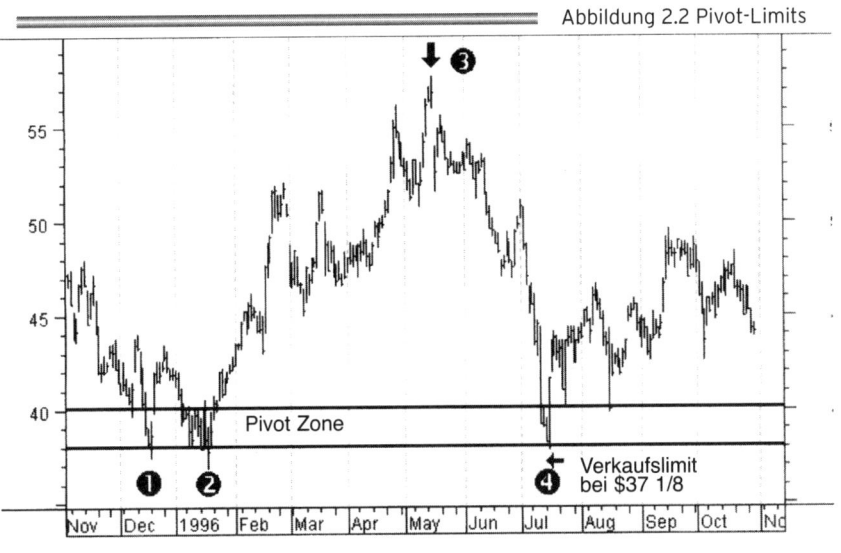

Abbildung 2.2 Pivot-Limits

Bei Punkt 3 begann ein langer Abwärtstrend. Nachdem zum zweiten Mal die 47-\$-Marke passiert wurde, würde man auf einen Rückgang des Kurses in die Pivot-Zone tippen. Zwischen der 40-\$- und der 38-\$-Marke würden Sie Ihre GTC (good-till-canceled)-Stop-Order platzieren. Bei Punkt 4 hat sich der Abwärtstrend innerhalb der Pivot-Zone umgekehrt, wodurch das Kauflimit ausgelöst wird. Für den Fall einer Wiederaufnahme des Abwärtstrends würde ein Verkaufslimit bei \$ 37,125 unter der Pivot-Zone gesetzt

61

werden. Beachten Sie, dass diese Positionierungsmethode von Kauflimits Risiken birgt, denn Sie erteilen vor Bekanntwerden des Kurses einen Kaufauftrag, bevor sich dieser umkehrt. Gehen Sie die vier Punkte zur Positionierung von Pivot-Kauflimitierungen noch einmal durch.

In Abbildung 2.3 sehen Sie eine exzellente Pivot-Zone, die aufgrund einer rückläufigen Kursbewegung vorübergehend durchdrungen wurde. Möglicherweise würden Sie ausgestoppt, wenn sich Ihr Limit zu nahe an der Basis der Pivot-Zone befände. Eine Verlustbegrenzung ist immer notwendig, wenn Sie Pivot-Kauflimits verwenden. Die Limits sind Ihre Absicherung gegen weitere Verluste. Wie Ihnen dieser Fall zeigt, werden Sie jedoch manchmal ausgestoppt.

Beachten Sie in Abbildung 2.3 die Stärke der Pivot-Zone von Punkt 1 bis Punkt 5. Ab Punkt 2 fand ein parabolischer Ausbruch statt, der sich an Punkt 3 umkehrte. Punkt 4 zeigt ein Durchdringen der Pivot-Zone, wo eine Verlustbegrenzung hätte ausgelöst werden können. Wollen Sie diese Methoden der Limitpositionierung verwenden, so müssen Sie eine Verlustbegrenzung benutzen. Die Punkte 2 bis 3 und 5 bis 6 spiegeln das Gewinnpotenzial der Kauf-Limitierungen in der Pivot-Zone wider. Sie funktionieren in 62

Abbildung 2.3 Pivot-Limits

Prozent aller Fälle und wenn sie funktionieren, können Ihnen große Kursbewegungen Vorteile bringen. Funktionieren sie nicht, könnte das für Sie
einen weiteren Kursverlust von 30 bis 50 Prozent bedeuten, es sei denn, Sie
haben ein Ausstiegs-Limit gesetzt, um Ihre Verluste zu minimieren.

In Abbildung 2.4 sehen Sie zwei vorzügliche Beispiele einer Ausbruchs-
limitierung. Punkt 1 zeigt den Ausbruch über den Widerstandsbereich.
Hier sollten Sie Ihr Limit positionieren. Ein Ausbruchslimit hat das Ziel,
erfolgreich in der Richtung der Kursbewegung einzusteigen. Diese Methode der Positionierung von Kauflimits birgt weitaus weniger Risiken als die
Pivot-Limitierung. Bei Punkt 2 sehen Sie auch einen Ausbruch über einen
Widerstandsbereich an der Spitze eines ansteigenden Dreiecks. Sowohl bei
Punkt 1 als auch bei Punkt 2 wird die Kursbewegung durch den Umsatz
bestätigt. Beachten Sie die aufwärts zeigenden Pfeile im Umsatzchart unter
dem Kurschart und direkt unter Punkt 1 und 2. Sie zeigen ganz eindeutig
einen Umsatzzuwachs an.

Nutzen Sie Kursausbrüche, um in ein Geschäft einzusteigen, setzen Sie
Ihre Verlustbegrenzung unterhalb der Widerstandslinie. Findet eine Kursumkehr statt, so wird dieser mit an Sicherheit grenzender Wahrschein-

Abbildung 2.4 Ausbruchs-Limits

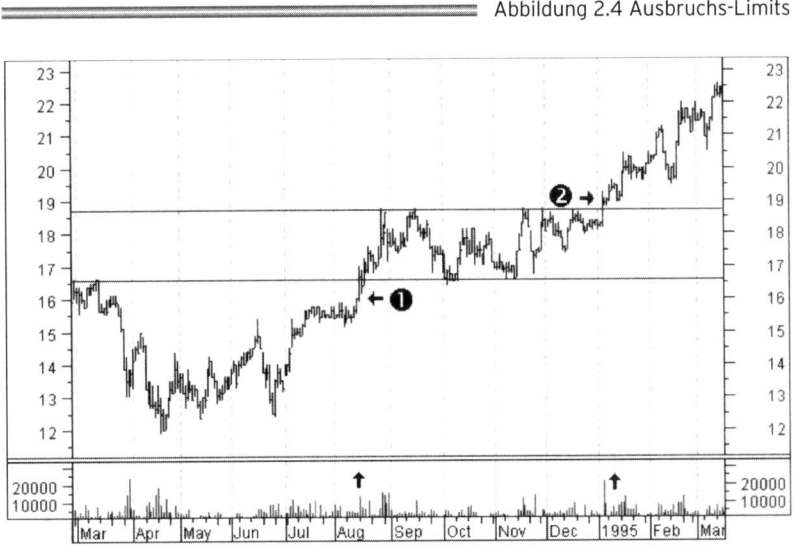

lichkeit die Resistenz erneut testen, die nun zur Unterstützungslinie wird. Setzen Sie Ihre Limits in der Mitte der Stützungs- und Widerstandszone und bewegen Sie sie entsprechend der Aufwärtsbewegung des Kurses. Abbildung 2.5 zeigt Ihnen ein Beispiel eines Verfahrens, das als „Hochscrollen von Stops" bezeichnet wird.

Das Positionieren von Verkaufslimitierungen

Verkaufsstops verfolgen zwei Ziele. Das erste Ziel ist der Schutz und der Erhalt des Kapitals durch Verlustbegrenzung. Das zweite Ziel besteht darin, einen Gewinn zu sichern, der anderenfalls verloren wäre. Schützende Ausstiegs-Stops werden normalerweise unter einem Einstiegspunkt gesetzt, wenn Sie long gehen, und darüber, wenn Sie short gehen.

Gewinnsicherungs-Stops werden nach einem Kursanstieg eines Investments gesetzt. Eines der am häufigsten verwendeten Verfahren ist das Hochscrollen von Stops. Steigt der Kurs eines Investments, bewegen Sie Ihren Ausstiegs-Stop in die Richtung des Trends. Ein fünf- oder sechsmaliges Hochscrollen der Stops vor einer Trendumkehr, die Sie ausstoppt, ist nicht ungewöhnlich. Die Verkaufsentscheidung wird automatisch vom Markt und dem Kurstrend diktiert. Verkaufslimitierungen klammern Emotionen aus dem Entscheidungsprozess aus.

Die Position eines Stops am Break-Even-Punkt ist immer der erste Schritt beim Hochscrollen von Limits. Die Absicht ist eindeutig: Sie wollen Ihren sichernden Stop in eine Break-Even-Position bringen. Dieses Verfahren sollten Sie verwenden, wenn Sie mit einem Hebel arbeiten. Viele Anleger lehnen dieses Verfahren aus irgendeinem Grund ab. Es ist jedoch von entscheidender Bedeutung, wenn Sie ins Trading- oder Investitionsgeschäft einsteigen wollen. Beabsichtigen Sie, Termingeschäfte zu traden, so sollten Sie zuerst einen Break-Even-Stop setzen. Sie werden nicht durch das Erzielen von Gewinnen oder die Minimierung von Verlusten ruiniert. Die Abbildungen 2.5, 2.6, 2.7 und 2.8 zeigen Ihnen vier Beispiele für Verkaufslimits.

Das Hochscrollen der Stops sollte Ihnen Gewinne einbringen, da so Gewinne gesichert werden. Außerdem wird Ihr Kapital durch Verlustbegrenzung geschützt. In Abbildung 2.5 zeigt Punkt 1 den Einstieg in einen Deal nach einem Kursausbruch. Gleichzeitig wurde eine Verlustbegrenzungs-Order bei Punkt 2 positioniert.

Der Kurs steigt weiter bis zu einem eintägigen parabolischen Run. An der Basis dieses parabolischen Runs setzen Sie Ihren ersten rollenden Stop. Sie verschieben den Verlustbegrenzungs-Ausstieg von Punkt 2 nach Punkt A. Der Kurs steigt bis zu einer weiteren parabolischen Kursbewegung. An der Basis der zweiten parabolischen Bewegung scrollen Sie den Stop von A nach B. Direkt unter der Kurskonsolidierung wird der Stop von B nach C gescrollt. Es setzt eine rückläufige Kursbewegung ein und Sie werden bei 61,25 $ ausgestoppt.

Nach Punkt C fällt der Kurs, und eines Tages finden wir einen deutlichen Kursrückgang, da der Kurs seine Unterstützung durchdringt. Bei Punkt 3 steigen Sie wieder ein und positionieren Ihren Stop bei Punkt 4. Nach einem steilen Kursanstieg verschieben Sie den Stop von Punkt 4 nach D, direkt unterhalb der Unterstützung. Der Kurs legt langsam zu, und Sie

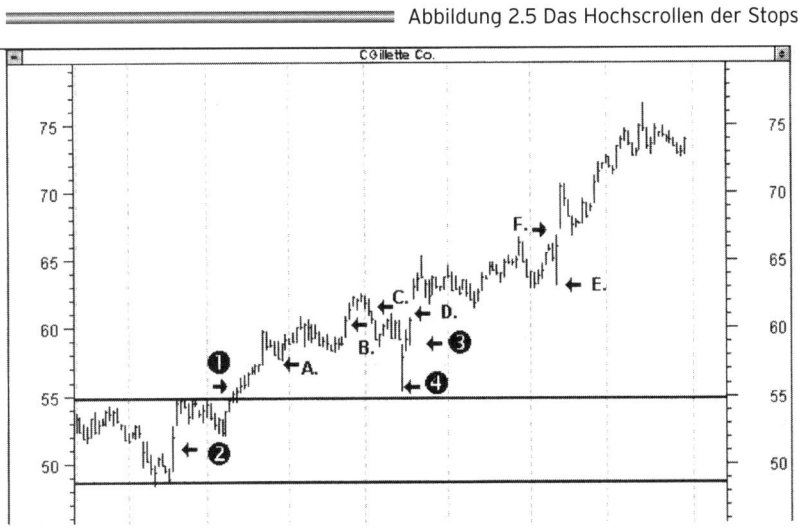

Abbildung 2.5 Das Hochscrollen der Stops

bewegen Ihren Stop von D nach E. Wenige Tage später setzt ein Kurssprung ein, wobei ein großer parabolischer Tag dem anderen folgt. Sie bewegen Ihren Stop von E nach F unter den Tiefstkurs der parabolischen Bewegung des zweiten Tages und in die Mitte einer Kurslücke. Wahrscheinlich werden Sie innerhalb der nächsten paar Tage ausgestoppt werden, aber Sie können auf diesen Gewinn nicht verzichten. Erinnern Sie sich, eine Ihrer Trading-Regeln ist, aus einem Gewinn niemals einen Verlust werden zu lassen.

Das in Abbildung 2.6 dargestellte Verfahren zum Setzen von Stops ist besonders wichtig für Trader, die sich der Hebelwirkung bedienen. Es ist erstaunlich, wie viele Trader sich weigern, Break-Even-Limits zu verwenden. Werden Sie kein Opfer eines Ausstoppungs-Syndroms. Verwenden Sie Stops, wann immer es angebracht ist. Werden Stops richtig eingesetzt, werden Sie einen weiteren Tag traden können, während Ihr Kollege möglicherweise einen fatalen letzten Verlust hinnehmen muss und damit ein weiteres Opfer der Marktstatistik geworden ist.

Abbildung 2.6 Break-Even-Limitierung

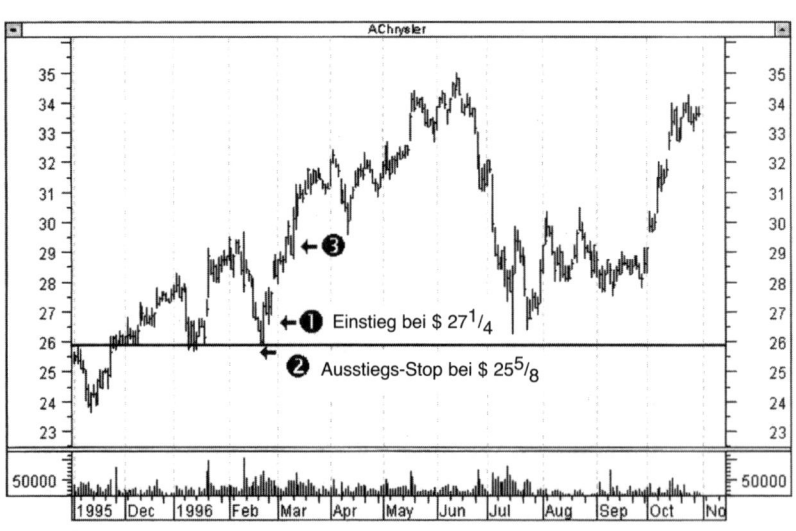

Punkt 1 in Abbildung 2.6 zeigt Ihren Einstieg und an Punkt 2 setzen Sie Ihren schützenden Ausstiegs-Stop. Steigt der Kurs, erreichen Sie den Point-of-Break-Even, der auch die Provision und die Kosten des Aktienkaufs einschließt. In diesem Beispiel gehen wir davon aus, dass Punkt 3 der Break-Even-Punkt ist. Erreichen Sie den Break-Even-Punkt, bewegen Sie den schützenden Stop von Punkt 2 zur Einstiegsposition bei Punkt 1. Sie haben nun die Gewinnzone erreicht. Steigt der Kurs des Titels, scrollen Sie Ihre Stops so weit hoch, bis Sie ausgestoppt werden. Als Trader, der die Hebelwirkung verwendet, ist es Ihr Ziel, immer mit einem Gewinn ausgestoppt zu werden. Sie haben im Trading keine Zukunft, wenn Ihre Verluste immer größer werden oder Ihre Gewinne sich in Verluste umkehren.

In Abbildung 2.7 sehen Sie ein rechteckiges Konsolidierungsmuster mit einem explosionsartigen Ausbruch über der Widerstandslinie. Der Buchstabe R kennzeichnet die Widerstandslinie, der Buchstabe S die Stützungs-

Abbildung 2.7 Positionierung von Break-Even-Limitierungen (20 Trading-Tage)

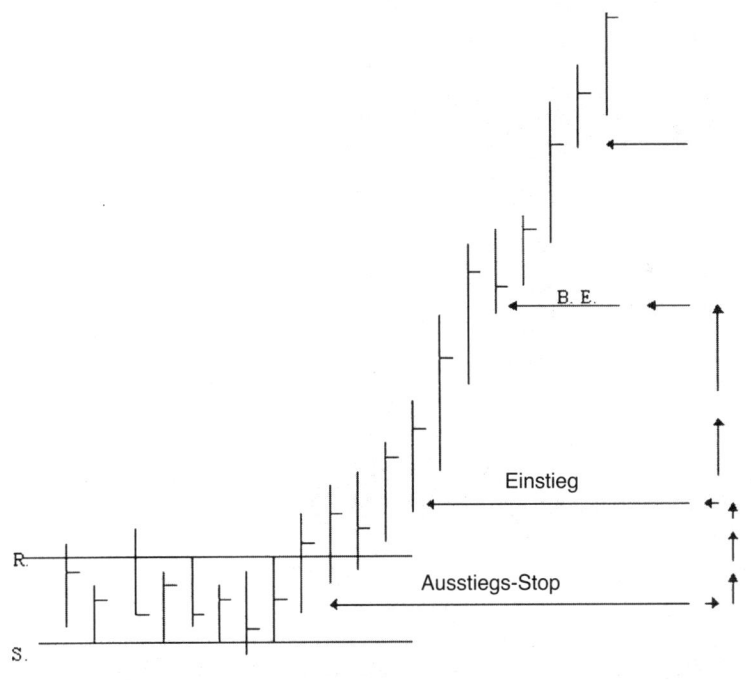

linie. Am rechten Rand der Konsolidierung können Sie drei Tage erkennen, in denen der Schlusskurs über der Widerstandslinie lag. Am nächsten Tag kehrte sich der Kurs völlig vom anfänglichen Muster ab und begann, stetig zu steigen. Der Einstieg in das Geschäft ist deutlich durch einen Pfeil gekennzeichnet und als solcher benannt. Gleichzeitig würden Sie einen schützenden Stop in die Mitte des Konsolidierungsmusters setzen, der durch einen Pfeil und „Ausstiegs-Stop" kenntlich gemacht ist.

Steigt der Kurs weiter an, so erreicht er den Break-Even-Punkt. Dieser kennzeichnet den Preis, den Sie bezahlt haben, einschließlich Provision und aller Nebenkosten. Dieser Punkt ist durch die Buchstaben BE gekennzeichnet und durch den Pfeil genau festgelegt. Beachten Sie die Bewegung der Pfeile von der Ausstiegslimitierung zum Einstieg und später zum Break-Even-Punkt. So müssen die Stops hochgescrollt werden.

Der Kurs steigt über dem Break-Even-Punkt weiter an. Ein neben dem Tiefstkurs platzierter Pfeil in der Nähe des Trendhochs zeigt Ihnen die nächste Stopposition an. Sie können Ihre Vermögenswerte sichern, wenn Sie die Stops so schnell wie möglich zum Break-Even-Punkt bewegen und sie dann hochscrollen. Tritt eine massive Trendumkehr ein, könnte dies den Verlust Ihres gesamten Gewinns bedeuten. Wenn die Bewegung stark genug ist, könnte sich sogar ein Verlust für Sie ergeben. Wie Sie sich sicherlich erinnern, besagt eine Regel der Kapitalanlage, dass man niemals einen Gewinn zu einem Verlust werden lassen darf. Lassen Sie es nicht zu, dass Habgier zu einem Faktor Ihrer finanziellen Entscheidungen wird. Sie wissen nicht, wann genau ein Aufwärtstrend kippen kann, doch Sie wissen, dass Sie einen Gewinn erzielt haben. Warum sollten Sie ihn also nicht sichern? Der Spatz in der Hand ist besser als die Taube auf dem Dach.

DIE ANALYSE DES RISIKO-/GEWINN-VERHÄLTNISSES EINES TRADES

Bevor Sie investieren oder in einen Trade einsteigen, müssen Sie das vorhandene Gewinn- und Verlustpotenzial herausfinden. Da das Verlustpotenzial immer ein Faktor und eine Reihe von Verlustgeschäften sehr wahrscheinlich ist, hat die Auswahl von Deals mit hoher Gewinnwahrscheinlichkeit oberste Priorität. Ein Deal, dessen Erfolgschancen 50:50 stehen, ist ganz offensichtlich keine gute Wahl und wird für Sie nicht in Frage kommen.

Die Risikoanalyse für ein einzelnes Investment vollzieht sich in mehreren Schritten. Beginnen Sie, indem Sie die folgenden Fragen beantworten.

1. Steht dieses Investment in starker Beziehung zum Markt (hohes oder niedriges Beta)? Ist dies der Fall, geht es in der Richtung Ihres geplanten Trades oder Investments?
2. In welche Richtung läuft der Kurstrend – auf-, ab-, oder seitwärts?
3. Sind die technischen Indikatoren für den Deal positiv oder negativ?
4. Wie hoch ist der potenzielle Verlust des Deals (in DM) zuzüglich Provision?
5. Wie hoch ist der potenzielle Gewinn des Deals (in DM) abzüglich Provision?
6. Wie hoch ist der gesamte potenzielle Gewinn abzüglich des potenziellen Verlustes?
7. Wie hoch ist der potenzielle prozentuale Gewinn aus diesem Deal?
8. Wie hoch ist der potenzielle prozentuale Verlust aus diesem Deal?
9. Vergleichen Sie den gesamten potenziellen Gewinn mit dem potenziellen Verlust.
10. Birgt der Trade oder das Investment eine hohe oder niedrige Gewinnwahrscheinlichkeit?

Das folgende Beispiel wird Ihnen die Beantwortung der Fragen 4 bis 10 erleichtern. Das Risiko-/Gewinn-Verhältnis basiert auf der Analyse eines Charts und Ihrer Interpretation dieser Informationen.

Sie entscheiden sich zum Kauf von 500 Aktien zum Stückpreis von $ 20, und Sie platzieren einen Ausstiegs-Stop bei $ 18. Bei $ 18 haben Sie Ihren maximalen Verlust. Ihre Analyse zeigt das potenzielle Ertragsziel von $ 25 innerhalb der nächsten vier bis sechs Wochen. So beginnen Sie Ihre Analyse:

$$\frac{\text{Gewinnziel} - \text{Kaufpreis} \quad = 25.000\ \$}{\text{Kaufpreis} - \text{Ausstiegs-Stop} \quad = 10.000\ \$} = 2{,}5;\ (\text{günstiges Risiko-/Gewinn-Verhältnis})$$

Potenzieller prozentualer Gewinn, 10.000 bis 12.500 \$ = 25 % = günstiger prozentualer
Gewinn

Potenzieller prozentualer Verlust, 10.000 bis 9.000 \$ = 10 %

Das Endergebnis zeigt, dass es sich bei diesem Trade möglicherweise um ein Erfolgsgeschäft handelt. Potenzielle Trades sollten so eingestuft werden, dass der ertragreichste Trade an erster Stelle steht, gefolgt vom nächsten usw.

$$
\begin{array}{rcl}
500 \cdot 20{,}00\ \$ &=& 10.000\ \$ \\
500 \cdot 18{,}00\ \$ &=& \underline{9.000\ \$} \\
&& 1.000\ \$
\end{array}
$$

$$
\begin{array}{rcl}
500 \cdot 25{,}00\ \$ &=& 12.500\ \$ \\
500 \cdot 20{,}00\ \$ &=& \underline{-\ 10.000\ \$} \\
&& 2.500\ \$\ \text{Gewinn aus diesem Trade}
\end{array}
$$

Suchen Sie Trades mit einem Risiko-/Gewinn-Verhältnis von 2,5 bis 3,0 oder besser als Trading- oder Investment-Kandidaten aus. In der Abbildung 2.8 sehen Sie ein Beispiel für eine Risiko-/Gewinn-Analyse.

Abbildung 2.8 gibt Ihnen einen grafischen Überblick über die Risiko-/ Gewinn-Analyse. Lesen Sie dazu noch einmal die zehn Schritte der Risiko-Anlayse. Achten Sie dabei besonders auf die Fragen 4 bis 10.

1. Sie steigen bei \$ 58,00 in das Geschäft ein und kaufen 500 Aktien (Punkt 1). Die Provision beträgt in diesem Beispiel \$ 111,74.

2. Sie platzieren einen Ausstiegs-Stop bei \$ 56,00 (Punkt 2); das ist der Punkt, bei dem Sie den maximalen Verlust erleiden.

3. Das erste Gewinnziel sind \$ 63 bei Punkt 3, gefolgt vom zweiten Gewinnziel von \$ 65,50 bei Punkt 4. Die Provision würde in diesem Beispiel bei einem Aktienkurs von \$ 63,00 für 500 Aktien \$ 138,00 betragen.

Kaufpreis	29.111,74 $
– Ausstiegs-Stop	– 28.111,74 $
	1.000,00 $

Gewinnziel	31.638,00 $
– Bezugspreis	– 29.111,74 $
	2.526,26 $

Günstiges Risiko-/Gewinn-Verhältnis $\dfrac{2.526,26\ \$}{1.000,00\ \$} = 2{,}53$

Potenzieller prozentualer Gewinn = 8,68 %

Potenzieller prozentualer Verlust = 3,44 %

Nutzen Sie die Risiko-/Gewinn-Analyse, um die Rentabilität jedes möglichen Trades zu ermitteln. Verbinden Sie sie mit dem Marktmultiplikator und den Ergebnissen der technischen Entscheidungsmatrix, um eine Einstufung jedes Trades nach der Erfolgs- und Rentabilitätswahrscheinlichkeit vornehmen zu können. In Kapitel 4 werden Sie mehr über die Kalkulation

Abbildung 2.8 Die Analyse des Risiko-/Gewinn-Verhältnisses

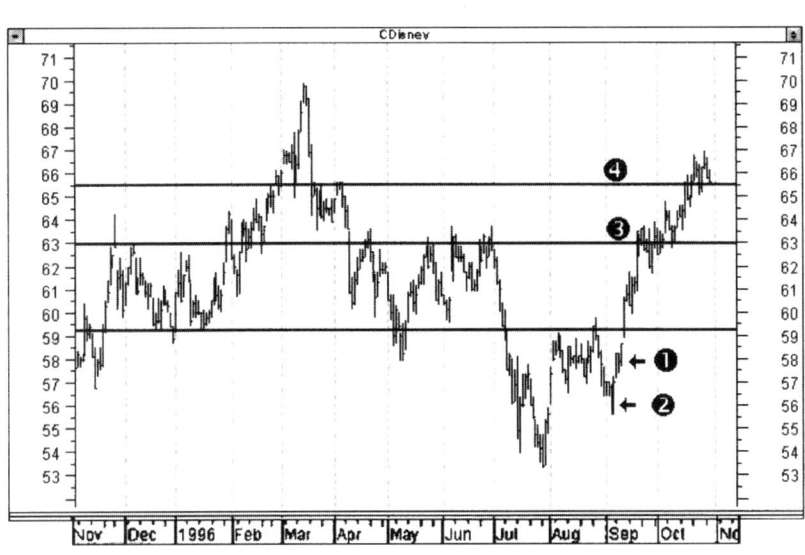

des Marktmultiplikators und die technische Matrix erfahren. Mit dieser Methode können Sie Transaktionen mit geringen Erfolgsaussichten ausschließen. Das Ergebnis sind Trades mit hoher Gewinnwahrscheinlichkeit, die Ihr Portfolio genauer auf ein Ziel einrichten.

DIE TECHNISCHEN METHODEN ZUR POSITIONIERUNG VON STOPS

Eine Methode, sich vor katastrophalen Verlusten zu schützen, ist die Verwendung eines 50-tägigen exponentiellen gleitenden Durchschnitts der Tiefstkurse bei einer zwölfprozentigen horizontalen Verschiebung. Auf diese Weise können Sie während der mittleren Trendphase im Investment bleiben. Wenn Sie diese Methode anwenden, werden Sie bei einer rückläufigen Bewegung nicht zu früh ausgestoppt. Sie wird Sie vielmehr davor bewahren, bei einer Tageskursbewegung aus dem Markt gedrängt zu werden.

Es folgen zwei wichtige Faktoren, die Sie berücksichtigen sollten, wenn Sie den 50-tägigen exponentiellen gleitenden Durchschnitt zur Positionierung von Stops verwenden wollen. Dieses Verfahren bezeichnet man als Zwischentrend-Stops.

1. Durchdringt der Kurs den gleitenden Durchschnitt, so sollte er wenigstens 1,5 % unter der Linie des gleitenden Durchschnitts anhalten.

2. Beobachten Sie, ob die Bewegung den gleitenden Durchschnitt durchdringt und unter dem 50-tägigen gleitenden Durchschnitt anhält. Ein weiterer wichtiger Faktor ist das Umsatzvolumen. War der Umsatz am Tag der Kurspenetration hoch oder niedrig?

3. Diese Art der Positionierung von Stops funktioniert vorzüglich, wenn Märkte und Investments sich in einem Trend befinden.

Eine detailliertere Erläuterung des gleitenden Durchschnitts finden Sie in Kapitel 4 bei der Technischen Analyse sowie Auswahl und Überprüfung.

Abbildung 2.9 Zwischentrend-Stops

Beachten Sie den 50-tägigen exponentiellen gleitenden Durchschnitt in Abbildung 2.9. Sie können sehen, dass der gleitende Durchschnitt Sie im Trend hält. Bei dieser Methode der Positionierung von Stops werden Sie bei einem rückläufigen Trend nicht zu früh ausgestoppt. So bleiben Sie im Geschäft, bis der Zwischentrend schwächer wird. Zu diesem Zeitpunkt sollte sich beim Investment ein Rückgang abzeichnen. Bei diesem System würden Sie Ihre Limitierungen entlang des 50-tägigen gleitenden Durchschnitts positionieren. Als Monitor des Bruchs eines kurzfristigen Trends sollten Sie eventuell einen 12- oder 14-tägigen gleitenden Durchschnitt verwenden. Werden die kürzeren gleitenden Durchschnitte von der Kursbewegung penetriert, so ist dies ein Anzeichen für eine kurzfristige Trendumkehr.

Der parabolische SAR (Parabolic Stop and Reversal)

Der parabolische Stop mit Umkehr (SAR) ist ideal für diejenigen, denen es anscheinend nicht möglich ist, ihre Verluste zu begrenzen, denn bei diesem System werden sie zur Positionierung eines Stops und zum Hochscrollen der Stops gezwungen, wenn der Trend sich aufwärts bewegt.

Risikomanagement

Das parabolische SAR-System wurde von Welles Wilder entwickelt. Es war ursprünglich für Trader gedacht, die am Markt immer long oder short gehen. Werden Sie aus einer Long-Position ausgestoppt, wird SAR gleichzeitig umkehren und Ihnen die Stop-Positionen für Leerverkäufe anzeigen. Beachten Sie in Abbildung 2.10, dass mit zunehmender Trendparabolik und zunehmendem Steigungswinkel der Abstand zwischen den Stop-Positionen, wie durch die Punkte angezeigt, größer wird.

Bedenken Sie, dass Sie bei der Verwendung des parabolischen SAR-Systems auf parabolische Trendbewegungen achten müssen. Beste Resultate erzielen Sie mit schnellen Aufwärts- oder Abwärtsbewegungen des Kurses. Beachten Sie, wie SAR bei einer Umkehr des Aufwärtstrends den Trendwechsel erkennt und Ihnen die Positionen der Short-Stops anzeigt. Dieses System funktioniert allerdings bei Konsolidierungen und stagnierenden Kursen nicht besonders gut. Eine Positionierung von Stops in diesen Bereichen ist schwierig. Achten Sie auf Unterstützungs- und Widerstandsbereiche, und verwenden Sie sie als Referenzpunkte für eine Positionierung von Stops.

Abbildung 2.10 Der parabolische SAR

Ein sehr wichtiger Aspekt der mathematischen Formel zur Berechnung des parabolischen SAR ist der Beschleunigungsfaktor. Dieser legt die Geschwindigkeit fest, mit der die Stops in den Trend bewegt werden müssen.

Sie werden erkennen, dass die Stops beim Einstieg in einen Trade dicht beieinander stehen. Beschleunigt sich jedoch der Trend, so sind bei den Stops in der Richtung des Trends stets größere Abstände zu beobachten. Diesen Beschleunigungsfaktor können Sie an Ihren individuellen Trading-Stil und Ihr Trading-Ziel anpassen. Ein Großteil der Software zur Technischen Analyse hat den parabolischen SAR als Bestandteil in seinem Indikator-Paket. So können Sie auf jeder Stufe und mit jedem beliebigen maximalen Beschleunigunsfakor einsteigen. Die normalerweise empfohlene Stufe ist 0,02 und der maximale Beschleunigungsfakor 0,20. Das bedeutet, dass am ersten Tag Ihres Trades die Stops um zwei Prozent des Wertes der Entfernung zwischen einem im Trade erreichten Extrempunkt und dem ursprünglichen Stop nach oben bewegt werden. Der Beschleunigungsfaktor wird von 0,02 auf ein Maximum von 0,20 erhöht. Sie können den Beschleunigungsfaktor abhängig von Ihrem Ziel ändern und ihn so empfindlicher oder weniger empfindlich machen. Die Stufen können zwischen 0,015 und 0,025 bis zu einer maximalen Beschleunigung zwischen 0,18 und 0,23 variieren. Experimentieren Sie mit Kombinationen, um auf diese Weise jene zu finden, die am besten Ihren Bedürfnissen und Trading-Zielen entspricht.

DER ENTWURF VON WAHRSCHEINLICHEN KURSUMKEHRMUSTERN

Die technischen Methoden der Stop-Positionierung können durch eine Untersuchung von Charts noch ausgebaut werden. Charts lassen die Bereiche erkennen, in denen die Risiko- und Gewinnwahrscheinlichkeit eingestuft werden kann. Sie haben schon gesehen, wie Unterstützung und Widerstand Ihnen die notwendigen Informationen für eine Abschätzung von Kursbewegungen und die Positionierung von Stops liefern können. Mit einer Untersuchung von Charts und Lücken können Sie ebenso viel erreichen. Eine Missachtung solcher Informationen könnte Sie viel Geld kosten.

Vor Jahren, als ich in dieses Geschäft einstieg, kannte ich die immense Bedeutung von Charts noch nicht. Ich konnte einfach nicht begreifen, wie irgendeine geometrische Zeichnung irgendetwas an einer möglichen Kursbewegung ändern sollte. Ich verstand nicht wirklich, wie der Markt funktioniert, und ahnte nichts von der Macht der Psychologie, die hinter der Entwicklung von Kursstrukturen steht. Es dauerte Jahre, in denen ich leider Tausende von Dollars verlor, bis ich die enorme Bedeutung von Kursstrukturen und Lücken erkannte. Ich sagte es bereits: „Die beste Ausbildung, die Sie bekommen können, ist die Möglichkeit, aus den Fehlern anderer zu lernen." Wenn Sie aus den Fehlern von Profis lernen können und auch aus dem, was sie richtig machen, so können Sie davon nur profitieren. Also, rein in die Welt der Charts!

Am Markt kommen viele verschiedene Chart-Strukturen vor; Sie sollten sich jedoch nur an solche Strukturen halten, die sehr häufig auftreten. Wenn Sie sich auf Muster konzentrieren, die sich mit einiger Sicherheit vorhersagen lassen, erhöhen Sie Ihre Erfolgsaussichten. Diese Muster dienen Ihnen als Mittel zur Prognose der Kursbewegung eines Investments und ermöglichen daher die Positionierung von Kauf- als auch Verkaufsstops. Anders ausgedrückt: Kursstrukturen können Einstiegs- oder Ausstiegspunkte eines Trades oder Investments markieren.

Kopf-Schulter-Formation

In Abbildung 2.11 sehen Sie ein bearishes Umkehrmuster, die Head and Shoulders Top Formation (Kopf-Schulter-Spitzenformation). An der rechten Seite des Musters können Sie ein Kursziel entdecken. Dieses Kursziel erreichen Sie durch Messung der Kopfspitze A bis zur Basis der Nackenlinie B. Die Nackenlinie zeichnen Sie von der linken zur rechten Schulter; sie ist durch den Buchstaben E gekennzeichnet. Ist Ihnen die Distanz zwischen A und B bekannt, bewegen Sie sich auf der Nackenlinie an der rechten Schulter vorbei nach rechts und messen in gleichem Abstand in Abwärtsrichtung CD ab, wobei D das prognostizierte Kursziel darstellt.

Abbildung 2.11 Head and Shoulder Top Formation

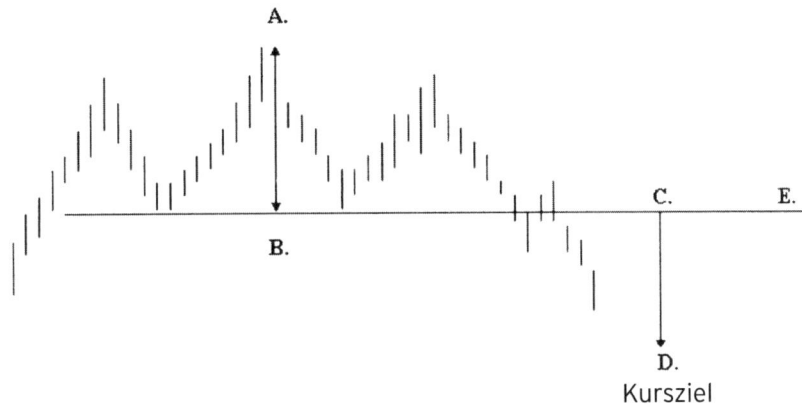

Wollten Sie short gehen, würden Sie unmittelbar über der Nackenlinie E einen schützenden Stop setzen, und hätten Sie vor, long zu gehen, so würden Sie bei einem Kursausbruch über die Nackenlinie kaufen und einen schützenden Stop dicht unter E platzieren. In beiden Fällen wird eine Änderung des Kurstrends aller Wahrscheinlichkeit nach zu einem weiteren Test der Nackenlinie führen, die, abhängig von der Richtung der Kurspenetration und -bewegung, sowohl Unterstützungs- als auch Widerstandslinie wird.

Double Top Formation

Eine weitere Formation ist die Double Top Formation (Doppelspitzen-Formation). Diese Formation dient ebenfalls der Kursprognose und funktioniert ähnlich wie das Kopf-Schulter-Muster. Wie Sie in Abbildung 2.12 sehen, liegt der Unterschied darin, dass die Messung bei Punkt F beginnt und an dem Punkt endet, der auf der Verbindungsgeraden zwischen beiden Spitzen läge. Diese Messung wird dann im Muster nach rechts verschoben, und von der Nackenlinie wird dann im gleichen Abstand eine Messung in Abwärtsrichtung vorgenommen, nämlich von H nach I, wobei I das Kursziel in dieser Baisse-Kursstruktur ist.

Doppel-Top-Formationen haben die höchste Trefferquote, wenn sie am Ende eines großen Sprungs innerhalb eines Kurstrends stehen. Nach einem steilen Kursanstieg ist ein Doppel-Top auf Grund seiner prophetischen Fähigkeiten sehr wertvoll.

Abbildung 2.12 Double Top Formation

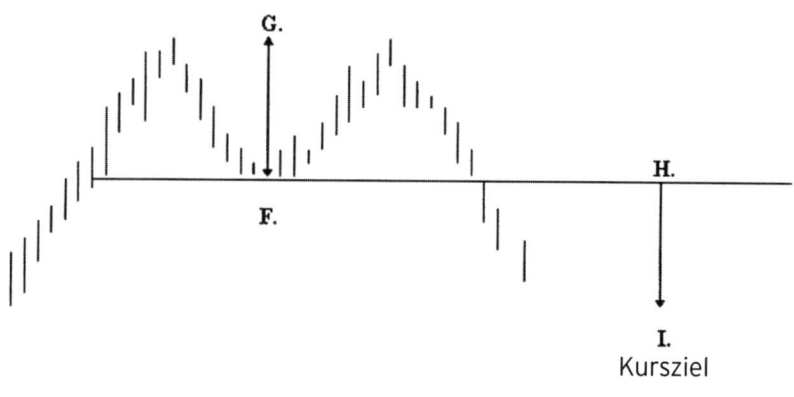

I.
Kursziel

Wird die Doppel-Spitze nach einem leichten Kursanstieg erkennbar, so beachten Sie, dass das Muster tendenziell zu einem Konsolidierungsbereich wird. Ein weiterer wichtiger Aspekt ist der Zeitabstand zwischen den beiden Spitzen. Bei Indizes wie dem Dow Jones oder dem S&P 500 könnte die Zeitspanne zwischen den Spitzen zwischen zwei und drei Monaten liegen. Für ein einzelnes Investment sollte die Zeitspanne ein bis zwei Monate betragen, möglicherweise auch drei. Am günstigen wäre es, wenn beide Spitzen eine große parabolische Kursbewegung aufwiesen. In diesem Fall kann eine Doppel-Spitze eine kurze Periode einleiten und die Distanz zwischen den Spitzen ist nicht so wichtig.

Die gleiche Strategie, die für das Long-Gehen oder das Positionieren von Stops angewendet werden kann, funktioniert auch bei der Doppel-Spitze. Es versteht sich von selbst, dass eine Kauf- oder Verkaufsentscheidung nicht allein auf einem Chartmuster beruhen sollte. Ihre Handlungen sollten immer durch möglichst viele Informationen und Indikatoren begründet sein. Der Markttrend und die technische Entscheidungsmatrix, die Sie bei der Auswahl und Überprüfung schon kennen gelernt haben, werden Sie in diesem Vorhaben unterstützen.

Triple-Top-Wasserfall

Abbildung 2.13 zeigt ebenfalls ein Umkehrmuster – eine dreifache Spitze mit einem Wasserfall. Wie bei der Doppel-Top-Formation finden Sie die Dreifachspitze oft nach einem steilen Kursanstieg. Sehen Sie sich die Spitzen-Formation auf der rechten Seite an. Von Bedeutung ist der Neigungswinkel dieses rückläufigen Kurses. Suchen Sie zunächst nach einem steilen Abfall mit niedrigeren Höchst- und Tiefstkursen, der nicht mit dem Steigungswinkel der beiden ersten übereinstimmt. Beachten Sie zum zweiten, dass die Entfernung zwischen dem Höchst- und Tiefstkurs mit jedem Tag größer wird. Achten Sie auf das, was ich den „Wasserfalleffekt" nenne, bei dem der Kurs am Rand ganz steil abfällt. Dies ist durch den Auf-/Ab-Pfeil unter der Formation gekennzeichnet. Der Wasserfalleffekt kann mit einer Umkehrbewegung an einem Tag beginnen, wie die Abbildung 2.14 zeigt.

Abbildung 2.13 Triple-Top-Wasserfall

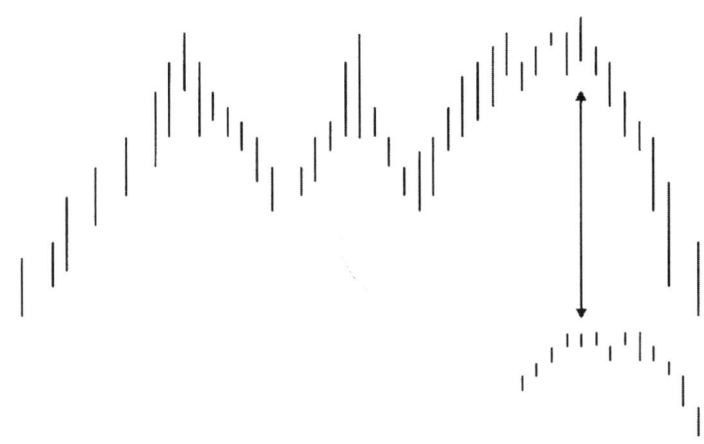

Abbildung 2.14 Tagesumkehr - Abwärtstrend

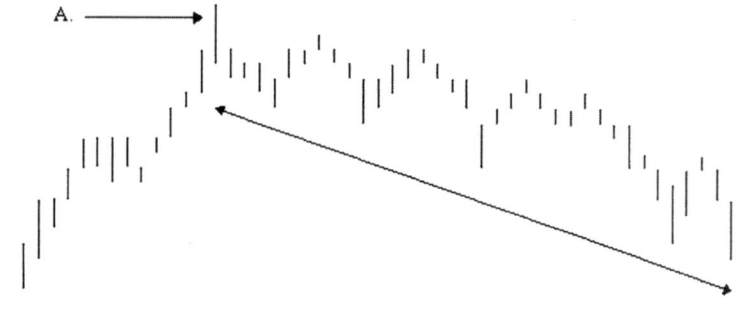

Tagesumkehr in einen Abwärtstrend

Nach einer deutlichen Kursbewegung an der Spitze einer Trading-Range werden Sie auch einmal einen Tag erkennen, an dem der Kurs steigt oder eine Lücke öffnet. Solch ein eintägiges Kursverhalten bringt häufig einen größeren Umsatz durch eine starke Nachfrage mit sich. Aber weder am nächsten noch an einem der folgenden Tage erreicht der Kurs diesen Höchstwert und ein rückläufiger Trend mit nachfolgenden niedrigeren Höchst- und Tiefstkursen setzt ein.

In Abbildung 2.14 sehen Sie eine Tagesumkehr. Diese ist gekennzeichnet durch den Buchstaben A, wobei der Pfeil den Bereich des Höchstkurses zeigt. Beachten Sie, dass sich alle anderen Hochs unter dem Tageshöchst-kurs befinden und ein ausgeprägter Abwärtstrend erkennbar wird. Dieser Trend ist durch niedrigere Tiefst- und Höchstkurse charakterisiert, die einen Trend-Kanal nach unten bilden.

Eine Tagesumkehr ist ein ausgezeichnetes Muster für Leerverkäufe, wenn sie nach einer lang anhaltenden Kursbewegung eintritt. Positionieren Sie am Höchstkurs einen schützenden Stop, wenn sich der rückläufige Trend bestätigt hat. Dies könnte auch ein ausgezeichneter Zeitpunkt für den Kauf von Puts sein.

Bullishe Umkehrmuster

Abbildung 2.15 zeigt ein optimistisches Kopf-Schulter-Muster. Vollständig entwickelt, erinnert dieses Muster sehr stark an eine Möwe im Flug. Diese Vorstellung war mir bei der Identifikation dieses Musters stets behilflich. Unter dem Kopf- und Schulter-Muster könnte man ebenfalls ein W erkennen. Beachten Sie den Buchstaben A rechts des W. An diesem Punkt sollte das Umsatzvolumen die optimistische Kopf-Schulter-Formation bestätigen. Bei geringem Umsatz ist das Kursmuster wahrscheinlich nicht vollständig.

Ein echtes Kopf-Schulter-Muster bietet Ihnen zwei Möglichkeiten, long und zwei weitere short zu gehen. Die Long-Position mit dem größten Potenzial wird im Muster durch die letzte Aufwärtsbewegung der W-Formation gekennzeichnet. Sie können diese Formation selbst zur Positionierung von Stops zum Schutz Ihrer Einstiegspunkte verwenden.

Abbildung 2.15 Bullishe Kopf-Schulter-Formation

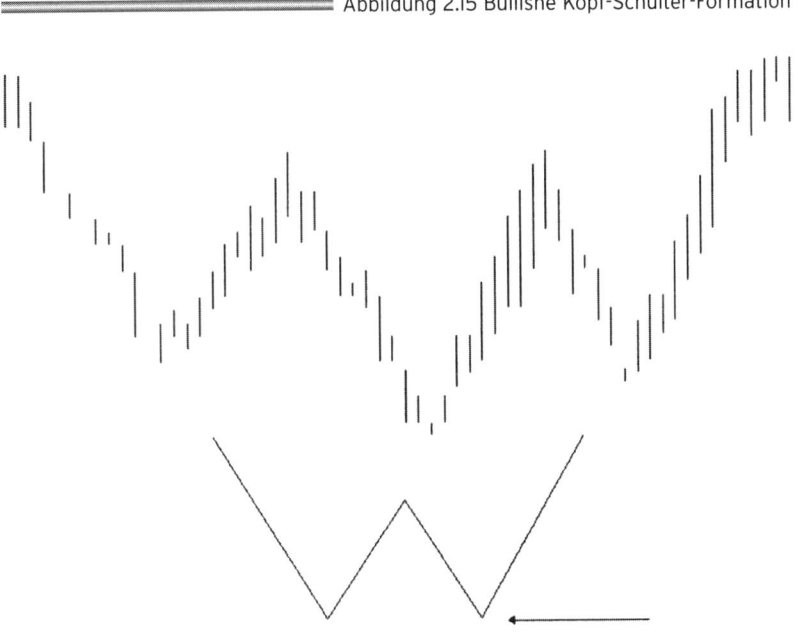

KONSOLIDIERUNGSMUSTER

Rechteck

Abbildung 2.16 zeigt Ihnen ein häufig vorkommendes Konsolidierungs-muster in Form eines Rechtecks. Konsolidierungsmuster werden gewöhn-lich von Countertrend-Tradern als Kursmuster favorisiert. Sie warten auf wiederkehrende Tiefst- und Höchstkurse und traden im Bereich dieser Range. Sie können sehen, wie dieser Bereich von Höchst- und Tiefstkursen zur Positionierung von Stops verwendet werden kann.

Trendfolger würden in den meisten Fällen auf einen Kursausbruch aus dem oberen Widerstandsbereich warten, der die Spitze des Konsolidie-rungsmusters darstellen würde. Diese Kursbewegung zieht meist eine Stei-gerung des Umsatzvolumens nach sich.

Punkt A in Abbildung 2.16 zeigt den zweiten Tag eines Kursausbruchs, wobei sich der Schlusskurs über der Widerstandslinie befindet. An diesem Punkt entschließt man sich zum Kauf. Die Logik dieser Entscheidung ergibt sich aus der Tatsache, dass man bei einer tendenziellen Kursauf-wärtsbewegung kauft. Direkt nach Bestätigung des Kaufs setzt man einen

Abbildung 2.16 Rechteckiger Konsolidierungs-Kursausbruch

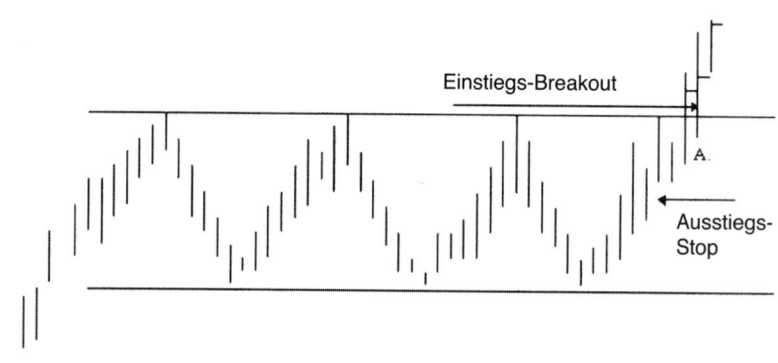

Einstiegs-Breakout

A.

Ausstiegs-
Stop

Stop, der durch den Pfeil „Ausstiegs-Stop" gekennzeichnet ist. Beachten Sie, dass sich der Stop direkt über der Mitte des Konsolidierungsmusters befindet, weil der Kurs die alte Widerstandslinie durchdringen könnte, die nun zur Unterstützungslinie geworden ist, bevor sie sich nach oben bewegt. Eine Positionierung eines Einstiegs-Stops an dieser Stelle erhöht die Chancen, nicht vorzeitig ausgestoppt zu werden. Bei einem Kursanstieg verschiebt man den Einstiegs-Stop nach oben auf Punkt A. Bei Leerverkäufen würde man das Gleiche tun, jedoch in umgekehrter Richtung. Will man short gehen, sollte man vielleicht den Ausstiegs-Stop etwas näher an der alten Unterstützungslinie setzen.

Symmetrisches Dreieck

Abbildung 2.17 zeigt ein symmetrisches Dreieck. Symmetrische Dreiecke kommen oft vor, sind aber – statistisch gesehen – nicht so verlässlich wie andere Dreiecksformationen. Im Beispiel sehen Sie einen Ausbruchs-Einstiegspunkt am zweiten Tag. Der Tiefst- und Schlusskurs befanden sich über dem Spitzenbereich der Dreiecksformation. Symmetrische Dreiecke sind deshalb problematisch, weil bei ihnen immer eine Richtungsänderung der Kursbewegung stattfindet.

Abbildung 2.17 Symmetrischer Dreiecksausbruch

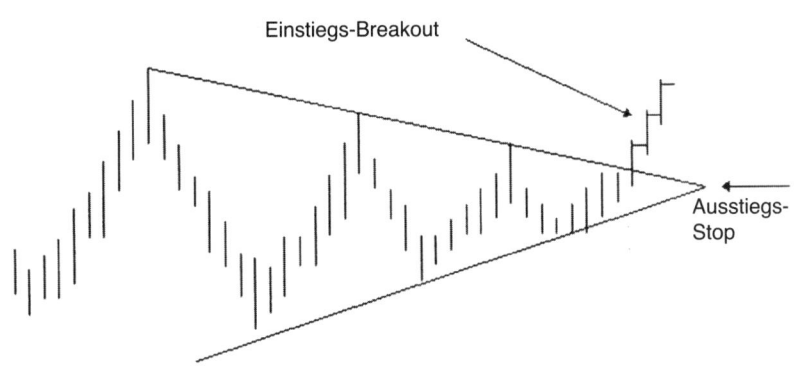

In Abbildung 2.18 sehen Sie ein symmetrisches Dreieck mit einem falschen Ausbruch. Würden Sie bei diesem Chart leer verkaufen wollen, müssten Sie wie folgt vorgehen. Nachdem der Kurs das Chartmuster nahe der durch A gekennzeichneten Dreiecksspitze durchdrungen hat, würden Sie einen schützenden Stop an Punkt B platzieren. In diesem Fall würde sich der Schutz auszahlen, da sich der Kurs umkehren und deutlich steigen würde. Wäre dieser Stop nicht gesetzt worden, hätte ein Shorten verheerende Folgen gehabt, auch wenn der Pfeil bei A anzeigte, dass es sich allem Anschein nach um einen guten Short-Kandidaten handelte. Die Verwendung des Chartmusters zur Erleichterung der Positionierung von Stops ist besonders sinnvoll, wenn Sie im Zweifel sind, wo der Stop zu setzen ist.

Abbildung 2.19 zeigt ein symmetrisches Dreieck mit einem Ausbruchs-Einstieg im oberen Bereich des Musters. Der genaue Einstieg ist durch den Buchstaben C gekennzeichnet. Der Kurs wendete sich und wurde langsamer. Mit der Positionierung eines Stops direkt unterhalb der Spitze des Dreiecks bei D verhindern Sie einen möglichen zweistelligen prozentualen Verlust von Ihrem Eintrittspunkt bei C.

Steigende und fallende Dreiecke

Zwei weitaus verlässlichere Dreiecksformen sind das steigende und das fallende Dreieck. Die Begriffe „steigend" und „fallend" kennzeichnen die Bewegungsrichtung des Kurses innerhalb der Dreiecksformation. Die Vorhersagbarkeit der Kursrichtung ergibt sich aus der Dreiecksformation selbst.

Steigendes Dreieck Abbildung 2.20 zeigt Ihnen ein Beispiel für ein steigendes Dreieck. Beachten Sie, dass der obere Teil des Dreiecks flach verläuft. Diese flache Seite verweist auf die voraussichtliche Richtung des Kursausbruches. Der mit „Ausbruchs-Einstieg" gekennzeichnete Pfeil zeigt die Kursbewegung über der Dreiecksformation.

Ihren ersten schützenden Stop setzen Sie an der Basis der Dreiecksspitze, erkennbar durch den mit „1. Ausstiegs-Stop" gekennzeichneten Pfeil. Bei

Abbildung 2.18 Steigende und fallende Dreieck

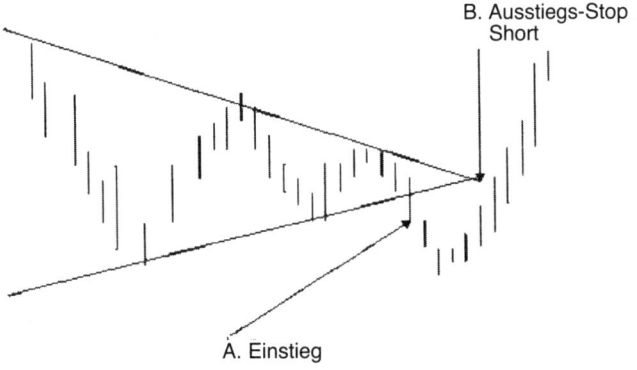

B. Ausstiegs-Stop
Short

A. Einstieg

einer Kursumkehr wird der obere Bereich des Dreiecks wahrscheinlich erneut getestet. Setzen Sie den Stop im unteren Bereich der Chart-Formation,
so ist die Wahrscheinlichkeit eines Ausstoppens bei normaler Kursdeckung
und -sättigung geringer. Beschleunigt sich der Kurs oberhalb der Dreiecksformation schneller, positionieren Sie einen Stop an der Spitze des Dreiecks, an dem mit „2. Ausstiegs-Stop" gekennzeichneten Pfeil.

Abbildung 2.19 Falscher Ausbruch bei einem symmetrischen Dreieck

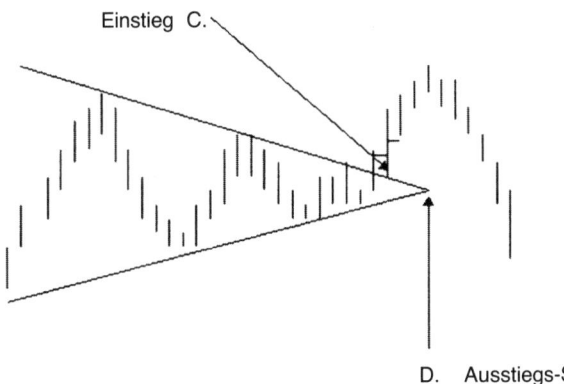

Einstieg C.

D.   Ausstiegs-Stop Long

Risikomanagement

Abbildung 2.20 Steigendes Dreieck

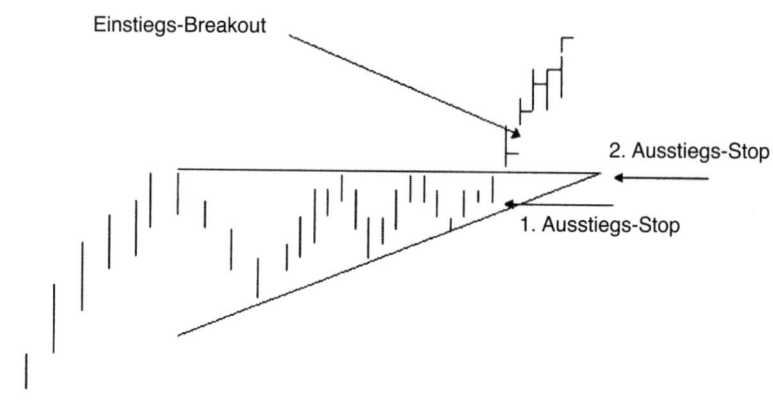

Einstiegs-Breakout

2. Ausstiegs-Stop

1. Ausstiegs-Stop

Fallendes Dreieck Abbildung 2.21 zeigt Ihnen ein Beispiel für ein fallendes Dreieck. Die flache Seite zeigt den Kursausbruch aus der Formation an und den Einstieg in den Trade am Punkt A, der durch einen Pfeil verdeutlicht ist. Dieses Muster gäbe Ihnen die Möglichkeit, mit Puts short zu gehen oder sie zu kaufen. Wie immer müssen Sie einen schützenden Stop platzieren, und in diesem Fall bietet das Muster selbst eine vorzügliche Position für den Ausstiegs-Stop. Diese ist kenntlich gemacht durch den Pfeil mit „Ausstiegs-Stop" an der Spitze des Dreiecks.

Abbildung 2.21 Absteigendes Dreieck

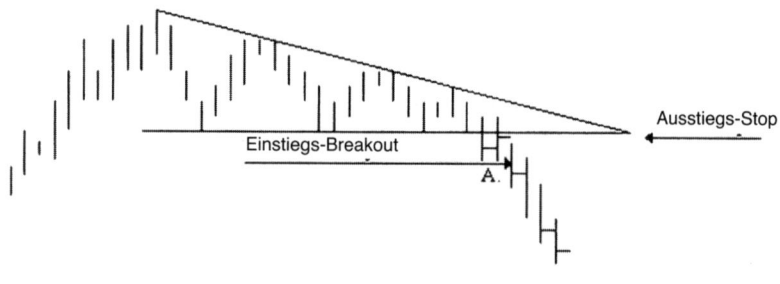

Einstiegs-Breakout

Ausstiegs-Stop

A.

Das Ziel der Dreiecksmessung

Man kann eine Trendrichtung prognostizieren und den möglichen Kursverlauf bei einem Kursausbruch an der Spitze eines steigenden und fallenden Dreiecks vorhersagen. Dies ist nur annähernd möglich, kann aber trotzdem sehr nützlich sein. Betrachten Sie die Abbildung 2.22. mit der Prognose des ungefähren Kursverlaufs am offenen Anfang der Dreiecksformation.

Zeichnen Sie vom oberen Bereich der Formation ein Parallelogramm zu dem Punkt oberhalb der Dreiecksspitze, der mit dem Buchstaben A versehen ist. Zeichnen Sie danach ein zweites Parallelogramm zu einem Punkt unterhalb der Dreiecksspitze, der mit C benannt ist. Die Spitze des Dreiecks erkennen Sie am Buchstaben B. Diese Messtechnik ist bei symmetrischen Dreiecken nicht sehr wirkungsvoll.

Abbildung 2.22 Das Ziel der Dreiecksmessung

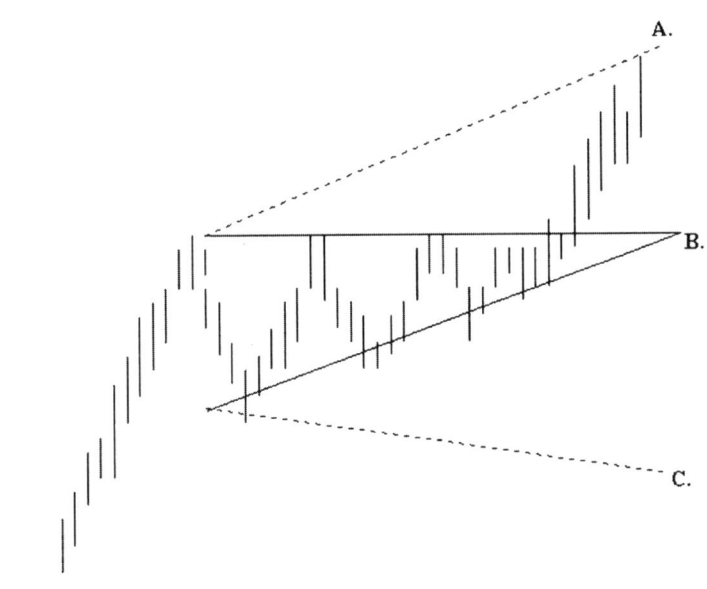

Gaps (Lücken)

Egal, wie lange Sie schon am Markt sind, irgendwann haben Sie schon einmal jemanden sagen hören: „Der Kurs hat heute einen Auf- oder Abwärtssprung gemacht." Wie der Name schon sagt, gibt es eine Kursbewegung bis über oder unter die normalen Höchst/Tiefstkurse. In der Regel sind diese Sprünge bei einem Tages-Chart nicht so markant wie bei einem Wochen- oder Monats-Chart. Manchmal vollziehen sich jedoch auch innerhalb eines Tages enorme Bewegungen. Diese Sprünge, die dann Lücken im Chart erkennen lassen, sind von großer Bedeutung. Tritt eine Lücke in einem Kurstrend auf, so können Sie zur Positionierung Ihrer Stops eine Lücke oder einen Punkt über- oder unterhalb dieser Lücke verwenden. Es gibt verschiedene Arten von Sprüngen und einige sind wichtiger als andere. Die verschiedenen Arten von Lücken und ihre Bedeutung werden noch später in diesem Kapitel erörtert. Zunächst sollten Sie wissen, dass für Trader und aggressive Investoren die folgenden Lücken die größte Rolle spielen: Ausbruchslücke (breakaway gap), Fortsetzungslücke (runaway gap oder measuring gap), Erschöpfungslücke (exhaustion gap) und Inselumkehr (island reversal).

Lücken, die in Verbindung mit Kursmustern auftreten, können Ihnen wertvolle Informationen bieten, wenn es um die niemals endenden Fragen nach der Richtung und Stärke der Kursbewegung geht. Achten Sie bei der Betrachtung von Chartmustern auf Lücken an kritischen Punkten im Kursmuster. Lücken gehen vielfach mit einem explosionsartigen Anstieg des Umsatzvolumens einher. Ausbrüche aus Chartmustern, die von Lücken begleitet werden, sind nur selten falsch. Kurstrends gehen vielfach in Richtung der Sprünge. Lassen Sie uns zwei Chartmuster betrachten, die sehr häufig vorkommen – die rechteckige Konsolidierung und das steigende Dreieck.

Rechteckige Ausbruchslücke

Abbildung 2.23 zeigt ein rechteckiges Kurskonsolidierungsmuster. Beachten Sie die rechte Seite des Rechtecks, an der der Kurs an den oberen Bereich des Rechtecks steigt.

Abbildung 2.23 Rechteckige Konsolidierungs-Ausbruchslücke

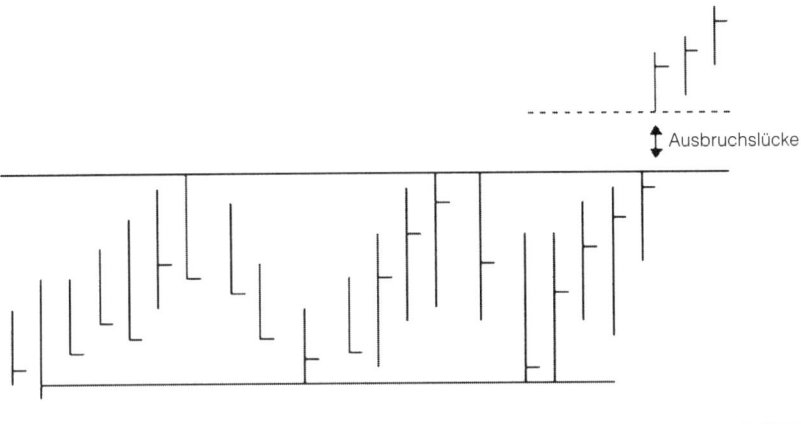

Ausbruchslücke

Sie sehen, dass der Schlusskurs in den letzten fünf Tagen höher lag und am nächsten Tag eine Ausbruchslücke sichtbar wird. Die Lücke ist durch den Auf-/Ab-Pfeil gekennzeichnet. Der Kurs steigt bis über die Lücke und die alte Widerstandslinie, die nun zur Unterstützung geworden ist.

Trotz der allgemeinen Ansicht, dass das Gegenteil der Fall ist (Dinosaurier-Wahrheit), müssen Lücken nicht gleich wieder geschlossen werden. Sie können jahrelang bestehen, bis sie wieder geschlossen werden. Im Fall des Rechtecks sollten Sie Ihren ersten schützenden Stop unterhalb des neuen Stützungsbereichs und unterhalb des Tagestiefstkurses vor dem Ausbruch positionieren.

Dreiecks-Ausbruchslücke

In Abbildung 2.24 sehen Sie ein steigendes Dreieck. Nahe der Spitze des Dreiecks können Sie erkennen, dass ein Kursausbruch stattgefunden hat. Die Ausbruchslücke wird durch den Auf-/Ab-Pfeil verdeutlicht, der die Distanz zwischen dem Tiefstkurs des Kursbalkens und dem Schlusskurs des Vortages angibt. Wenn die Lücke ein derart dynamisches Verhalten zeigt,

Abbildung 2.24 Dreieckige Konsolidierungs-Ausbruchslücke

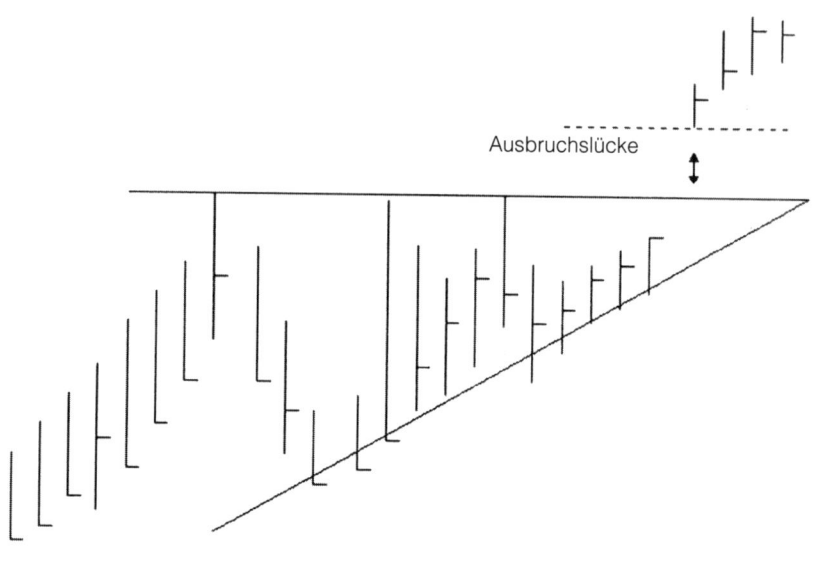

Ausbruchslücke

positionieren Sie direkt unterhalb der oberen Dreiecksseite einen Stop. Verschafft Ihnen eine Lücke einen sofortigen Ertrag, so setzen Sie ihn nicht aufs Spiel. Verschieben Sie schnell den schützenden Stop auf einen Break-Even-Punkt. Beginnen Sie dann, die Stops hochzuscrollen. Zeigt der Ausbruch einen Kurstrend, der in einem steileren Winkel als 45 Grad verläuft, sollten Sie die SAR-Parabolik zur Positionierung von Stops verwenden.

Ausbruchslücken in einem Konsolidierungsmuster eines Rechtecks und Steigungsdreiecke sind selten falsche Ausbrüche. Fast jeder echte Kursausbruch zieht eine Ausbruchslücke nach sich.

Eine Fortsetzungslücke (runaway gap, measuring gap)

In einem Auf- oder Abwärtstrend kann es einen Tag oder mehrere Tage geben, an denen sich der Kurs sprunghaft in der Trendrichtung bewegt und

Abbildung 2.25 Fortsetzungsücke

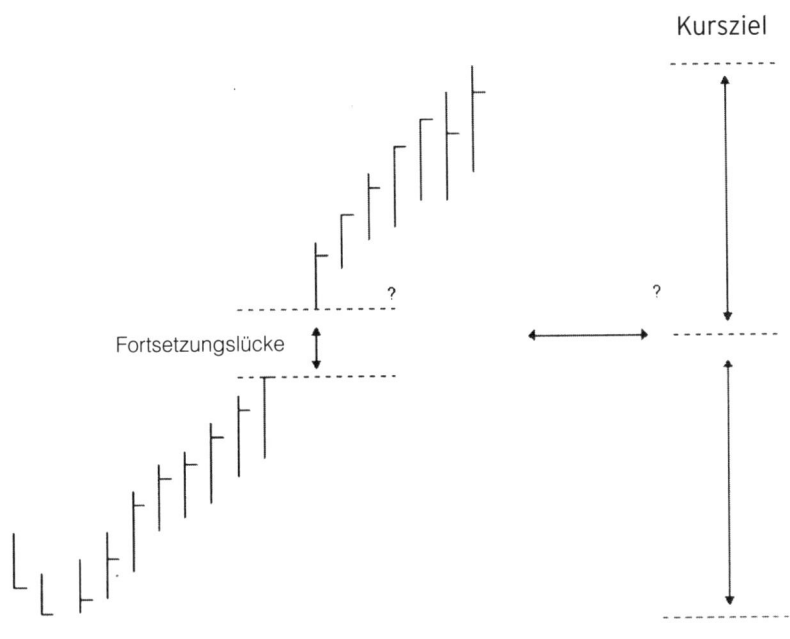

Kursziel

Fortsetzungslücke

?   ?

beschleunigt. Eine Fortsetzungslücke hat nichts mit Konsolidierungsmustern zu tun. Sie ist vielmehr die Fortsetzung eines Trends, die oftmals
gemessen werden kann. Die Positionierung eines Stops unterhalb der
Lücke und sein Hochscrollen bei einer Beschleunigung des Kursmomen-
tums ist eine gute Möglichkeit, nach einer großen Kursbewegung Gewinne
zu sichern. Bei einer Trendumkehr müssen Sie sich nicht von Ihrem
gesamten Gewinn trennen.

Abbildung 2.25 illustriert eineFortsetzungslücke. Sie betont eine starke
Fortsetzung des Trends in Richtung der Lücke. Zur Prognose des Kursziels
messen (daher auch measuring gap) Sie den Abstand zu Beginn der Bewegung bis zur Mitte der Lücke. Projizieren Sie die gleiche Länge dieser
Distanz über die Lücke hinaus.

Erschöpfungslücken

Erschöpfungslücken treten normalerweise am Ende eines steigenden oder rückläufigen Trends auf. Sie repräsentieren ein letztes verzweifeltes Aufbäumen der Bullen oder Bären vor einer Trendumkehr. Das Problem liegt darin, dass es beim Auftauchen der Lücke unmöglich ist, sie von einer Fortsetzungslücke (runaway gap) zu unterscheiden. Die Zeit ist der einzige Faktor, mit dem sich die Art einer Lücke bestimmen lässt. Die Erschöpfungslücken wird normalerweise innerhalb von zwei bis fünf Tagen geschlossen, doch dies ist nicht immer der Fall.

Möglicherweise kann man erst nach einer Woche eine abschließende Bestimmung vornehmen. Betrachten Sie die Abbildung 2.26, die eine Erschöpfungslücken zeigt.

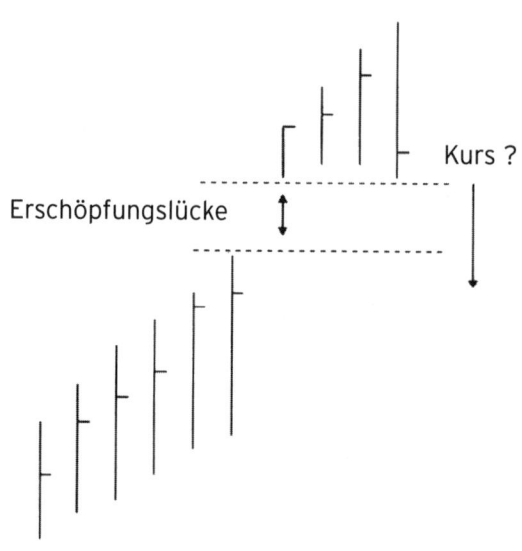

Abbildung 2.26 Erschöpfungslücke

Die Inselumkehr

Inselumkehrungen können am oberen Bereich einer Ausweitung oder an der Basis einer Glattstellung stattfinden. Normalerweise treten sie im Anschluss an eine Erschöpfungslücke auf. Das Umsatzvolumen geht zurück, und eine Konsolidierung könnte eintreten. Achten Sie auf niedrigere Schluss- und Tiefstkurse, um Anhaltspunkte über die Richtung zu erhalten. Eine Ausbruchslücke tritt oft über oder unter der Erschöpfungslücke ein. Aus der Kombination dieser Lücken entsteht das Inselmuster.

Die Bedeutung einer Inselumkehr liegt darin, dass der Trend normalerweise entgegengesetzt zum Trend vor der Inselumkehr verläuft. Somit ist sie als Warnung vor einer Trendumkehr zu sehen. Betrachten Sie das durch die Lücken entstandene Chartmuster in Abbildung 2.27.

Abb. 2.27 Inselumkehr-Formation

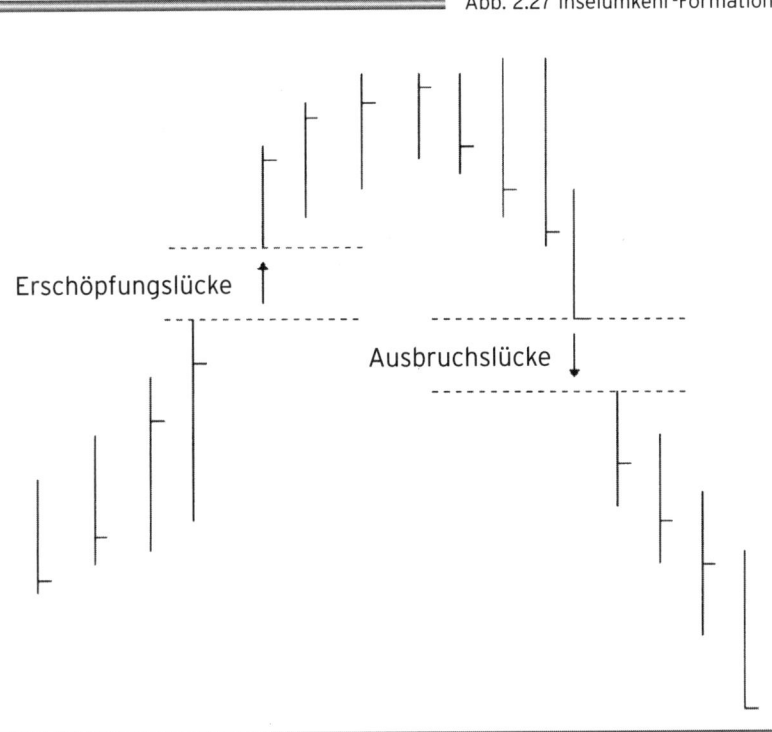

Erschöpfungslücke

Ausbruchslücke

Bei einem steilen Kursanstieg, dem eine Erschöpfungslücke folgt, werden Sie oft einen Teil des Charts isoliert vom Rest vorfinden. Dieser Teil wird als Insel bezeichnet. Der Insel folgt eine Ausbruchslücke eines fallenden Kurses, der das Kursmuster völlig isoliert. Dieses Muster kann sowohl einen Hausse- als auch einen Baisse-Charakter aufweisen; dies ist vom Trend abhängig.

Ich bin sicher, dass Sie mittlerweile erkannt haben, welch große Bedeutung Chartmuster und Lücken für die Kursprognose und das Setzen von Stops haben. Wenn Sie diese Muster kennen, sind Sie im Vorteil gegenüber denen, die deren Bedeutung nicht verstehen und die nicht wissen, wie man sie verwenden kann. Bedenken Sie, dass diese Muster menschliches Verhalten reflektieren, das häufig auf einer Wiederholung beruht. Ökonomische Bedingungen mögen sich ändern, neue Regierungen mögen entstehen und andere stürzen, aber menschliche Reaktionen auf Ereignisse sind relativ vorhersehbar. Deshalb ist ein 50 Jahre altes Chartmuster noch genauso relevant wie das gleiche Chartmuster heute. Zeiten und Technologien können sich ändern, menschliches Verhalten ändert sich jedoch nur geringfügig. Chartmuster wiederholen sich, da sich die Handlungen von Menschen stets wiederholen. Sehen Menschen sich mit einer Herausforderung konfrontiert, reagieren sie, gleich welcher Nationalität, sehr ähnlich. Und deshalb funktioniert die Technische Analyse an jedem Markt der Welt – und ganz gleich, was Sie traden.

Geldmanagement

Geldmanagement dient der Sicherung von bestehendem und angesammeltem Kapital. Ohne die Anwendung und genaue Einhaltung von Geldmanagement-Regeln wird man selbst mit der besten Trading-Strategie erfolglos sein. Risiko- und Geldmanagement sind meiner Ansicht nach die entscheidenden Elemente eines erfolgreichen Trading- und Investitionsplans.

Geldmanagement, wie ich es definiere, konzentriert sich auf folgende Punkte:
1. Welcher Anteil am gesamten verfügbaren Kapital sollte riskiert werden?
2. Wie viel sollte man bei einem einzelnen Trade riskieren?
3. Wie stark sollte die verwendete Hebelwirkung sein?
4. Wie können Sie Verluste prognostizieren und Ihr Kapital bewahren?

Die Antworten auf diese vier Fragen ergeben sich letztlich aus dem Kapital, das Ihnen beim Einstieg ins Trading und Investieren zur Verfügung steht und Ihrer zuletzt gezeigten Trading-Performance. In Erwägung zu ziehen ist auch die Arbeit mit Margen, Optionen oder Termingeschäften. Ihr Können, Ihre Investment-Auswahl, Ihr Risikomanagement und die Proportion der Hebelwirkung lassen sich aus Ihren Führungs-, Disziplin-, Risiko- und Hebelwirkungs-Ergebnissen (DDRL = direction, discipline, risk, leverage) ablesen. Im Wissen um diese einfache, aber aussagefähige Gleichung liegt der Schlüssel zu allen Aspekten des Geldmanagements.

WAS BEDEUTET DDRL UND WELCHE INFORMATIONEN KÖNNEN SIE DARAUS GEWINNEN?

Führung, Disziplin, Risiko und Hebelwirkung (DDRL) sind die verschiedenen Komponenten einer Gleichung, mit der Sie Ihre Trading-Fähigkeit und -Methode überprüfen können. Die Lösung der Gleichung beantwortet die Frage, wie gut Sie wirklich sind, und deckt Ihre persönlichen Problembereiche auf. So erhalten Sie genaue Hinweise, in welcher Phase des Investitions- oder Trading-Prozesses Ihre Leistungen unzureichend sind: Investment-Auswahl, Timing, Führung, Risikomanagement oder Geldmanagement. Gehen Sie eventuell, unter Berücksichtigung Ihrer Trading-Fertigkeiten, ein zu hohes Risiko ein und verwenden Sie eine zu hohe Hebelwirkung? Ihr DDRL-Ergebnis wird Ihnen auf diese Fragen eine Antwort geben. Die Hauptgleichung der DDRL besteht aus drei Gliedern, wobei Ihnen jedes Glied eine Reihe von Informationen zu Ihrem Trading bietet. Betrachten Sie die Gleichung als ein Gebilde aus drei Säulen, wobei Ihnen jede Säule unterschiedliche Informationen verschafft.

$$DDRL = \frac{Gewinne}{Verluste} \cdot \frac{gesamter\ durchschnittlicher\ DM\text{-}Gewinn}{gesamter\ durchschnittlicher\ DM\text{-}Verlust} \cdot \frac{Gewinne}{Verluste}$$

Kauf	Verkauf	Hebelwirkung
Führung	Selbstdisziplin	Kompetenz
Investment-Auswahl	Risikomanagement	Hebelwirkungs-Berechtigung
Prüfungen		
Timing		Unter +1, keine Hebelwirkung
Geldmanagement		+1,2 bis 2, Verwendung der Marge
		Über +2,4, Marge und Optionen

Diese DDRL-Gleichung besteht aus drei Teilen. Sie können jede Phase Ihrer Trading- oder Investitionsentscheidung auf der Grundlage Ihrer Einzel- oder Gesamtergebnisse analysieren. Die drei Glieder der Gleichung sind Kauf, Verkauf und Hebelwirkung. Lassen Sie uns erst verdeutlichen, welche Informationen Ihnen jeder einzelne Teil der Gleichung bieten kann. Danach werden wir uns ein Beispiel anschauen.

Kauf

Fällen Sie eine Kaufentscheidung, so wählen Sie die Richtung oder den Trend eines Investments, eines Index oder einer Ware aus. Auf der Grundlage Ihrer Richtungsanalyse beziehen Sie, gleich ob Sie long oder short gehen, eine Position. Bei der Analyse Ihrer Kaufentscheidung werden Sie die Richtigkeit oder Unrichtigkeit Ihrer Richtungseinschätzung bestimmen können. Die Kaufseite der Gleichung enthüllt die Effektivität der Überprüfung Ihrer individuellen Trading- oder Investment-Auswahl. Ganz gleich, ob Sie sich einer Technischen oder einer Fundamentalen Analyse oder einer Methode bedienen, die beide Komponenten verbindet: Sie erhalten das Ergebnis, gleich ob Sie mit diesen individuellen Papieren Geld machen oder Geld verlieren. Bei häufigen Verlusten sollten Sie Ihre Auswahlmethode überprüfen.

Ihre Richtungsentscheidung und Ihre individuelle Investment-Auswahl können richtig gewesen sein, aber Sie verlieren trotzdem, da Ihr Timing (Einstieg) falsch war. Bei einem Kauf ist das Timing von höchster Wichtigkeit, denn Sie versuchen, in möglichst kurzer Zeit einen Gewinn zu erzielen. Kapital in einer Position, die stagniert oder rückläufig ist, fest anzulegen, macht wenig Sinn. Eine Überprüfung Ihres Timings oder Einstiegspunktes kann sich für Sie als sehr nützlich erweisen. Lassen Sie es mich wiederholen: Bei vielen Verlusten könnte das Timing eine Rolle spielen. Ist dies der Fall, bewerten Sie Ihre Einstiegskriterien neu, denn Sie kennen sicherlich das alte Sprichwort: „Timing ist alles".

Die Gesamthöhe des eingesetzten Kapitals und die Höhe des Kapitals, das Sie bei einem einzelnen Trade riskieren wollen, sind entscheidend für

Ihren Erfolg. Mit schlechten Geldmanagement-Grundsätzen kann Ihr Trading-Plan nicht erfolgreich sein. Die Kaufseite Ihrer Gleichung enthüllt, ob Sie ein zu hohes oder zu niedriges Kapitalrisiko eingehen.

Verkauf

Der Verkaufsbereich der Gleichung liefert Hinweise über Ihre Selbstdisziplin und Anlagepsychologie. Um ein gutes Verkaufsergebnis zu erzielen, müssen Sie die richtige Einstellung zum Traden und Investieren haben. Ein gutes Ergebnis beweist Ihre Fähigkeit, einen Verlust schnell einzugrenzen und nicht in Verlustpositionen zu bleiben. Es zeigt auch, dass Sie in der Lage sind, Gewinne rechtzeitig mitzunehmen und die nächste Chance zu ergreifen. Wenn Sie Ihre Verluste im Verhältnis zu Ihrem Portfolio gering halten, minimieren Sie die Wahrscheinlichkeit, nachschießen zu müssen, und Sie sollten darüber nachdenken, ob Sie einen Hebel verwenden wollen.

Ihre Analyse könnte enthüllen, dass Sie zu früh verkaufen. Ist dies der Fall, überprüfen Sie, wie Sie Ihre Stops setzen und welches Risiko-/Gewinn-Verhältnis zugrunde liegt. Unter keinen Umständen dürfen Sie zulassen, dass aus einem Gewinn ein Verlust wird.

Hebelwirkung

Das Hebelwirkungs-Ergebnis ist sowohl ein Faktor des Kauf- als auch des Verkaufsgliedes der Gleichung. Aus der Hebelwirkungsseite der Gleichung ergibt sich, wie gut Sie wirklich sind; hierbei handelt es sich um das wahrheitsgetreue Spiegelbild Ihrer Fähigkeiten ohne jegliche Übertreibung, denn sie beruht auf Ihrer Echtzeit-Performance bis zu diesem Zeitpunkt. Erreichen Sie ein Ergebnis von +1 nicht, ist der Einsatz der Hebelwirkung nicht gerechtfertigt. Wenn Sie Ihre wahren Fähigkeiten nicht kennen und dennoch die Hebelwirkung nutzen, dann kann dies verheerende Folgen haben. Bei einem Ergebnis von +1,2 bis +2 ist eine Margenverwendung gerechtfertigt. Ein Ergebnis von über +2,4 zeigt an, dass Margen voll genutzt und auch Optionen verwendet werden können.

Wenn sich Ihre Fertigkeiten verbessern, können Sie einen höheren Hebel anwenden. Deshalb sollte Ihr Hebel-Einsatz gleitend sein. Starten Sie bei der Verwendung von Margen mit 20 bis 33 Prozent der verfügbaren Kaufkraft, und erhöhen Sie entsprechend Ihrem DDRL-Ergebnis, Ihren Fähigkeiten, den Trends und Ihrer Risikobereitschaft. Bedenken Sie auch, dass die Verwendung der Marge meist günstiger ist als das Zahlen einer Optionsprämie; verwenden Sie also zuerst die Marge. Über einen kürzeren Zeitraum hinweg ist die Marge kostengünstiger, weil die Zinsen nur tageweise berechnet werden. Als Regel kann man grob einen Zeitraum von unter drei Monaten festhalten, denn die Marge wird nur für das Trading verwendet, nicht für Investitionen. Je kürzer der Zeitraum, in dem Sie einer möglichen Nachschusspflicht ausgesetzt sind, desto besser.

Bedenken Sie bei der Verwendung von Optionen, dass der Faktor der Hebelwirkung weit unter der Marge liegt. Optionen und die Marge können die Hebelwirkung um das Fünf- bis Zehnfache verstärken. Aufgrund der den Optionen eigenen Hebelwirkung kann man als Regel festhalten, nicht mehr als zwei bis vier Prozent des für Optionen verfügbaren Kapitals bei einem einzelnen Trade einzusetzen. Setzen Sie als Trader mit mittelmäßiger Erfahrung nur 10 bis 20 Prozent des verfügbaren Gesamtkapitals für Optionen ein und tätigen Sie nicht mehr als 10 Kontrakte gleichzeitig in einer Position. Wenn sich Ihre Fertigkeiten verbessern, Sie mehr Erfahrungen sammeln und Ihr Kapital wächst, dann können Sie auch größere Positionen traden.

Gehen wir nun auf die richtige Verwendung der DDRL-Gleichung ein, wobei uns unser alter Freund Sam aus der Investologie (siehe Kapitel 1) behilflich sein wird. Sam lernte, die Regeln des Investierens richtig anzuwenden, und ist nun ein aktiver Trader. Sehen Sie ein Beispiel für seine Trading-Aktivitäten während des letzten Monats:

1. Sam verzeichnete 10 Gewinne und 6 Verluste.
2. Sams durchschnittlicher Gewinn betrug 1.800 DM.
3. Sams durchschnittlicher Verlust betrug 800 DM.
4. Sams Gewinne beliefen sich auf 18.000 DM.
5. Sams Verluste betrugen 4.800 DM.

Setzen wir diese Zahlen in die DDRL-Gleichung ein, so erhalten wir das folgende Ergebnis:

$$\frac{10 \text{ Gewinne}}{6 \text{ Verluste}} \quad \frac{1.800 \text{ DM durchschnittl. Gewinn}}{800 \text{ DM durchschnittl. Verlust}} \cdot \frac{18.000 \text{ DM Gewinn}}{4.800 \text{ DM Verlust}} = 3{,}75 \text{ DDRL-Ergebnis}$$

Wenn Sie wie Sam vorgehen wollen, dann noch einmal Schritt für Schritt zu Ihrem DDRL-Ergebnis:

Schritt 1: Überprüfen Sie alle Trades eines Monats und addieren Sie die Anzahl der Erfolgs- und Verlustgeschäfte.

Schritt 2: Addieren Sie alle erfolgreichen Trades und berechnen Sie den durchschnittlichen Gewinn in DM.

Schritt 3: Wiederholen Sie Schritt 2, addieren Sie jedoch alle Verlustgeschäfte und berechnen Sie den durchschnittlichen Verlust in DM.

Schritt 4: Multiplizieren Sie die Anzahl der Gewinne (10) mit dem Durchschnittsgewinn (1.800 DM), erhalten Sie 18.000 DM.

Schritt 5: Multiplizieren Sie die Anzahl der Verluste (6) mit dem Durchschnittsverlust (800 DM), erhalten Sie 4.800 DM.

Schritt 6: Ermitteln Sie den Quotienten aus den Gewinnen (18.000 DM) und den Verlusten (4.800 DM). Sie erhalten ein DDRL-Ergebnis von 3,75. Das ist sehr gut und qualifiziert Sie für die Verwendung der Hebelwirkung in Form von Marge, Optionen oder Termingeschäften. Ein DDRL von 3,75 lässt einen hohen Fertigkeitsgrad erkennen; ein Ergebnis von 3,75 bis 4,00 kommt nur sehr selten vor.

Das monatliche DDRL-Ergebnis

Berechnen Sie wenigstens einmal monatlich ein neues DDRL-Ergebnis. Dies verschafft Ihnen einen besseren Überblick über die Entwicklung Ihrer Performance bei wechselnden Marktbedingungen. Jeder kann ein oder zwei gute oder schlechte Monate haben. Mit dem Durchschnittswert erhalten Sie einen besseren Überblick über Ihre wahren Fähigkeiten unter echten Marktbedingungen und bei psychischer Belastung. Ich empfehle Ihnen, Ihre Leistungen über einen längeren Zeitraum hinweg in einer Grafik darzustellen. Das Resultat könnte sehr interessant und für Sie nützlich sein.

Zusammenfassung zur DDRL-Gleichung

Gewinne gegenüber Verlusten. In unserem Beispiel verzeichnete Sam 10 Gewinne und 6 Verluste bei insgesamt 16 Trades innerhalb eines Monats. Die Gewinne stehen dabei in einem akzeptablen Verhältnis zu den Verlusten. Ist das Verhältnis ungünstig und gleicht sich die Anzahl der Verluste der Anzahl der Gewinne an, so beginnen Sie, nach dem Problem zu suchen. Erinnern Sie sich, der Kaufen-Teil der Gleichung liefert Ihnen Informationen über die Richtung, Investment-Auswahl, Überprüfung sowie das Timing und Geldmanagement.

Durchschnittsgewinn in DM gegenüber Durchschnittsverlust in DM. Sam verzeichnete einen durchschnittlichen Gewinn von 1.800 DM und einen durchschnittlichen Verlust von 800 DM. Dieser Teil der Gleichung zeigt Defizite im Hinblick auf Selbstdisziplin und Risikomanagement auf, die meistens der Grund für Probleme sind. In den meisten Fällen ist es die geistige Haltung des einzelnen Traders oder Investors, die zu Schwierigkeiten führt. Ein anderer, die Selbstdisziplin betreffender Faktor ist die Unfähigkeit, einen Verlust zu begrenzen (das heißt, zu lange an einem Verlustgeschäft oder Investment festzuhalten).

Gewinne gegenüber Verlusten. Sam verzeichnete Gewinne von 18.000 DM und Verluste von 4.800 DM. Ermitteln Sie den Quotienten aus diesen beiden Werten, so erhalten Sie einen DDRL von 3,75, einen Beweis für außergewöhnliche Fertigkeiten. Diese Fertigkeit berechtigt Sam zur Verwendung aller ihm zur Verfügung stehenden Arten der Hebelwirkung. Wie schon zuvor erklärt, sollte bei einem Ergebnis von unter +1 keine Hebelwirkung verwendet werden. Ein Ergebnis von +1,2 bis +2 rechtfertigt den Gebrauch der Marge. Ein Ergebnis von über 2,4 zeigt an, dass Marge und Optionen in vollem Maße verwendet werden können. Das Ergebnis auf der rechten Seite der Gleichung liefert Ihnen Informationen darüber, wie groß Ihre Fähigkeiten wirklich sind, sowie über die Art und den Umfang der anwendbaren Hebelwirkung.

Ergebnis von (0) bis +1   = 0 Marge
Ergebnis von +1,2 bis +1,4 = 20 bis 30 % Margen-Kaufkraft
Ergebnis von +1,5 bis +2   = 33 bis 45 % verfügbarer Margen-
                                                           Kaufkraft
Ergebnis von +2,4 bis +4,0 = gesamte verfügbare Margen-
                                                            Kaufkraft, Optionen und
                                                            Termingeschäfte

Bedenken Sie, dass der Einsatz des Hebels und des zu verwendenden Kapitals vom Trend des Marktes und Ihres Investments, von Ihrem Risiko-/Gewinn-Verhältnis sowie Ihrem DDRL-Ergebnis abhängen.

Die Hebelwirkung ist ein zweischneidiges Schwert, das Ihnen nutzen oder schaden kann. Verwenden Sie Ihr DDRL-Ergebnis und die vorangehenden Faktoren, brauchen Sie die Hebelwirkung in ihren verschiedenen Formen nicht zu fürchten. Beherrschen Sie einmal dieses Schwert, dann kann es Ihnen helfen, an der Börse Gewinne einzufahren.

WELCHEN ANTEIL IHRES VERFÜGBAREN KAPITALS SOLLTEN SIE RISKIEREN?

Das verfügbare Kapital setzt sich zusammen aus Ihrem Anfangskapital zuzüglich jedes erzielten Gewinns und aller Zins- oder Dividendeneinnahmen. Den Gesamtbetrag bezeichnet man als verfügbares Kapital. Für jeden einzelnen Trade oder jedes Investment greifen Sie auf Ihr verfügbares Kapital zurück. Es stellt sich die Frage, wie viel des gesamten verfügbaren Kapitals riskiert werden sollte.

Der erste Schritt bei der Kapitalaufteilung ist die Ermittlung Ihres DDRL-Ergebnisses. Rechtfertigen Ihr Ergebnis und Ihre Trading-Resultate den Einsatz eines großen Teils Ihres verfügbaren Kapitals, oder zeigen diese beiden Werte an, dass Sie sich momentan eher konservativ verhalten sollten?

Wie bei der Hebelwirkung sollte die Kapitalverteilung den Markttrends, dem Risiko-/Gewinn-Verhältnis und Ihren Fertigkeiten angepasst werden. Diese Verteilung sollte anhand einer Skala erfolgen. Aus der Skalierbarkeit des Kapitals ergibt sich, dass Sie mitunter für Trading oder Investitionen einen maximalen Kapitaleinsatz leisten können, oder im umgekehrten Fall einen minimalen Kapitaleinsatz, wenn das Risiko-/Gewinn-Verhältnis ungünstig ist. Lässt sich mit einem gegebenen Kapital wahrscheinlich kein Gewinn erzielen, so sollte es beispielsweise im Geldmarkt, in Schatz- oder kurzfristigen Sparbriefen angelegt werden. Sie sollten auch stets bedenken, dass jederzeit die Möglichkeit von Verlustgeschäften besteht. Eine Kapitalverteilung sollte dann vorgenommen werden, wenn die Chancen auf eine Erhöhung der Gewinnquote am besten sind.

Die 80/20-Regel

Nehmen wir einmal an, dass Sie im Trading- und Investment-Geschäft neu sind, nur über geringe Erfahrung und keine ausgereifte Trading- oder Investment-Methode verfügen. Wie den meisten Anfängern steht Ihnen nur ein begrenztes Trading-Kapital zur Verfügung.

Stellen Sie sich vor, Sie verfügen über ein Gesamtportfolio von 100.000 DM. Solange Sie sich Ihrer Fähigkeiten nicht wirklich sicher sind, setzen Sie nur 20 Prozent des verfügbaren Kapitals oder 20.000 DM ein. Würden Sie Aktien traden, wären Sie gezwungen, nur zwei oder drei verschiedene Papiere in sehr geringen Stückzahlen zu kaufen. Auch wenn dies zu konservativ und übertrieben sein mag: Bedenken Sie, dass Sie Ihre Fertigkeiten oder Trading-Methoden noch nicht beurteilen können. Lassen sich Ihre Selbstdisziplin, Fertigkeiten und Methode nicht einschätzen, könnten Sie sehr schnell die 20.000 DM oder 20 Prozent Ihres Portfolios verlieren. Führen Sie sich dies vor Augen, erscheinen Ihre Handlungen weniger grotesk. Ich empfehle Ihnen, wenigstens 25 bis 50 einzelne Trades durchzuführen.

In diesem Fall verblieben 80 Prozent oder 80.000 DM im Geldmarkt oder in Schatzbriefen, bis Sie Ihre wahren Fähigkeiten unter Beweis gestellt und Ihre Strategie und Methode getestet haben. Traden Sie Optionen oder Termingeschäfte, ist die Beachtung guter Geldmanagement-Grundsätze wegen der Hebelwirkung noch wichtiger. Bedenken Sie, dass jede Form der Hebelwirkung – Marge, Optionen oder Termingeschäfte – sowohl zu einer Vergrößerung von Verlusten als auch von Gewinnen führt. Bei Options- oder Termingeschäft-Tradern ist die Zuweisung von kleinen Summen des verfügbaren Kapitals überaus wichtig. Optionen im Wert von 20.000 DM stellen einen riesigen DM-Betrag in Aktien oder Waren dar. Aufgrund der extremen Hebelwirkung sollten Sie nur 10 Prozent davon oder 2.000 DM einsetzen, um Ihre Fähigkeiten zu prüfen. Anfänger sollten nur ein oder zwei Kontrakte mit großen Erfolgschancen gleichzeitig traden. Bedenken Sie immer, dass jederzeit eine Serie von Verlusten eintreten kann. Die für das Options-Trading verbleibenden 18.000 DM werden eingesetzt, um Sie gegen eine Serie von Verlustgeschäften abzusichern. Verzeichnen Sie einen Verlust bei Ihrem ersten Geschäft, so muss Ihr nächstes Geschäft die gleiche Anzahl von Kontrakten mit dem gleichen Betrag von 2.000 DM aufweisen. Aus mathematischer Sicht muss der Kapitaleinsatz in einen Trade konstant bleiben, um x-Prozent Verlust auszugleichen. Wegen eines Verlustes senken oder erhöhen Sie Ihren Einsatz nicht. Eine Erhöhung Ihrer Position wird sicherlich nur mit einer Plünderung Ihres Kontos und überdimensional steigenden Verlusten einhergehen. Bei Anwendung irgendeiner Form von Hebelwirkung kann nicht oft genug auf die strikte

Einhaltung geeigneter Geldmanagement-Verfahren hingewiesen werden. Meiner Meinung nach sollte niemand Optionen traden, der nicht mindestens fünf Jahre lang Erfahrungen im Real-Time-Trading gesammelt hat. Das Gleiche gilt für Termingeschäfte. Von diesen Disziplinen würde ich einem unerfahrenen Trader unbedingt abraten.

Skalierbare Verteilung

Das Kapital sollte dann für das Trading und Investitionen verwendet werden, wenn es wahrscheinlich ist, dass es wächst. Dieses einfache ökonomische Modell und Ihr DDRL-Ergebnis werden Ihnen bei Ihrer Kapitalanlage sehr helfen.

1. Ein akzeptables DDRL-Ergebnis. Je höher Ihr DDRL-Ergebnis ist, desto besser sind Ihre Trading-Fertigkeiten. Je besser das Ergebnis, desto mehr Kapital können Sie für das Trading aufwenden.

2. Zinssätze. Zinssätze sind ein wichtiger Faktor für das Wachstum einer Wirtschaft und eines Unternehmens. Ein Umfeld mit niedrigen Zinsen wirkt sich positiv auf steigende Gewinne aus. Zinssätze sollten aus historischer und aktueller Sicht als Referenzpunkt für ihre Auswirkungen auf Ihr Investment oder Trading-Instrument bewertet werden.

3. Sichere Gewinne. Könnten Sie mit Ihrem Kapital bei nur geringem oder gar ohne Risiko Gewinne erzielen, so wäre es logisch, dass Sie auf dem richtigen Weg sind. Sind die Gewinne aus Schatzbriefen, Geldmarktpapieren oder Geldmärkten mit denen vergleichbar, die Sie am Markt erzielen können, oder gar höher, so wäre dies ein Anzeichen für einen rückläufigen Börsentrend.

4. Wichtige Börsentrends. Es ist gut, das Kapital in stark tendierenden Märkten einzusetzen. Die Wahrscheinlichkeit des Kapitalzuwachses ist größer, da die meisten Titel starken Markttrends folgen. Die Trendrichtung ist von Ihrem Ziel abhängig. Gehen Sie long oder short?

5. Der Trend bei Anlage-Instrumenten. Setzen Sie Ihr Kapital für einzelne Titel ein, die sich in einem starken Trend befinden. Sie können long oder short gehen, das hängt von Ihrem Ziel ab. Ein Abwärtstrend kann positiv sein, wenn Sie Ihr Papier leer verkaufen.

6. Niedrige Inflation. Bei niedriger Inflation sollten die Einnahmen wachsen und somit die Renditen und Kurse verbessern. Der Kapitalwert steigt bei niedrigen Inflationsraten, da mehr Waren und Leistungen gekauft werden können. Eine hohe Inflationsrate wirkt sich kontraproduktiv auf die Wirtschaft und Aktienkurse aus.

7. Rohölpreise auf dem Spotmarkt. Höhere Ölpreise treiben die Inflation und Energiekosten in die Höhe, Unternehmensgewinne in den Keller. Schwaches Umsatzwachstum wirkt sich negativ auf die Aktienkurse aus.

Prozentuale Verwendung des Trading-Kapitals

Die folgende Tabelle zeigt Ihnen ein auf dem oben genannten ökonomischen Modell basierendes mechanisches Kapitalverteilungssystem. Wird es zusammen mit striktem Risikomanagement angewendet, bieten sich Ihnen zahlreiche Vorteile. Vor allem unerfahrene Trader und Investoren sind hier gemeint. Jeder einzelne Faktor hat einen individuellen Punktwert. Die Werte aller sieben Faktoren werden addiert, und diese Zahl spiegelt die prozentuale Verwendung Ihres verfügbaren Kapitals wider. Addieren Sie zunächst alle positiven Zahlen. Subtrahieren Sie in einem zweiten Schritt alle eventuell vorhandenen negativen Ziffern vom positiven Gesamtergebnis. Als Resultat erhalten Sie die prozentuale Aufteilung zur Verwendung des Kapitals.

Bei der Verwendung eines mechanischen Systems gelten ein gesundes Urteilsvermögen und die Fähigkeit zur Interpolation des Ergebnisses als Voraussetzung. Allerdings entscheiden nur Sie persönlich über die Höhe des Kapitaleinsatzes. Zwar ist dieses System keinesfalls genau, doch meiner Meinung nach ist es äußerst hilfreich und wird Ihnen bei der

Kapitalaufteilung behilflich sein, wenn Ihre Erfolgsaussichten eher günstig sind. Hier das Punktesystem des ökonomischen Modells:

DDRL-Ergebnis	schwach	-8	mittel	+4	gut	+8
Zinssätze	niedrig	+8	mittel	+5	hoch	-8
sichere Erträge	hoch	-4	mittel	+2	niedrig	+4
wichtige Markttrends	aufwärts	+6	flach	-3	abwärts	+6
Trend einzelner Titel	aufwärts	+6	flach	+2	hoch	-5
Ölpreise	hoch	-5	mittel	+2	niedrig	+5

Höchstmögliches Ergebnis   + 42 = 100 % des gesamten verfügbaren Kapitals können für Trading oder Investitionen eingesetzt werden. Wie immer ist eine strenge Beachtung des Risikomanagements nötig.

Niedrigstmögliches Ergebnis   - 36 = 0 % des gesamten verfügbaren Kapitals kann für Trading oder Investitionen eingesetzt werden.

Beispiel: Die Zinssätze sind niedrig (+8), der Markttrend verläuft in Richtung des Geschäftes (+6), die Inflation ist niedrig (+5) und der Trend des Investments liegt bei -3. Addieren Sie alle Zahlen, um Ihr Ergebnis zu erhalten.

Der von Ihnen für Trading und Investitionen aufgeteilte Anteil Ihres Kapitals wird nicht immer gleich sein. Dieses System soll Sie davor bewahren, ein weiteres Opfer der Börse zu werden. Wenn Sie sich an die vorgeschlagene prozentuale Aufteilung halten, werden Sie einen weiteren Tag traden können; Ihr Kollege vielleicht nicht.

Alle Faktoren werden auf der Basis Ihrer Interpretation des ökonomischen Modells addiert. Das DDRL-Ergebnis ist z. B. +4, die Zinssätze ergeben +5, die sicheren Gewinne +4, die Markttrends +6, der Trend des speziellen Papiers +6, die Inflationsrate +5, die Ölpreise +2. Das Gesamtergebnis beträgt 32. Mit dieser Zahl erzielten Sie 2 : 26 - 35 = 70 -

Geldmanagement

80 Prozent. Das bedeutet, Sie könnten 70 bis 80 Prozent Ihres verfügbaren Kapitals investieren oder traden. Bei einem Ergebnis von 32 könnten Sie 70 Prozent der 100.000 DM, also 70.000 DM für das Traden verwenden. Nach der 80/20-Regel könnten Sie nur 14.000 bis 16.000 DM einsetzen. Wenn das verfügbare Kapital wächst und Sie Ihre Fertigkeiten verbessern, können Sie das gesamte verfügbare Kapital entsprechend dem prozentualen Zuteilungsschlüssel verwenden. Ihr Gesamtergebnis schließt Ihren DDRL ein, der Ihre wahren Fähigkeiten widerspiegelt.

%-Zuteilungsergebnis

1. 36 – 42 = 90 – 100 %
2. 26 – 35 = 70 – 80 %
3. 20 – 25 = 50 – 60 %
4. 11 – 19 = 40 – 45 %
5. 1 – 10 = 10 %

DDRL-Punktergebnis

1. unter +1   = –8 Pkte.
2. +1 bis +1,4 = 2 Pkte.
3. +1,5 bis +2 = 4 Pkte.
4. +2,1 bis +4 = 8 Pkte.

WIE VIEL KAPITAL SETZEN SIE BEI EINEM EINZELNEN TRADE AUFS SPIEL?

Die Aufteilung des verfügbaren Kapitals sollte auf der Gewinnwahrscheinlichkeit und dem Gewinnpotenzial jedes einzelnen Trades beruhen. Es ist wichtig, diese erst nach sorgfältiger Prüfung aller Anlagemöglichkeiten und nach einer Risiko-/Gewinn-Analyse vorzunehmen. Beginnen Sie mit Ihrem besten Kandidaten, nehmen Sie dann den nächstbesten, bis Sie fünf Trades ausgewählt haben. Die meisten Trader und Investoren sollten nie mehr als drei bis fünf Positionen gleichzeitig offen halten. Eine Anzahl von drei bis fünf Positionen ist für die meisten Trader und Investoren optimal und sollte die besten Ergebnisse liefern. So können Sie eine taktische Diversifizierung vornehmen, ohne auf die Gewinnquote zu verzichten, die ein Trader oder aggressiver Investor anstrebt. Selbst bei großen Investmentfonds ist der größte Teil des Kapitals in nur drei bis fünf Sektoren angelegt. Mehr als fünf offene Positionen zu managen ist physisch sehr schwierig und könnte unter Umständen kontraproduktiv sein.

Nachdem Sie die Titel, in die Sie investieren wollen, ausgewählt haben, entscheiden Sie sich, wie viel Sie für jeden einzelnen Trade einsetzen wollen. Hierbei kommt es auf Ihre Fertigkeiten und Ihre Erfahrung an. Als Anfänger sollten Sie in alle Trades den gleichen Geldbetrag investieren. Haben Sie drei Positionen ausgewählt und den Anteil des verfügbaren Kapitals bestimmt, so verteilen Sie es ohne Rücksicht auf die Erfolgswahrscheinlichkeit. Sobald Sie mehr können und mehr Erfahrung haben, können Sie für die beiden Trades mit der höchsten Erfolgswahrscheinlichkeit einen höheren Anteil aufwenden. Wie immer erteilen Sie Stop- oder Stop-Limit-Orders, um Ihr Kapital zu schützen für den Fall, dass die Trades negativ laufen.

In diesem Beispiel gehen wir davon aus, dass kein Hebel verwendet wird und beide Trader mit Aktien traden.

Unerfahrener Trader	Erfahrener Trader
100.000 DM verfügbares Gesamtkapital	100.000 DM verfügbares Gesamtkapital
45.000 DM prozentuales Trading-Kapital (45 %)	45.000 DM prozentuales Trading-Kapital (45 %)
15.000 DM aufgeteilt auf drei Geschäfte	17.000 DM Geschäft mit größter Erfolgswahrscheinlichkeit
	17.000 DM Geschäft mit zweitgrößter Erfolgswahrscheinlichkeit
	11.000 DM Geschäft mit drittgrößter Erfolgswahrscheinlichkeit

Wenn Sie Optionen traden, so bedenken Sie, dass Sie dafür nicht mehr als 10 bis 20 Prozent des verfügbaren Gesamtkapitals aufwenden. In der Praxis sollten Sie bei jedem Optionsgeschäft nicht mehr als 2 bis 4 Prozent der verfügbaren Summe riskieren. Die Anzahl der Kontrakte hängt dabei von dem DM-Betrag ab, den Ihnen das System zugesteht. Steigen Sie, wenn möglich, in drei verschiedene Trades ein. Ist dies nicht möglich, so traden Sie nur einen Kontrakt je Anlage-Instrument (Aktie, Ware oder Index).

Geldmanagement

Wenn Sie Optionen traden, so kennen Sie sich wahrscheinlich schon sehr gut aus und haben viel Erfahrung gesammelt. Sehen Sie im folgenden Beispiel, wie Sie eine Kapitalaufteilung unter Beachtung strikter Geldmanagement-Regeln bei aggressivem Options-Trading mit schneller Portfolio-Umschichtung vornehmen können.

100.000 DM	verfügbares Gesamtkapital
20.000 DM	maximales Kapital für das Traden von Optionen, 20 %
2.000 DM	maximal riskiertes Kapital je Kontrakt, 2 bis 4 %
2 – 5	Anzahl der Kontrakte, (2) 1.000 x 2 = 2.000 DM oder (5) 400 x 5 = 2.000 DM Trader mit mittlerer Erfahrung sollten nie mehr als zehn Kontrakte gleichzeitig offen haben.

Versuchen Sie bei ausreichendem Kapital, Ihre Optionen in drei Trades mit hoher Erfolgswahrscheinlichkeit zu positionieren. Aufgrund des Hebels und der höheren Umsatzrate eines Options-Portfolios sollten Sie nach Möglichkeit für jeden Trade den gleichen Geldbetrag ansetzen.

WELCHEN HEBEL SOLLTEN SIE VERWENDEN?

Aus irgendeinem Grund wird das Thema Hebelwirkung oft übersehen, ausgelassen oder vorausgesetzt. Eine genaue Kenntnis der Hebelwirkung und das Wissen, wie sie Ihren Erfolg oder Misserfolg beeinflussen kann, ist für jeden Trader von fundamentaler Bedeutung. Wir schalten unseren Computer nicht ein, berühren den Bildschirm und wissen plötzlich, wie durch Magie, alles Notwendige über die Hebelwirkung. Für zu viele Trader kommt die erste negative Erfahrung mit der Hebelwirkung in Form eines Telefonanrufes ihres Brokers, der bei ihnen fast zu einem Herzstillstand führt: „Herr Trader, Ihr Kontostand ist unter die notwendige Kapitaldeckung gefallen und somit besteht für Sie eine Nachschusspflicht. Bitte zahlen Sie sofort 10.000 DM ein, oder wir sehen uns gezwungen, Ihre Wertpapiere zu liquidieren." Ein solcher Telefonanruf sowie ein Anruf des

Finanzamtes, das Sie zu einer Anhörung vorlädt, sind das Letzte, was Sie gebrauchen können. Von diesem Moment an, werden Sie sich ganz plötzlich für die negative Seite der Marge sehr interessieren.

Vor dem Hebel in seinen verschiedenen Formen sollte man keine Angst haben. Es handelt sich hierbei um ein Werkzeug, das Ihnen bei korrektem Gebrauch behilflich sein kann, Ihre finanziellen Ziele zu erreichen. Auch hier, wie im Fall jedes anderen Werkzeugs, müssen Sie lernen, wann, wo und wie Sie es gebrauchen. Auch wenn die Hebelwirkung für jeden Trader von fundamentaler Bedeutung ist, scheinen viele sie zu missbrauchen, es entsteht geradezu der Eindruck, dass sie von ihr hypnotisiert oder abhängig sind. Diese Hebel-Junkies werden dafür meist mit dem Verlust eines Großteils, wenn nicht ihres gesamten Vermögens belohnt.

Die Hebelwirkung setzt ein hohes Maß an Selbstdisziplin, Wissen, Erfahrung und Geschicklichkeit voraus. Sie ist von Natur aus ein zweischneidiges Schwert. Es kann dazu dienen, Gewinne einzustreichen oder Sie vollkommen aus dem Markt zu streichen. Die Antwort auf die Frage, welchen Hebel Sie verwenden sollten, ergibt sich aus Ihren Fähigkeiten und Ihrem DDRL-Ergebnis. Je besser Ihr DDRL-Ergebnis ist, desto höher kann die Hebelwirkung sein. Sie bedienen sich jedoch nicht des Hebels, nur weil Sie ein hohes DDRL-Ergebnis erzielt haben. Hebel sollten nur unter folgenden Umständen eingesetzt werden: Bei einem günstigen Risiko-/Gewinn-Verhältnis, wobei der Markt und die Anlage-Instrumente einem ansehnlichen Trend folgen. Die Kombination dieser Faktoren sowie ein hohes DDRL-Ergebnis bieten hervorragende Erfolgsaussichten.

Unten sehen Sie eine Skala für den Einsatz von Hebeln. Die Höhe Ihres verwendeten Kapitals basiert auf Ihren wahren Fähigkeiten. Je besser Ihr Ergebnis ausfällt, desto mehr verfügbare Hebelwirkung können Sie nutzen. Verschieben oder übertreiben Sie Ihr Resultat nicht. Nur Verrückte oder Glücksritter würden ihre wahren Fertigkeiten ignorieren und sich einem finanziellen Risiko aussetzen.

Die DDRL-Hebel-Tabelle

0 bis 1	=	0 Kapital
+1,2 bis +1,4	=	20 - 30 %
+1,5 bis +2	=	33 - 45 %
+2,4 bis +4	=	50 % des gesamten verfügbaren Kapitals sowie Optionen und Termingeschäfte

WIE KANN MAN VERLUSTE VORHERSEHEN UND SEIN KAPITAL BEWAHREN?

Es scheint unmöglich, Verluste vorhersehen zu können. Allerdings ist das jedoch ebenso möglich wie die Prognose eines Kurstrends, denn Sie suchen in der Vergangenheit nach Mustern und Informationen, die Sie in die Zukunft projizieren, und wissen, was wahrscheinlich eintreten wird. In diesem Fall basieren Ihre zukünftigen Verluste letztendlich auf Ihren Trading-Mustern und Ihrem Verhalten in der Vergangenheit.

Stellen Sie sich vor, wie hoch ein Verlust höchstens sein könnte. Dies wäre eine aussagefähige und sehr nützliche Information. Um einen solchen Verlust zu vermeiden, könnten Sie einen Trading-Plan aufstellen. Auf diese Weise hätten Sie die Möglichkeit, Ihr Portfolio vor hohen Verlusten oder einer Nachschusspflicht zu bewahren. Es gelingt zwar nicht, Verluste genau zu berechnen, doch es lässt sich sehr genau ermitteln, wie sie in einem bestimmten Zeitraum ausfallen könnten.

Ihr DDRL-Ergebnis ist der Schlüssel zur Prognose Ihres möglichen maximalen Verlustes in der Zukunft. Die Kaufseite der Gleichung zeigt Ihnen die Anzahl der Verluste über einen bestimmten Zeitraum an. Diese Information ist wichtig, weil sie auf Ihrem Trading-Muster und -Verhalten basiert. Da Sie aus früheren Fehlern lernen sollten, werden Sie sie hoffentlich nicht wiederholen. Das Resultat sollte ein Trader oder Investor mit besserer Performance und einer ehrlichen Einschätzung seiner Fähigkeiten sein. Indem Sie versuchen, Verluste zu begrenzen oder zu vermeiden, werden Sie Ihre Trading-Strategie und Ihren Gesamtgewinn in der Zukunft verbessern.

Selbst der beste Trading-Plan birgt mit der Trading- oder Investions-Methode ein gewisses Verlustpotenzial. Ein völliges Ausschalten von Verlusten ist nicht möglich, da sich die Variablen ständig ändern. Selbst eine Portfolio-Absicherung begrenzt nur den Verlust; sie kann Verluste nicht völlig eliminieren.

Für einen Trader oder aggressiven Investor liegt der Schlüssel zum Erfolg darin, dass er seine Trading-Performance in der Vergangenheit versteht. Es ist durchaus möglich, dass eine Überprüfung Ihrer Performance Ihnen Verlust- und Gewinnmuster offenbart, aber auch weitere verblüffende Hinweise, die Sie anderenfalls übersehen hätten. Beginnen wir mit der Frage, wie man durch eine Untersuchung des Kapitalschwunds Verluste prognostizieren und Kapital bewahren kann.

DIE THEORIE UND MATHEMATIK DES KAPITALSCHWUNDES

Ich möchte Ihnen eine Frage stellen. Würden Sie ein Geschäft eingehen, ohne dass Sie den Cash- flow oder die Kosten kennen? Genau das macht jeder Trader, wenn er mit dem Trading beginnt. Wenn Sie Ihre Ausgaben nicht kennen, ist ein geplanter Gewinn völlig irrelevant, da die Ausgaben leicht den Ihrem Konto zufließenden Kursgewinn übersteigen können. Beim Traden und aggressiven Investieren sind unsere Ausgaben meist auch unsere Verluste. Der Kapitalschwund ist eine Methode, diese Verluste an einem Zeitpunkt zu bestimmen. Es wird ein historisches Protokoll des auf Trading-Aktivitäten basierenden Cash-flows entwickelt. Zinsen, Dividenden, Provisionen, Bareinzahlungen oder Entnahmen werden außer Acht gelassen. Der Kapitalschwund konzentriert sich ausschließlich auf Gewinne und Verluste aus Trading-Aktivitäten.

Als ich das erste Mal vom Kapitalschwund erfuhr, stellte ich es mir wie den Ausgleich eines Giro-Kontos vor. Das ist jedoch nicht der Fall. Der Kapitalschwund ergibt sich nur aus den Gewinnen und Verlusten aus den einzelnen Trades innerhalb eines bestimmten Zeitraumes. Eine Überprüfung des Kapitalschwunds kann Ihnen Schlüsselinformationen zur Entwicklung Ihres Trading-Planes geben. Sie werden sehen, dass eine Untersuchung des Kapitalschwundes Ihnen Informationen bietet, die weit über den einfachen Cash-flow hinausgehen. Gehen wir zunächst darauf ein, wie der Kapitalschwund berechnet wird, und analysieren danach, worum es dabei geht und welche Informationen die einzelnen Komponenten liefern. Dies sind die Hauptschritte bei der Berechnung des Kapitalabbaus.

1. Überprüfen Sie Ihre Trading-Aktivitäten. Beginnen Sie am Anfang eines bestimmten Zeitraums und suchen Sie das erste Verlustgeschäft. Dieses erste Verlustgeschäft wird der Kapitalabbau. Konnten Sie schon vor Ihrem ersten Verlustgeschäft Erfolgsgeschäfte verzeichnen, so ignorieren Sie diese vollständig. Ihre Analyse des Kapitalabbaus beginnt bei Ihrem ersten Verlustgeschäft und wird von dort aus weitergeführt.

2. Addieren beziehungsweise subtrahieren Sie vom ersten Verlustgeschäft an jeden positiven und negativen Trade in der Kapitalschwund-Berechnungsspalte. Ein erfolgreicher Trade reduziert den Kapitalschwund, während ein Verlustgeschäft ihn erhöht. Bei der Kalkulation des Kapitalschwunds führen Gewinne so lange zu einer Minderung des Verlustes, bis die Kapitalschwund-Berechnungsspalte einen positiven Wert annimmt. Setzen Sie an diesem Punkt die Kapitalschwund-Spalte auf null zurück. Sie bleibt auf null stehen, bis erneut ein Verlustgeschäft eintritt. Selbst, wenn Sie möglicherweise eine Reihe von erfolgreichen Trades verzeichnen konnten, bleibt sie bis zu Ihrem nächsten Verlustgeschäft auf null stehen. An diesem Punkt entwickeln Sie eine neue Kapitalschwund-Kalkulation, bis der Kapitalschwund erneut 0 beträgt.

Haben Sie keine Trading-Historie, so traden Sie so lange jeweils nur einen Deal, bis Sie Ihren ersten Verlust erleiden. Beginnen Sie dann mit der Kalkulation des Kapitalabbaus, indem Sie die Punkte 1 und 2 durchführen.

Betrachten Sie Tabelle 3.1 zum besseren Verständnis der Kapitalabbau-Kalkulation und der durch sie gelieferten Infomationen.

Wenn Sie entsprechend den Punkten 1 und 2 der oben genannten Liste vorgehen und die Tabelle 3.1 analysieren, sollten Sie eine Kalkulation des Kapitalschwundes durchführen können. Beachten Sie, dass dies regelmäßig geschieht, da sie Ihnen einen Überblick über Ihre Trading-Fähigkeiten und die für den zukünftigen Kapitalschwund erforderliche Liquidität verschafft.

Tabelle 3.1 Kapitalschwund-Kalkulationen

Trade	Monat	Nettogewinn/ Verlust	Gewinn	Kapitalschwund	Kapitalschwund- Kalkulation
1	Januar	10.000 DM	10.000 DM	0	0
2	Februar	- 1.000 DM	9.000 DM	- 1.000	- 1.000
3	März	+ 1.150 DM	10.150 DM	0	- 1.000 + 1.150
4	April	+ 1.000 DM	11.150 DM	0	0
5	Mai	- 1.500 DM	9.650 DM	- 1.500	- 1.500
6	Juni	-500 DM	9.150 DM	- 2.000	- 1.500 - 500
7	Juli	+ 1.200 DM	10.350 DM	- 800	- 2.000 +1.200
8	August	- 500 DM	9.850 DM	- 1.300	- 800 - 500
9	September	+ 2.000 DM	11.850 DM	0	- 1.300 + 2.000
10	Oktober	- 500 DM	11.350 DM	- 500	- 500
11	November	+ 2.100 DM	13.450 DM	0	- 500 +2.100
12	Dezember	+ 750 DM	14.200 DM	0	+ 750

Kapitalschwund

Verwechseln Sie Kapitalschwund nicht mit dem maximalen Kapitalschwund. Der Kapitalschwund ergibt sich aus dem Kapitalfluss in und aus Ihrem Trading-Konto, der ausschließlich auf Ihren Trading-Aktivitäten beruht. Haben die Schwund-Kalkulationen erst einmal begonnen, so bewegen sie sich kontinuierlich die Zeit und unterliegen einem ständigen Wandel. Ein bedeutendes Detail des Kapitalschwundes: Er setzt dort ein, wo Ihr Eigenkapital zu einem bestimmten Zeitpunkt am höchsten war. Die Bezeichnung Kapitalschwund resultiert aus der Tatsache, dass Sie von einer ständigen Kapitalsumme profitabler Geschäfte zehren. Dieses wird Ihnen anhand der Kapitalspalte noch näher erläutert.

Maximaler Kapitalschwund

Der maximale Kapitalschwund ist der höchste Schwund zu einem Zeitpunkt im Verlauf der protokollierten Zeit. Im Februar betrug er z. B. 1.000 DM, im Mai 1.500 DM und im Juni lag er bei 2.000 DM. Immer wenn ein Kapitalschwund einsetzt, wird er zu diesem Zeitpunkt zum maximalen Kapitalabbau und beschäftigt sich daher mit der Untersuchung von Verlusten zu festgelegten Zeitpunkten. Für die 1-Jahres-Periode in Tabelle 3.1 betrug dieser – 2.000 DM. Dies war der größte maximale Kapitalschwund innerhalb von zwölf Monaten.

Welche Informationen können wir aus dem maximalen Kapitalschwund erlangen?

Zunächst lehrt uns der Kapitalschwund, wie hoch der mögliche Verlust aus einem einzelnen Trade oder einer Reihe von Trades sein kann. Des Weiteren erfahren wir, wie oft ein Verlust oder eine Verlustserie eintritt. Dieses Wissen kann Ihnen bei der Aufstellung eines erfolgreichen Trading-Plans von Nutzen sein. Der maximale Kapitalabbau stellt ein „Horrorszenario" für den Cash-flow dar. Der Kapitalschwund selbst ist das Ergebnis Ihrer Trading- und Investment-Methode und misst Ihren Erfolg oder Ihr Versagen.

1. Der maximale Kapitalschwund zeigt an, dass Sie, um einen weiteren gleichen oder größeren Kapitalschwund überstehen zu können, mindestens diesen Betrag zur Verfügung haben müssen.

2. Analysieren Sie jeden innerhalb eines bestimmten Zeitraums aufgetretenen Kapitalschwund. Ihr Ziel ist eine Reduzierung jedes einzelnen Kapitalschwundes. Betrug Ihr maximaler Kapitalschwund beispielsweise 1.000 DM, dann sollte Ihr nächster Kapitalschwund geringer sein. Dies kann durch eine schnelle Verlustbegrenzung und die Erteilung von Stop- oder Stop-Limit-Orders erreicht werden. Ein Kapitalschwund wird sich aller Wahrscheinlichkeit nach nicht ausschließen

lassen – er muss jedoch gemanagt werden. Dessen Kontrolle verbessert Ihre Erfolgsaussichten.

3. Der gesamte maximale Kapitalschwund ist der größte einzelne Kapitalschwund innerhalb einer festgelegten Zeitspanne. Für Ihre Analyse schlage ich Ihnen einen Zeitraum von sechs Monaten bis zu einem Jahr vor. Dieser ermöglicht Ihnen die Einschätzung des zum Traden notwendigen Mindestgesamtkapitals. Bei zu wenig Kapital ist es sehr wahrscheinlich, dass Sie einen hohen Kapitalverlust erleiden, von dem Sie sich vermutlich nicht erholen können. Ich schlage Ihnen vor, den gesamten maximalen Kapitalschwund mit 2 oder 4 zu multiplizieren. Wenn Sie Termingeschäfte traden, so sollten Sie möglicherweise einen Multiplikator von 10, 20 oder höher wählen. Eine Überschreitung Ihres bisherigen maximalen Kapitalschwundes ist durchaus denkbar, wenn nicht gar wahrscheinlich. Diese Möglichkeit sollten Sie immer im Blick behalten.

Die größere Bedeutung des Kapitalschwunds liegt im prozentualen Gewinn, der zum Ausgleich notwendig ist. Dies wird noch durch den von Ihnen verwendeten Hebel verstärkt. Die Möglichkeit eines Vermögensverlustes ist selbst bei einem Trading-System, das Ihnen mehr Erfolgs- als Verlustgeschäfte einbringt, wegen eines hohen Eigenkapitalschwunds durchaus gegeben.

Tabelle 3.2 zeigt Ihnen die dramatischen Auswirkungen des Eigenkapitalschwunds. Sie demonstriert, wie leicht eine Erfolgsserie durch einen Kapitalschwund entwertet wird. Für Options- und Termin-Trader ist der Hebel viel höher als die Marge. Deshalb müssen Sie bei einem Trade mit hoher Hebelwirkung den Kapitalschwund kontrollieren. Unterlassen Sie es, könnte das Resultat noch wesentlich schlimmer ausfallen als in Tabelle 3.2.

Abbildung 3.2 Mit und ohne Hebel

ohne Hebel	erforderlicher Gewinn, um den Point of Break Even zu erreichen	mit einer Marge	erforderlicher Gewinn, um den Point of Break Even zu erreichen
Aktienkurs fällt 10 %	11 %	Aktienkurs fällt 10 %	25 %
Aktienkurs fällt 15 %	17,6 %	Aktienkurs fällt 15 %	42,9 %

TRADING-ANALYSE UND KAPITALSCHWUND

Ich finde es immer wieder interessant, einer Unterhaltung über Methoden und Trading-Systeme zu lauschen. Die meisten Trader sind ständig auf der Suche nach dem System, das den größten Profit einbringt. Ich warnte Sie schon zu Beginn, dass Gewinne nicht der Mittelpunkt Ihrer Suche sein sollten. Sie sollten vielmehr nach der Methode mit dem niedrigstmöglichen Kapitalschwund und steten Gewinnen suchen. Das System, das Ihnen am meisten Geld einbringt, kann Sie in den nächsten zwei oder drei Trades ebenso gut ruinieren. Sie wollen keine massiven Eigenkapitalschwankungen, denn dies führt zu extremer Belastung, und die meisten Menschen sind mental nicht in der Lage, mit großen Kapitaleinbußen umzugehen. Die Stresssituation, die der Kapitalabbau verursacht, mündet letztendlich in schlechten Trading- und Investitionsentscheidungen.

Trading-Systeme sollten immer vor dem Hintergrund des Kapitalschwunds bewertet werden. Eine der einfachsten Möglichkeiten, ein Trading-System visuell zu überprüfen, ist die Eigenkapitalschwund-Kurve, auch Eigenkapitalkurve genannt. Sie zeichnen einfach den Kapitalschwund von Punkt zu Punkt ein. Das gewünschte System weist einen stabilen Steigungswinkel über einen festgelegten Zeitraum hinweg auf. Meiden Sie Systeme mit extrem sprunghaften Auf- und Abwärtsbewegungen. Sie wollen langweilige, kontinuierliche Exzellenz. Beim Kapitalschwund zieht man die Schnecke einem Hasen vor. Sie brauchen vielleicht etwas mehr Zeit, aber Sie haben wenigstens die Chance, die Ziellinie zu erreichen.

Zeichnen Sie eine Eigenkapital-Kurve und verwenden Sie dazu den maximalen Eigenkapitalschwund

Die Eigenkapitalkurve kann mit einem Tabellenkalkulationsprogramm ganz einfach erstellt werden. Geben Sie dazu einfach Ihre Daten ein und lassen Sie automatisch eine Grafik erstellen. Dafür benötigen Sie nur wenige Sekunden. Ein weiterer Vorteil einer Tabellenkalkulation ist die Möglichkeit, ganz einfach lange Perioden der Trading-Geschichte analysieren und Daten manipulieren zu können, um weitere Informationen, beispielsweise zur Rentabilität und zu Verlustzyklen zu erhalten.

Wenn Sie Ihre Eigenkapitalkurve erstellen, folgen Sie einfach Ihren Trading-Gewinnen und erfassen diese chronologisch. Nehmen Sie an, dass Sie im Januar mit 10.000 DM starteten. Ihre nächsten drei Monate sind hervorragend. Allen Erwartungen zum Trotz verzeichnen Sie keine Verluste. Ihr Kontostand ist von 10.000 auf 20.000 DM gestiegen, was einem Gewinn von 100 % entspricht. Im April müssen Sie einen Verlust von 4.000 DM hinnehmen. Dies ist der Ausgangspunkt für Ihren maximalen Kapitalschwund. Der Mai verläuft mit einem Gewinn von 8.000 DM positiv. Dies führt zu einer Rücksetzung Ihrer Kapitalschwund-Kalkulation auf null, und Sie beginnen nochmals. Ihr maximaler Kapitalabbau beträgt bis zu diesem Zeitpunkt 4.000 DM. Im Juni betrug Ihr maximaler Schwund 5.000 DM und im Juli 1.500 DM. Auf Grund Ihrer Kalkulationsmethode liegt Ihr maximaler Schwund jetzt bei 6.500 DM. Im August tritt mit + 4.000 DM eine Verbesserung ein, und der September beschert Ihnen weitere 2.000 DM Gewinn, wodurch Ihr Kapitalschwund auf – 500 DM fällt. Im Oktober machten Sie Urlaub und führten keine Transaktionen durch. Der November war mit + 6.000 DM ein ausgezeichneter Monat für Sie, doch im Dezember betrug Ihr Kapitalschwund – 4.000 DM.

Abbildung 3.1 fasst die Informationen zum Kapitalschwund und zum maximalen Kapitalschwund noch einmal zusammen. Mit einer Eigenkapitalkurve können Sie jede Trading-Methode besser quantifizieren und jedes System unvoreingenommen nach seinen Eigenschaften bewerten.

Geldmanagement

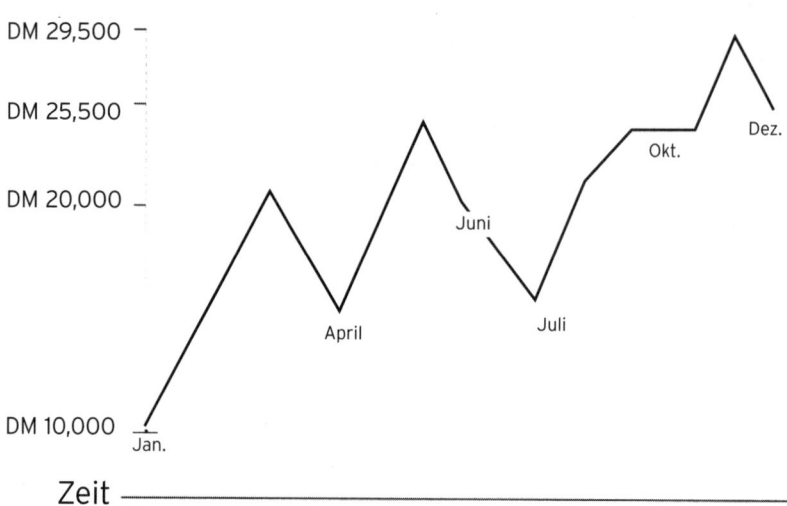

Abbildung 3.1 Kapitalabbau und Einzeichnung
einer Eigenkapitallinie

Kapitalschwund-Monate	April	Juni	Juli	Dez.
Kapitalschwund	- 4.000 DM	- 5.000 DM	- 6.500 DM	- 4.000 DM
% Kapitalschwund	- 20 %	- 20,83 %	- 7,89 %	- 13,56 %
maximaler Kapital- schwund in 12 Monaten			- 6.500 DM	

Eine weitere Methode zur Prognose des größten jährlichen Kapitalschwundes

1. Überprüfen Sie Ihr DDRL-Ergebnis und berechnen Sie den größten einzelnen Verlust des letzten Jahres – Ihren maximalen Kapitalschwund.
2. Multiplizieren Sie Ihren größten Verlust mit 2.
3. Addieren Sie zunächst alle weiteren in diesem Monat verzeichneten Verluste zum Ergebnis aus Schritt 2.
4. Addieren Sie die Ergebnisse aus Schritt 2 und 3 und Sie erhalten den maximal möglichen Jahreseinzelverlust.

Nach diesen vier Schritten erhalten wir den wahrscheinlich größten Kapitalschwund.

1. größter Verlust = 7.000 DM
2. 7.000 DM x 2 = 14.000 DM
3. weitere Verluste in diesem Monat = 2.400 DM
4. maximal möglicher Einzelverlust = DM 16.400

Welche anderen nützlichen Informationen könnten Sie aus Ihrem genauen DDRL-Ergebnis gewinnen? Führen Sie für jeden Monat des vergangenen Jahres eine Verlustaufzeichnung durch. Auf diese Weise erhalten Sie Auskunft über Ihre monatliche Performance und können einen geschätzten Jahresverlust für das kommende Jahr annehmen. Addieren Sie einfach alle in diesem Jahr verzeichneten Verluste. Möchten Sie den Durchschnittsverlust ermitteln, so dividieren Sie das Ergebnis durch 12. Diese Daten werden Ihnen die Planung Ihrer Geldmanagement-Strategie für das kommende Jahr erleichtern. Es ist durchaus möglich, dass Sie durch eine Überprüfung der Daten zu Erkenntnissen über Verlust- und Gewinnmuster gelangen oder andere verblüffende Informationen erhalten, die Sie anderenfalls übersehen hätten.

GEWINNDYNAMIK

Nur sehr wenige Kapitalanlagen ermöglichen Renditen, die mit denen vergleichbar sind, die Sie an der Börse erzielen können. Leider haben die meisten Menschen den größten Teil ihres Vermögens auf einem Sparkonto oder in einem Investment mit nur geringer Rendite angelegt. Die Börse kann Ihnen möglicherweise ein unglaubliches Einkommen bescheren. Es handelt sich hierbei um einen der wenigen Orte, an dem jeder, der über die richtige Gesinnung, Ausbildung und Fertigkeiten verfügt, sehr reich werden kann. Dies ermöglicht die Fähigkeit, durch erstaunliche Aufzinsungsraten sein Kapital zu erhöhen. Sehen wir uns einige Beispiele an, die veranschaulichen, was genau möglich ist. Bedenken Sie, dass Sie, trotz erstaunlicher Renditen, Ihren Gewinn durch das Setzen von Stops und ein solides Geldmanagement stets vor möglichen Verlusten schützen müssen.

Halten Sie es für möglich, vier Trades und Investments zu finden, die einen Gewinn von 12 Prozent oder mehr versprechen? Nehmen Sie sich nur zum Spaß den Geschäftsteil Ihrer Tageszeitung oder eine Finanzzeitschrift vor. Schlagen Sie den Kurszettel auf, schließen Sie die Augen und tippen mit dem Finger auf irgendeine Stelle des Blattes. Öffnen Sie nun die Augen, schreiben Sie den Jahreshöchst- und Tiefstkurs der Aktie, die Sie getroffen haben, auf und berechnen Sie die prozentuale Differenz zwischen den beiden Werten. Wiederholen Sie diesen Vorgang viermal und dividieren Sie das Ergebnis durch 4. Fast immer werden Sie feststellen, dass Ihr Gewinn über 15 % liegt. Tatsächlich wird er aller Wahrscheinlichkeit nach zwischen 16 und 25,5 % oder gar noch höher liegen. Wiederholen Sie diesen Vorgang, so oft Sie wollen. Sind Sie jetzt überzeugt?

Ein Jahr besteht aus 12 Monaten. Aus hunderten möglichen Trades sollten Sie in der Lage sein, vier auszuwählen. Sehen wir uns ein Beispiel an. Nehmen wir an, dass Sie innerhalb eines Jahres nur vier Trades tätigten. Nehmen wir weiter an, dass Sie nur einen Gewinn von 12 % auf Ihr Kapital erzielten, das Sie in jeden Trade investierten. Bei jedem Trade setzen Sie für das nächste Geschäft Ihr Ausgangskapital zuzüglich des Gewinns ein. Um Ihr Ausgangskapital und den darauf erzielten Gewinn aus dem letzten Geschäft zu sichern, erteilen Sie Stop-Orders zur Verlustbegrenzung. Nehmen wir schließlich noch an, dass alle vier Geschäfte profitabel sind und jedes einzelne nur einen Gewinn von 12 % abwirft. Welchen Gewinn erzielen Sie für Ihr Anfangskapital von 10.000 DM und wie hoch ist Ihr Ausgangskapital zuzüglich des Gewinns? (Siehe Tabelle 3.3)

Diese Strategie ist als pyramidenförmiger Kapitalaufbau bekannt. Hierbei handelt es sich um eine gefährliche Strategie, da Sie Ihre DM-Position mit jedem Geschäft vergrößern. Tritt ein Verlust ein, so ist es immer der größte Verlust, den Sie bisher bei einem einzelnen Geschäft verzeichneten. Jeder Trade ist größer als der vorangegangene, so dass auch jeder potenzielle Verlust größer sein wird als der letzte. Planen Sie einen pyramidenförmigen Kapitalaufbau, so sollten Sie niemals die Hebelwirkung nutzen; erteilen Sie Stop-Orders, und beenden Sie den pyramidenförmigen Kapitalaufbau nach zwei oder drei Geschäften. Nehmen Sie sich in Acht, denn einige Methoden des Kapitalaufbaus sind möglicherweise nicht mit Ihrer persönlichen Risikogrenze vereinbar.

Tabelle 3.3 Kein Hebel – nur pyramidenförmiger Kapitalaufbau

Zeitraum und Geschäfte	Ertragsquote	Aktueller Wert	Zukünftiger Wert
Ein Jahr	12 %	DM 10.000	
Vier Geschäfte	57,35 %	DM 10.000	DM 15.735,19

AUFZINSUNGSFAKTOREN FÜR TRADER

Trader und aggressive Investoren erzielen höhere Aufzinsungsfaktoren als normale Investoren, die ihre Papiere nur kaufen und halten. Ihr Ziel ist eine Rendite, die sie an ihr finanzielles Ziel bringt. Um dies zu erreichen, müssen sie verschiedene Hebelwirkungsfaktoren und -instrumente verstehen. Margen, Optionen und Termingeschäfte sollten vor der Anwendung im Trading aufs Genauste untersucht werden. Jährliche Wachstumsraten von 20 % oder mehr sind durchaus möglich. Der Schlüsselfaktor ist die Begrenzung von Verlusten, wenn man Geld verdienen will. Auf ein vorhandenes Kapital einen Gewinn von 20 % zu erzielen bedeutet nichts, wenn Sie dabei 50 % Ihres Vermögens verlieren.

Nach einigen Jahren Erfahrung werden Sie Ihre aufgezinste Jahresrendite einschätzen und damit Ihre zukünftigen Gesamtgewinne bewerten können. In Tabelle 3.4 wurde das Wachstumspotenzial eines kleinen Geldbetrages über einen relativ kurzen Zeitraum hinweg berechnet. Die Aufzinsungsraten von 40, 50 und 60 % deuten darauf hin, dass die Hebelwirkung angewendet wurde.

Berücksichtigt man die geringe Höhe des Startkapitals, so sind die Erträge wirklich beachtlich. Achten Sie in Tabelle 3.5 auf den Unterschied, wenn das Startkapital auf 25.000 DM erhöht wird.

Geldmanagement

Vergleichen Sie die beiden Tabellen 3.4 und 3.5 und beachten Sie die Differenz in der 8-Jahres-Spalte bei einer Aufzinsungsrate von 20 %: 42.998 DM gegenüber 107.495 DM, was einer Differenz von 150 % oder 64.497 DM entspricht.

			Tabelle 3.4 10.000 DM jährlich aufgezinst		
Jahr	20 %	30 %	40 %	50 %	60 %
1	12.200 DM	13.000 DM	14.000 DM	15.000 DM	16.000 DM
2	14.400 DM	16.900 DM	19.600 DM	22.500 DM	25.600 DM
3	17.280 DM	21.970 DM	27.440 DM	33.750 DM	40.960 DM
4	20.736 DM	28.561 DM	38.416 DM	50.635 DM	65.536 DM
5	24.883 DM	37.129 DM	53.782 DM	75.937 DM	104.857 DM
6	29.859 DM	48.268 DM	75.295 DM	113.906 DM	167.772 DM
7	35.831 DM	62.748 DM	105.413 DM	117.859 DM	268.435 DM
8	42.998 DM	81.573 DM	147.578 DM	256.289 DM	429.496 DM

			Tabelle 3.5 25.000 DM jährlich aufgezinst		
Jahr	20 %	30 %	40 %	50 %	60 %
1	30.000 DM	32.500 DM	35.000 DM	37.500 DM	40.000 DM
2	51.840 DM	71.402 DM	96.040 DM	126.562 DM	163.840 DM
3	74.649 DM	120.670 DM	188.238 DM	284.765 DM	419.430 DM
4	107.495 DM	203.932 DM	368.947 DM	640.722 DM	1.073.741 DM

Einer der größten Denkfehler der Menschen, die an der Börse investieren, ist, dass sie ein hohes Startkapital benötigen. Wenn Sie mit nur circa 200 DM pro Monat beginnen und konstant Ihr Trading-Konto aufbauen, werden Sie Ihr finanzielles Ziel sehr schnell erreichen. Die meisten vergessen, dass durch den Zinseszins aus einem kleinen Geldbetrag schnell ein sehr großer wird. Glauben Sie nicht, dass kleinere Beträge nichts bewirken. Sie sehen, das Gegenteil ist der Fall.

Als Trader und aggressiven Investoren neigen wir manchmal dazu, uns nur auf die nähere Zukunft zu konzentrieren. Tabelle 3.6 verdeutlicht, wie hoch ein Kapital durch die Wirkung des Zinseszinses über einen längeren Zeitraum hinweg werden kann. Die Ergebnisse sind wirklich verblüffend. Können Sie Ihr Geld konstant aufzinsen, so dass Sie selbst unter Einbeziehung von Verlusten eine durchschnittliche Rendite zwischen 15, 20 und 25 Prozent erzielen, so müssen Sie sich keine Sorgen machen, wo Sie das Geld für die Miete hernehmen.

Die Informationen in Tabelle 3.6 sollen endgültig mit der alten Vorstellung aufräumen, dass Sie viel Geld haben müssen, um finanzielle Unabhängigkeit zu erreichen. Es versteht sich von selbst, dass nicht jeder Trade ein Erfolg ist. Können Sie jedoch über einen bestimmten Zeitraum hinweg durchschnittlich einen derartigen Ertrag erzielen, so ist Ihnen der Erfolg gewiss.

Tabelle 3.6 25.000 DM über 20 Jahre aufgezinst

Jahre	15 %	20 %	25 %
20	409.163,43 DM	958.440,00 DM	2.168.404,35 DM

ZINSESZINS, HEBELWIRKUNG UND RISIKO

Wie Aufzinsung, Hebelwirkung und Risiko funktionieren, gehört zum Grundwissen der Kapitalanlage. Diese drei Faktoren hängen sehr stark voneinander ab. Wollen Sie gute Ergebnisse erzielen, muss sich dieses Dreieck immer im Gleichgewicht befinden. Wenn Sie die Wechselbeziehungen dieser drei Faktoren kennen, wird Ihnen dies die Konfiguration eines funktionsfähigen Trading-Plans und einer funktionierenden Trading-Methode erleichtern.

Die nächsten Tabellen verdeutlichen das Zusammenspiel aller drei Faktoren. Sie überprüfen, wie Aufzinsung, Hebelwirkung und Risiko aufeinander einwirken. Verschiedene Kombinationen führen zu verschiedenen Ergebnissen mit sowohl positiven als auch negativen Resultaten. Als besonnener Trader liegt es in Ihrer Verantwortung, die verschiedenen Ergebnisse zu bewerten, um jenes auszuwählen, das Ihrem individuellen Risiko-/Gewinn-Verhältnis am ehesten entspricht. Lassen Sie bei einer finanziellen Entscheidung niemals die Gier über Logik und Fakten siegen.

Der intelligente Einsatz der Hebelwirkung kann zu beträchtlichen Gewinnen führen, doch die Missachtung negativer Faktoren bedeutet Ihren finanziellen Ruin. Die schlimmste Falle, in die ein Trader tappen kann, ist die Unkenntnis der Hebelwirkung und ihre Verlockung – absolut tödlich.

Die folgenden Tabellen zeigen vier Wege auf, an einen Trade heranzugehen. Tabelle 3.7 geht von einem Barkonto ohne Hebelwirkung aus. Tabelle 3.8 untersucht die Verwendung der Marge. Die Tabellen 3.9 und 3.10 gehen auf Kombinationen von Margen und Optionen ein. Das Verständnis der in diesen Tabellen verdeutlichten Möglichkeiten könnte Ihre Trading-Methode für immer beeinflussen.

			Gewinn/	Tabelle 3.7 Bar Gewinn/
Barkonto	Gesamtkosten	Kurs	Verlust (DM)	Verlust (%)
100 Aktien je 40 DM	4.000 DM	35 DM	-500	-12,5
		40 DM	0	0
		45 DM	+ 500	+ 12,5
		50 DM	+ 1.000	+ 25

			Gewinn/	Tabelle 3.8 Marge Gewinn/
Margenkonto	Gesamtkosten	Kurs	Verlust (DM)	Verlust (%)
200 Aktien je 40 DM	4.000 DM	35 DM	-1000	- 25
		40 DM	0	0
		45 DM	+ 1000	+ 25
		50 DM	+ 2.000	+ 50

Die Tabelle gibt die für Margenkonten berechneten Zinsen nicht an.

Die Tabellen verdeutlichen die Beziehung zwischen Aufzinsung, Hebelwirkung und Risiko. Erreicht eine dieser drei Komponenten einen Extremwert, muss eine Anpassung erfolgen. Das Risiko-/Gewinn-Verhältnis zu überschreiten geht nur selten gut. Verwenden Sie Ihr DDRL-Ergebnis für eine auf Ihren Fertigkeiten beruhende Auswahl des richtigen Gleichgewichts zwischen Gewinn, Hebel und Risiko.

Die Tabellen 3.7 bis 3.9 zeigen ein Barkonto, ein Margenkonto und ein Margenkonto mit einem Kontrakt und einem Monat Laufzeit. Tabelle 3.10 zeigt ein Margenkonto mit zwei Kontrakten. Die Tabellen zeigen den Anstieg und den Fall von Aktien und Optionen bei unterschiedlichen Kursen. Beachten Sie, wie groß die Veränderung der Faktoren Aufzinsung, Hebel und Risiko ist.

Tabelle 3.9 Marge und ein Optionskontrakt

Margenkonto	Gesamtkosten	Kurs	Gewinn/ Verlust (DM)	Gewinn/ Verlust (%)
200 Aktien je 40 DM und ein Kontrakt mit einem Kurs von 35 DM und 6 DM Prämie	4.600 DM	35 DM	-1600	- 35
		40 DM	-100*	0
		45 DM	+ 1400	+ 30
		50 DM	+ 2.900	+ 63

Die Tabelle gibt die für Margenkonten berechneten Zinsen nicht an.
* -100 ist der Prämienverlust bei einem Optionskontrakt.

Wenn Sie die prozentuale Gewinn- oder Verlustspalte betrachten, werden Sie feststellen, dass die Änderung umso dramatischer ist, je größer der verwendete Hebel erscheint. Ein Trader oder aggressiver Investor muss die Hebelwirkung in all ihren Ausformen begreifen. Der Hebel ist ein Instrument, vor dem Sie keine Angst haben dürfen. Das ist grundlegend für jeden seriösen Trading-Plan.

In Tabelle 3.7 beträgt der Gesamtpreis für 100 Aktien 4.000 DM. In Tabelle 3.8 wird Marge verwendet und 4.000 DM kontrollieren 8.000 DM oder 200 Aktien. Eine Negativbewegung von 5 DM oder 12,5 Prozent resultiert in einem Verlust von 1.000 DM oder 25 Prozent.

Traden Sie mit Marge und einem Optionskontrakt (siehe Tabelle 3.9), kontrollieren Sie mit 4.600 DM Aktien im Wert von 12.000 DM. Die Auswirkungen eines Kursrückgangs von 5 DM sind noch dramatischer. Bedenken Sie, es handelt sich hierbei nur um 12,5 Prozent, aber die Marge und ein Optionskontrakt haben Ihre Hebelwirkung erhöht. Als Resultat ergibt sich ein Verlust von 1.600 DM oder 35 Prozent – das tut weh! Es stimmt zwar, dass Sie, wenn Sie den Trend und das Kursziel eines Titels richtig einschätzen, beträchtliche Gewinne erzielen können. Haben Sie sich jedoch geirrt, müssen Sie Ihre Verluste sofort begrenzen. Ein paar Verluste von 25 bis 35 Prozent bringen Ihr Trading-Konto in den Keller.

In Tabelle 3.10 kontrollieren Sie durch Marge und zwei Optionskontrakte mit nur 5.200 DM Aktien im Wert von 16.000 DM. Ein Kursrückgang um 5 DM von 40 auf 35 DM könnte Ihnen einen Verlust von 2.200 DM oder 42 Prozent einbringen. Immer wenn Sie den Hebel vergrößern, müssen Sie eine Risikoanpassung vornehmen, um sich vor riesigen Verlusten zu schützen.

			Tabelle 3.10 Marge und zwei Optionskontrakte	
Margenkonto	Gesamtkosten	Kurs	Gewinn/ Verlust (DM)	Gewinn/ Verlust (%)
200 Aktien je 40 DM und zwei Kontrakte mit einem Kurs von 35 DM und 6 DM Prämie	4.000 DM	35 DM	-2200	- 42
		40 DM	-200*	0
		45 DM	+ 1800	+ 35
		50 DM	+ 3.800	+ 73

Die Tabelle gibt die für Margenkonten berechneten Zinsen nicht an.
* -200 ist der Prämienverlust bei zwei Optionskontrakten.

Bewahren Sie Ihr Vermögen und schützen Sie Ihr Portfolio

Das oberste Gebot im Geldmanagement ist die Kapitalerhaltung. Können Sie einen wahrscheinlichen Verlust erkennen, so sind Sie dafür verantwortlich, diesen Verlust auszuschließen oder sich abzusichern. Zu Beginn dieses Kapitels erhielten Sie eine Formel für Ihr DDRL-Ergebnis, das Ihnen die Prognose eines möglichen Verlustes ermöglicht. Es folgen nun einige passive Möglichkeiten, Erlöse zu erzielen, die Ihnen helfen, die beim Traden eingetretenen Verluste auszugleichen.

Steuerfreie Geldmarkt-Papiere. In den meisten Fällen sind steuerfreie Geldmarkt-Papiere wünschenswerter als steuerpflichtige Papiere. Die entscheidenden Faktoren sind Ihre Steuerprogression und die Rendite Ihres Kontos. Oft wird der steuerfreie Ertrag Ihren Portfolio-Ertrag um einen Bruchteil erhöhen. Langfristig wird Ihnen dieses einfache Verfahren eine höhere Nettorendite bescheren.

Kurzfristige Bonds. Bonds werden nur für einen kurzen Zeitraum verwendet, etwa um Vermögensteile zu parken, oder wenn an der Börse kaum Gewinn zu machen ist. Die Laufzeit dieser Wertpapiere sollte höchstens drei Monate betragen, denn Sie wollen Ihr Kapital nicht langfristig binden. Ich schlage dreimonatige Handelswechsel vor. Meistens werden Sie ein Geldmarktkonto als Parkplatz für Ihr Kapital nutzen, während Sie auf eine gute Trading-Chance warten.

Gedeckte Kaufoptionen. Mit gedeckten Kaufoptionen können Sie die Rendite Ihres Portfolios verbessern. Diese Strategie bringt Erträge von 15 bis 20 Prozent oder mehr. Traden Sie gedeckte Kaufoptionen, ist Ihr Gewinn möglicherweise noch höher.

Indexoptionen. Indexoptionen sind mitunter eine sehr wertvolle Strategie, um den Verlust aus einem Portfolio zu begrenzen. Bei vielen Portfolio-Managern sind Indexoptionen ein Teil der Strategie. Ich empfehle, sie nur zu Zeiten extremer Marktschwankungen einzusetzen, wenn eine Korrektur von 5 % oder mehr zu erwarten ist. Der Grund hierfür ist offensichtlich: Eine Versicherung kann Sie teuer zu stehen kommen. Verwenden Sie sie also nur, wenn das Risiko dies erfordert.

Dividenden. Für einen Trader oder aggressiven Investor haben Dividendenerlöse gewöhnlich nur geringe Bedeutung. Verbindet man es mit anderen passiven Einnahmequellen, so können Dividenden äußerst wirkungsvoll verlorenes Trading-Kapital ersetzen.

Sparbriefe. Bei steigenden Zinssätzen können Sparbriefe mit kurzer Laufzeit angebracht sein.

Verlustbegrenzung. Das wahrscheinlich wichtigste Mittel zu Kapitalwahrung ist die Begrenzung aller Verluste. Mit wachsender Erfahrung werden Sie entdecken, dass der eigentliche Schlüssel zum Geldverdienen in der richtigen Verlustkontrolle liegt. Schaffen Sie es, Ihre Verluste gering zu halten, so erhalten Sie Ihr Kapital. Mit der Zeit sollten Sie in der Lage sein, Ihre Verluste zu reduzieren und Ihren Portfolio-Gewinn insgesamt zu erhöhen.

Portfolio-Gewinne mitnehmen

Die Gewinnmitnahme und die Entscheidung darüber, wie viel Sie mitzunehmen gedenken, hängen von Ihrem Trading-Ziel und Ihrem Zeitrahmen ab. Traden Sie für Ihren persönlichen Wohlstand oder zur Altersvorsorge, dann ist die Gewinnmitnahme für Sie nicht so entscheidend wie für jemanden, der tradet, um seinen Lebensunterhalt bestreiten zu können, und der deshalb auf Einkommen angewiesen ist. Ich persönlich empfehle Ihnen, mindestens einmal jährlich, wenn nicht vierteljährlich, Ihre Gewinne zu realisieren. Indem Sie Geld aus dem Markt nehmen, hindern Sie sich, es sofort wieder einzusetzen. Lehnen Sie sich nicht zu weit aus dem Fenster, und nehmen Sie nicht zu viele Gewinne mit. Das würde Ihnen das Erreichen Ihrer finanziellen Ziele nur unnötig erschweren. Belohnen Sie sich für gute Arbeit. Selbst ein gerissener Trader wird schwerfällig, wenn er für all seine Arbeit keine Belohnung erhält.

Zusammenfassung: Geldmanagement

Sie sollten nur dann Kapital riskieren, wenn es aller Wahrscheinlichkeit nach vermehrt werden kann. Markttrends, das Verhältnis von Risiko zu Gewinn und Ihre individuellen Fertigkeiten – all dies sind Faktoren, die bei der Kapitalanlage analysiert werden müssen.

Haben Sie als neuer Trader oder Investor nur wenig Erfahrung, so befolgen Sie die 80/20-Regel. Verwenden Sie nur 20 Prozent Ihres verfügbaren Gesamtkapitals für Trading-Aktivitäten, bis Sie Ihre Fähigkeiten und Ihre Trading-Methode sicher einschätzen können. Für Trader mit mittlerer Erfahrung ist das prozentuale Zuteilungsergebnis zur Aufteilung des verfügbaren Kapitals sinnvoll. Das Ergebnis basiert auf einem einfachen, aber effektiven ökonomischen Modell. Ergibt sich nach diesem Modell ein besseres Resultat, so sind die ökonomischen Bedingungen für einen höheren Kapitaleinsatz günstig. Die Höhe des eingesetzten Kapitals hängt damit von Ihren Fertigkeiten und einem möglichen Kapitalzuwachs ab.

Welcher Kapitalanteil bei einem einzelnen Trade riskiert werden sollte, ergibt sich aus der Wahrscheinlichkeit, dass daraus ein Erfolg wird, dem Risiko-/Gewinn-Verhältnis und der Höhe des verfügbaren Kapitals.

Wenn Sie Ihr DDRL-Ergebnis wirklich verstehen, dann können Sie ein Portfolio zusammenstellen, mit dem Sie sich gegen Verluste absichern. Die Formeln zeigen Ihnen, was Sie aufgrund Ihres Trading-Verhaltens und Ihrer bisherigen Erfolge erwarten dürfen.

Lernen Sie, Hebel intelligent und zum richtigen Zeitpunkt einzusetzen. Vergessen Sie nie, dass die Hebelwirkung ein zweischneidiges Schwert ist. Sie müssen sie immer kontrollieren können.

Sie sollten nun die Investitionsregeln sowie das Risiko- und Geldmanagement kennen. Wenn Sie zu diesen Bereichen noch Fragen haben, so lesen Sie die entsprechenden Abschnitte ruhig noch einmal.

Auswahl und Überprüfung

ENTSCHEIDUNGEN ÜBER EREIGNISSE, DIE MIT HÖCHSTER WAHRSCHEINLICHKEIT EINTREFFEN

Nun haben Sie die Regeln der Kapitalanlage kennen gelernt und wissen über das Risiko- und Geldmanagement gut Bescheid. Diese drei Bereiche sind entscheidend für jede Trading- oder Investitionsmethode. Ohne sie wird jedes Trading-System zwangsläufig versagen.

Von jetzt an werden Sie sich mit der Häufung von Wahrscheinlichkeiten auseinander setzen. Dieses Verfahren wird hoffentlich zur Verbesserung Ihrer Trading- und Investment-Entscheidungen beitragen. Nachdem Sie Ihren Zeitrahmen festgelegt haben, werden Markttrends und Marktsektoren festgelegt. Es setzt sich fort mit technischen Indikatoren, Investmentüberprüfungen und Strategien einer verbesserten taktischen Portfolio-Aufteilung. All diese Faktoren tragen dazu bei, die Wahrscheinlichkeit Ihrer Erfolge zu erhöhen. Jeder Schritt bringt Sie Ihrem Ziel, einen erfolgreichen Trade zu tätigen, ein Stück näher. Letztlich können Sie Höchstwahrscheinlichkeits-Entscheidungen treffen. Das bedeutet nicht, dass Sie jedes Mal richtig liegen werden, aber es heißt, dass Sie größere Erfolgschancen haben. Wenn Sie die Entscheidung für den Trade mit der größten Erfolgswahrscheinlichkeit treffen, ziehen Sie Ihren Trumpf aus dem Ärmel. Bevor Sie Ihr Geld am Markt investieren, sollten Sie so sicher wie möglich sein, dass Ihr Investment oder Trading-Instrument mit höchster Wahrscheinlichkeit zum Erfolg führt.

Auswahl und Überprüfung

Legen Sie Ihren Zeitrahmen fest

Als Trader oder Investor müssen Sie einen Zeitrahmen festlegen, innerhalb dessen Sie sich bewegen. Diese Entscheidung ist von größter Wichtigkeit, da Ihre gesamten Strategien und Methoden auf Ihrem Zeitrahmen basieren. Die Auswahl und Interpretation technischer Instrumente – wie Trends, Chartmuster sowie Ein- und Ausstiegspunkte – beruhen auf Ihrer Zeitperspektive. Ihr individueller Zeitrahmen ist für jeden Aspekt des Tradens oder Investierens entscheidend.

Vor dem Einstieg in die Investment-Auswahl und -Überprüfung müssen Sie Ihren Zeitrahmen bestimmen. Sind Sie ein Investor, ein Trader oder beides? Entscheiden Sie sich, bevor Sie weitergehen.

Das Beste aus beiden Welten

Die beiden folgenden Ansätze sind in der Welt der Investment-Auswahl am weitesten verbreitet: „fundamental" und „technisch". Wie überall werden Sie auch hier fanatische Anhänger beider Richtungen finden. Eine der Regeln, um in der Welt des Investierens und Tradens zu überleben, besteht darin, nicht engstirnig zu werden. Sie haben schon am Beispiel der Dinosaurier-Wahrheiten gesehen, dass Engstirnigkeit und die Unfähigkeit, sich ökonomischen Gegebenheiten anzupassen, zu Ihrer Vernichtung führen können. Sie sollten sich eingehend mit beiden Ansätzen befassen und sie Ihrem Trading-Stil anpassen.

DIE FUNDAMENTALANALYSE

Wann immer ich an Fundamentalanalyse denke, sehe ich vor meinem geistigen Auge Buchprüfer, die unzählige Zahlenreihen durchgehen, über Bilanzen sowie Gewinn- und Verlustrechnungen eines Unternehmens hocken und sich die Einnahmen, Verkäufe, Produkte, das Management und jede erdenkliche Finanzstatistik anschauen.

Sie müssen nicht alles über ein Unternehmen wissen, um Einnahmen, Trends und Wachstum in der Zukunft prognostizieren zu können. Wenn Sie sich auf acht grundlegende Faktoren konzentrieren, sollten Sie entscheiden können, ob ein Unternehmen finanziell gesund ist und Wachstum verspricht. Fundamentale Faktoren liefern Ihnen nur Informationen über die Stärke oder Schwäche eines Unternehmens, jedoch nicht darüber, wann Sie kaufen sollen. Sie enthüllen lediglich, ob das Unternehmen finanziell solide ist. Aktien eines Unternehmens ausschließlich auf Grund fundamentaler Daten zu kaufen wäre unklug. Sie könnten jahrelang auf einem so genannten „guten Unternehmen" sitzen, bis sich die Aktien überhaupt bewegen. Value-Investoren kaufen notorisch Unternehmen, deren Aktien sich erst nach Jahren bewegen. Ich kenne Ihre Einstellung natürlich nicht, aber ich persönlich würde mit einem Kaufauftrag lieber so lange warten, bis dieses „gute Unternehmen" im Kurs steigt. Sie wären erstaunt über den Gewinn, der Ihnen verloren geht, wenn Ihr Kapital in einer Anlage gebunden ist, die sich nicht bewegt. Sie hätten einen hundertprozentigen Gewinn aus Ihrem Kapital erzielen können, während Sie sich lediglich mit einer Dividende von 1 DM aus diesem „guten" Unternehmen zufrieden geben mussten.

Der Wert der Fundamentalanalyse liegt in der Wachstumsprognose. Beträgt die Wachstumsrate eines Unternehmens 30 Prozent, so wird sich sein Wert in zwei Jahren und vier Monaten verdoppelt haben. Eine solche Wachstumsrate wird, soweit sie sich kontinuierlich fortsetzt, den Aktienkurs in die Höhe katapultieren. Es ist Ihr Ziel, Unternehmen mit hohen Wachstumsraten ausfindig zu machen, die über ein gutes Management verfügen und in die auch institutionelle Anleger investieren.

Zur Prognose des künftigen Aktienkurses eines Unternehmens können Sie Wachstumsraten und Gewinnschätzwerte verwenden. Sehen Sie sich das folgende Beispiel fundamentaler Kursprognose an.

Fundamentale Kursprognose

1. Der Aktienkurs beträgt 39,75 DM und die derzeitigen Gewinne je Aktie liegen bei 3,60 DM.

2. Das Gewinnwachstum des Unternehmens im nächsten Quartal wird auf 25 Prozent geschätzt. Sie multiplizieren die Einnahmen von 3,60 DM mit dem geschätzten prozentualen Wachstum von 25 Prozent und erhalten 0,90 DM. Addieren Sie diesen Wert zu den 3,60 DM und Sie erhalten 4,50 DM.

3. Multiplizieren Sie 4,50 DM mit dem derzeitigen Kurs/Gewinn-Verhältnis von 10,9 und Sie erhalten einen prognostizierten Kurs von 49,05 DM für das nächste Quartal.

Auch wenn Sie mittels fundamentaler Analyse einen Kurs vorhersagen können, so hilft Ihnen dies bei Timing- oder Verkaufsentscheidungen nicht. Sie erhalten lediglich Hinweise darauf, wie hoch der Kurs auf Grund der verfügbaren Information stehen sollte.

Jeder „Techniker" sollte diese Formel kennen, denn sie repräsentiert die „fundamentale" Denkweise, wie der Kurs stehen sollte. Es ist einfach eine weitere Komponente, die Ihnen bei Ihrer Auswahl eines Investments behilflich sein kann.

Acht fundamentale Faktoren, die Sie kennen müssen

Eine Reihe fundamentaler Faktoren sollten Sie unbedingt beachten. Meiner Meinung nach sind die folgenden Aspekte für eine Investment-Entscheidung von grundlegender Bedeutung.

1. Ermitteln Sie quartalsweise das Gewinnwachstum pro Aktie. Sie wollen drei bis vier aufeinander folgende starke Quartale mit positiven Ergebnissen, die 20 Prozent oder mehr pro Quartal betragen sollten.

2. Langfristige jährliche Wachstumsraten von 20 bis 50 Prozent über einen Zeitraum von drei bis fünf Jahren sind wünschenswert. Sie wollen eine Demonstration langfristigen Wachstums und solider Performance.

3. Achten Sie auf ausgezeichnetes Management, Unternehmergeist und ein Profil, das das Image eines Unternehmens widerspiegelt. Disney und Microsoft sind die besten Beispiele für alle drei Kriterien: gutes Management, Unternehmergeist und Profil.

4. Das institutionelle Eigentum am Unternehmen sollte mindestens 10 Prozent, aber nicht mehr als 22 Prozent der Aktien betragen. Sind keine institutionellen Anleger engagiert, so erkundigen Sie sich nach Insider-Eigentum am Unternehmen. Sie wollen eine Beteiligung des Managements am Geschäft. Insider-Käufe sind statistisch gesehen bedeutender als Insider-Verkäufe.

5. Relativ zur Größe und zum Branchenstandard eines Unternehmens sollte es nur wenige oder keine Schulden haben.

6. Ein hoher Cash-flow ist wünschenswert.

7. Suchen Sie nach Unternehmen, die innerhalb ihres jeweiligen Sektors an der Spitze rangieren.

8. Innovation in Bezug auf Produkte, Service oder Management spielt eine große Rolle. Ist ein Unternehmen nicht innovativ, so muss es innerhalb seiner speziellen Branche einen großen Marktanteil beherrschen.

Sie müssen nicht die ganze Zeit an Ihrem Schreibtisch sitzen und Berge fundamentaler Daten auswerten. Die oben genannten Informationen sind nach meiner Auffassung für Sie von zentraler Bedeutung. Sie können sie leicht im Internet einholen.

Die Technische Analyse

Technische Experten studieren Angebot und Nachfrage durch die Analyse von Kurs- und Volumenveränderungen eines Investments. Sie setzen Charts und Computer ein, um diese Kursbewegung zu studieren und ihre Richtung vorherzubestimmen. Technische Experten bedienen sich bei der Entscheidungsfindung normalerweise keiner fundamentalen Informationen. Sie glauben, dass alle Grundlagen vom Markt reflektiert und in den Kursmustern selbst dargestellt werden.

Die wahre Stärke der Technischen Analyse ist darin zu sehen, dass man mit ihrer Hilfe auf der Grundlage von Kurs- und Umsatzverhalten Ein- und Austiegsspunkte festlegen kann. Sie ist sehr nützlich für die Prognose der Kursbewegung in drei Richtungen: auf-, ab- und seitwärts. Fundamentale Informationen versorgen Sie nicht mit diesen wichtigen Daten.

Doch auch die Technische Analyse hat ihre Nachteile. Wenn Sie sich nur einen Chart anschauen, ohne auf Neuigkeiten oder Ereignisse zu achten, die das Investment, das Sie traden, tangieren, so könnten Sie sich einen großen Ärger einhandeln. Auch wenn Techniker vom Gegenteil überzeugt sind: Ein Chart reflektiert nicht alle Informationen. Eine sehr wichtige fundamentale Information ist das Datum, an dem die Quartalsgewinne gemeldet werden. Viele technische Experten kauften ein Investment auf der Grundlage eines Charts und waren fünf Tage später verblüfft und enttäuscht über die Verluste. Und hier ist noch ein weiteres Szenario aus dem wahren Leben: Ein angesehener Experte meldet ein negatives Ergebnis für Ihr Investment – das hoch im Kurs stand und nun stark gesunken ist. Achten Sie insbesondere auf Faktoren, die mit Ihrem individuellen Investment im Zusammenhang stehen. Ein Chart wird Ihnen nicht die synergetischen Nebenergebnisse offenbaren, die Ihr Trading- oder Investment-Instrument beeinflussen könnten. Sie leben nicht in einem Vakuum. Alles zeigt in irgendeiner Hinsicht Auswirkungen auf irgendeine Marktkomponente.

Bestimmen Sie Markttrends

Ihr Ziel ist es, den derzeitigen Markttrend zu erkennen. Um den Trend, die Richtung und die Dauer von Märkten zu bestimmen, werden Sie sich zwangsläufig der Technischen Analyse bedienen müssen. Der technische Analyst verfügt heute über viele Hilfsmittel. Für jede Aufgabe wird ein spezielles Instrument eingesetzt. Es gibt technische Instrumente zur Bestätigung des Markttrends, den Sie analysieren. Diese technischen Faktoren und Indikatoren werden auf den folgenden Seiten erläutert.

TRENDRICHTUNG UND TRENDDAUER

Trendlinien

Wenn sich die Geschichte und die Psychologie der Massen tatsächlich wiederholen, wie dies jede Bewertung von Charts belegt, dann ist es ganz offensichtlich, dass sich Märkte und einzelne Aktien in Kursmustern bewegen. Diese Muster steigen und fallen in regelmäßigen Abständen. Zu den Kursmustern gehören auch horizontale Bewegungen, bei denen die Aktie oder der Index in einer bestimmten Kursspanne bleibt. Wenn Sie den Anstieg und Fall dieser Kursmuster grafisch darstellen, erhalten Sie Richtungslinien, so genannte Trendlinien.

Trendlinien können für Kursmuster und bestimmte Indikatoren verwendet werden, um ein klareres Bild von Trend und Divergenz zu erhalten. Diese Technik ist sehr einfach und besonders hilfreich für die grafische Darstellung des Trends, was auch immer Sie analysieren. Trendlinien und gleitende Durchschnitte sind Ihre besten Trendindikatoren.

Der gleitende Durchschnitt

Gleitende Durchschnitte sind mathematische Phänomene, die bei der Erschließung eines Trends zur Glättung der Daten verwendet werden können.

Man könnte sagen, dass der gleitende Durchschnitt selbst zu einem Unterstützungs- und Widerstandsbereich wird. Oft werden Sie feststellen, dass fallende oder steigende Kurse an einem gleitenden Durchschnitt stagnieren.

Die Trendrichtung kann man bestimmen, indem man feststellt, ob der dazugehörige gleitende Durchschnitt steigend oder fallend ist. Die Stärke eines aktuellen Trends lässt sich anhand der Neigung des gleitenden Durchschnittes ablesen. Die Neigung ist die Stärke, mit der er steigt oder fällt. Übersteigt der Kurs den gleitenden Durchschnitt, so stellt dies eine Warnung dar, dass es zu einer Trendumkehr kommen könnte.

Die Ermittlung Ihres gleitenden Durchschnittes basiert auf Ihren Präferenzen, Ihrem Zeitrahmen und Ihren Zielen. Gleitende Durchschnitte mit kürzerem Zeitrahmen sind anfälliger für Kursänderungen. Ein gleitender Durchschnitt mit einem längeren Zeithorizont spiegelt einen sehr viel längeren Trend wider.

Advance-/Decline-Linie (Kursanstiegs-/Kursabschwungslinie)

Die Kursanstiegs-/Kursabschwungslinie wird zur Messung der Stärke und Breite des gesamten Markts verwendet. Wenn viele Aktien gekauft werden, steigt der Indikator. Umgekehrt sinkt dieser bei größeren Verkäufen. Dieser Indikator spiegelt den Marktgesamttrend (positiv oder negativ), seine Intaktheit und seine Dauer wider.

Ein wichtiger Aspekt der Advance-/Decline-Linie besteht darin, dass es in den letzten Jahren eine starke Zunahme an geschlossenen Bond-Fonds gegeben hat. Auch einige andere Faktoren könnten die Genauigkeit und Aktualität dieses Indikators in gewissem Umfang beeinträchtigen.

Unterstützungs- und Widerstandsbereiche

Die Massenpsychologie des Marktes und die unterschiedliche Einstellung zu Werten lassen Unterstützungs- und Widerstandsbereiche entstehen.

Jeder kann einen Chart betrachten und Verläufe von Märkten in der Vergangenheit erkennen. Warum auch immer sich Unterstützungs- und Widerstandsbereiche entwickelten – ihre Prophezeiungen können und werden sich aller Wahrscheinlichkeit nach in der Zukunft erfüllen. Trends und Chartmuster existieren, weil es diese psychologischen Faktoren gibt.

Die Unterstützung ist eine Kursebene, in der ein Investment oder Index nicht weiter abfällt, da die Nachfrage (Kaufangebot) größer wird als das Angebot (Verkaufsangebot). Stellen Sie sich zum besseren Verständnis der Unterstützung einen Fahrstuhl vor, der auf- und abwärts fährt und dabei jedes Stockwerk passiert, wobei die einzelnen Stockwerke die Kurse darstellen. Bei 40 DM möchten die meisten Passagiere aussteigen und der Fahrstuhl hält. So lange die Passagiere diese 40 DM mögen, bleibt der Fahrstuhl an seinem Platz. Je länger der Fahrstuhl bei 40 DM ausharrt, desto stärker wird die Unterstützung.

Widerstand ist das Gegenteil von Unterstützung. Es handelt sich hierbei um eine Obergrenze, bei der ein intensiver Verkauf den Anstieg eines Investments oder Index aufhält. Im Falle unseres Fahrstuhlbeispieles fährt der Fahrstuhl runter auf 20 DM, danach fährt er wieder aufwärts, bis er 40 DM erreicht – 40 DM ist nun die Resistenz.

Beachten Sie, dass Unterstützung und Widerstand in Abhängigkeit von Zeit und Perspektive oft variieren. Ist eine Stützungsebene durchbrochen, so wird sie zur Widerstandsebene. Ist eine Widerstandsebene durchbrochen, so wird sie zur Unterstützungsebene.

Die folgenden vier Faktoren sind für die Beurteilung von Unterstützungs- und Widerstandsstärke bedeutsam.

1. Die Dauer der Unterstützung oder des Widerstandes ist von sehr großer Bedeutung. Je länger die beiden Faktoren halten, desto solider werden sie von den Marktteilnehmern eingeschätzt. An dieser Stelle muss ich jedoch eine Warnung aussprechen. Nach einigen Jahren gibt es neue Marktteilnehmer, die die alten Barrieren letztendlich zum Einstürzen bringen werden.

2. Zusätzlich spielt es eine Rolle, wie oft Unterstützung und Widerstand getestet werden. Stellen Sie sich jeden Durchbruchsversuch wie einen Rammbock vor, der gegen eine stabile Mauer gerichtet ist. Mit jedem Angriff wird die Mauer etwas schwächer. Werden Unterstützung oder Widerstand beim dritten Angriff nicht gebrochen, ist die Ebene solide und wird möglicherweise noch lange bestehen bleiben.

3. Das Umsatzvolumen ist die Kraft hinter dem Rammbock. Ist dieses gering, wird es die Unterstützung oder den Widerstand nicht durchbrechen können. Wird die Ebene bei geringem Volumen penetriert, so hat das keine großen Auswirkungen. Achten Sie im umgekehrten Falle bei einem starken Volumen auf Durchbrüche und einen möglichen Ausbruch. Bestimmen Sie das Volumen, das für die Begründung der Unterstützungs- und Widerstandsebene nötig war – hoch, niedrig oder durchschnittlich.

4. Die Differenz zwischen dem Höchst- und Tiefstkurs der Trading-Range repräsentiert die Stärke der Stützungs- und Widerstandsmauer. Dies ist signifikant, da sie anzeigt, wie groß und wie kräftig die Bewegung sein muss, damit es zu einem Durchbruch kommen kann.

Zinssätze

Zinssätze sind die treibende Kraft vieler Investments, insbesondere die der Aktien. Niedrige Zinsen verhelfen den meisten Unternehmen zu einem Wachstumsschub. Hohe Zinsen stehen normalerweise im Zusammenhang mit Inflation. Dies führt zu schwachen Unternehmenseinnahmen und schlechterer Performance der Aktien. Kontrollieren Sie Zinssätze durch das Erschließen der folgenden Zinssatzinformationen:

- Drei-Monats-Handelswechsel
- Diskontsatz für Tagesgeld
- Tagesgeldsatz
- Zinsertragskurve des Finanzministeriums
- Aktientrends bei Versorgungsunternehmen
- Anleihen von Versorgungsunternehmen

Informationen über Zinssätze finden Sie in allen Wirtschafts- und Finanz-zeitschriften, oft auch in den überregionalen Tageszeitungen. Notieren Sie und – wenn möglich – zeichnen Sie den Trend und die Richtung der sechs Punkte der obigen Liste auf, so dass Sie Trendveränderungen visuell erschließen können. Die meisten Menschen sind in der Lage, einen Trend visuell zu erfassen, bevor sie ihn in einer Zahlenreihe wahrnehmen.

Sie sollten die Zinssätze, sofern sie sich auf das Traden beziehen, sowohl aus historischer als auch aktueller Sicht interpretieren. Sind die Zinssätze rasant angestiegen, liegen aber immer noch deutlich unter historischen Höchstwerten, so müssen Sie herausfinden, ob diese Information positiv oder negativ zu bewerten ist.

Faktoren, die berücksichtigt werden müssen

Die Neigung und Richtung von Trendlinien und die drei gleitenden Durchschnitte sind wichtig. So lange sich die Kursbewegung über der Trendlinie der Tiefpunkte und über den gleitenden Durchschnitten be-wegt, ist der Trend stark. Anzeichen von Schwäche treten auf, wenn der Kurs unter den 20-tägigen gleitenden Durchschnitt absinkt. Der 50- und 150-tägige gleitende Durchschnitt repräsentiert mittel- und langfristige Trends. In den meisten Fällen sollten Sie bei starken mittel- und langfristi-gen Trends traden und investieren (siehe Abbildung 4.1 bis 4.3).

Auch ihre Nähe zur Unterstützungs- und Widerstandslinie ist ein guter Indikator für zukünftige Kursprognosen und -bewegungen. Der Grund hierfür ist, dass der Kurs dazu neigt, Unterstützungs- und Widerstands-linien immer wieder zu testen. Kurs und Richtung können auf der Grund-lage alter Unterstützungs- und Widerstandslinien geschätzt werden.

Abbildung 4.1 Trendlinien, S&P 500

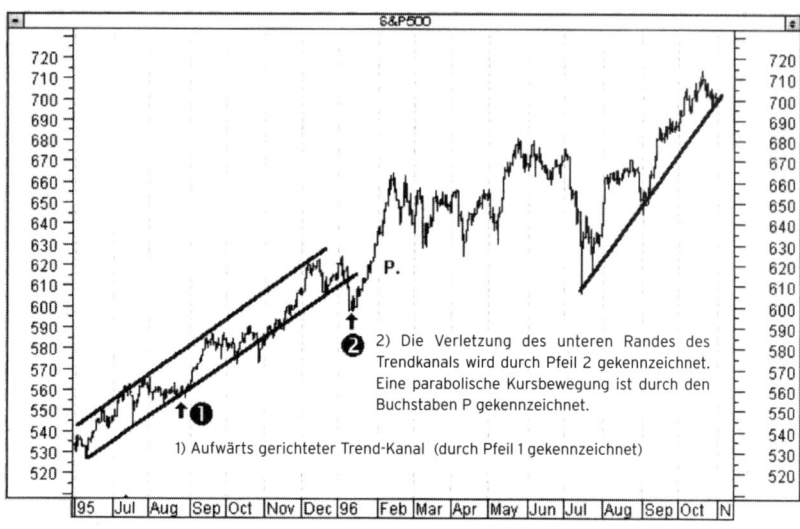

2) Die Verletzung des unteren Randes des Trendkanals wird durch Pfeil 2 gekennzeichnet. Eine parabolische Kursbewegung ist durch den Buchstaben P gekennzeichnet.

1) Aufwärts gerichteter Trend-Kanal (durch Pfeil 1 gekennzeichnet)

Abbildung 4.2 20-,50-,150-tägiger exponentieller gleitender Durchschnitt des S&P 500 auf der Grundlage der Schlusskurse

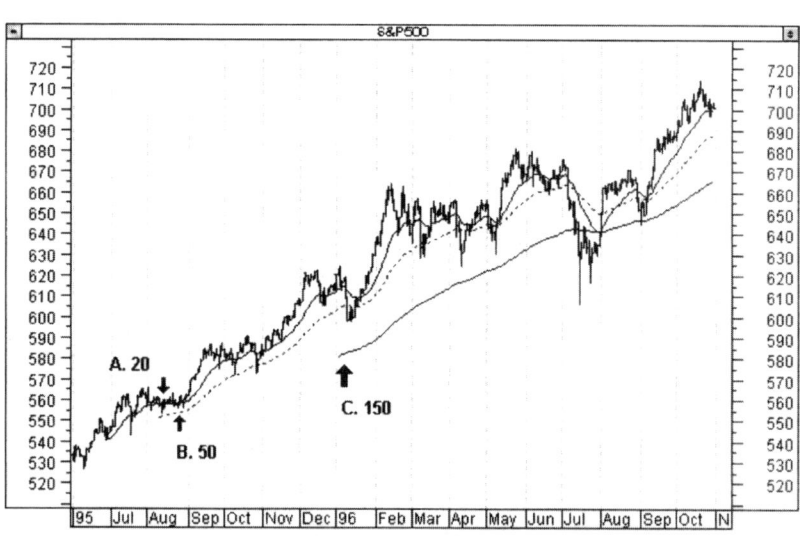

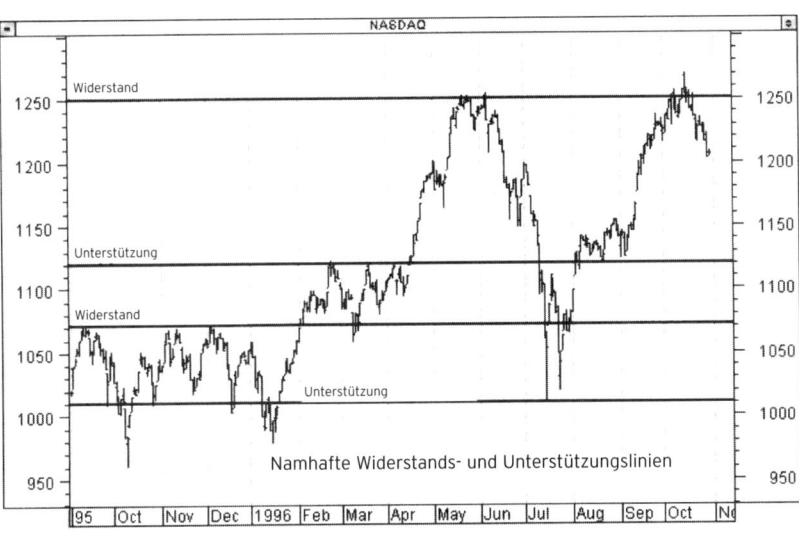

MARKTTREND-QUANTIFIKATOR

Benutzen Sie den Markttrend-Quantifikator und registrieren Sie alle zwei, drei oder fünf Tage den Markttrendpunktwert. Die Anzahl der Tage hängt von Ihrem Trading-Ziel und Zeitrahmen ab. Jeder technische Indikator hat einen Punktwert von +1, wenn er positiv ist , −1, wenn er negativ ist, und 0, wenn er neutral ist – ausgenommen die Trendlinien. Trendlinien haben den Punktwert +2, wenn sie positiv, −2, wenn sie negativ und natürlich 0, wenn sie neutral sind. Um den Gesamtpunktwert zu erhalten, addieren Sie alle positiven Zahlen und subtrahieren dann eventuelle negative Zahlen. Die Summe ist Ihr Markttrend-Quantifikator-Punktwert. Der Wert zeigt die Trendstärke und die Richtung auf der Grundlage einer Reihe technischer Indikatoren. Kennen Sie einmal die Trendrichtung des Marktes, so vergeben Sie ein Trendergebnis von +2 für einen starken und −2 für einen schwachen Trend. Wenn Sie diese Zahl in der Trendspalte registriert haben, setzen Sie einen Pfeil neben diese Spalte, der in Trendrichtung zeigt – aufwärts, abwärts oder seitwärts. Gehen Sie dann zur Aktionsspalte und wählen einen Handlungsverlauf aus. Dabei stehen Ihnen drei Möglichkeiten zur Verfügung: kaufen, verkaufen oder halten.

Der Markttrend-Quantifikator hilft Ihnen dabei, rationale Entscheidungen auf der Grundlage technischer Indikatoren und der Zinssätze zu treffen. Wenn Sie den Trend konkret registrieren, erkennen Sie jede Trendverschiebung. Ergebnisse erfassen zu müssen ist ein Vorteil, denn dazu müssen Sie mit den Märkten in Verbindung bleiben, und Sie verfügen zur späteren Durchsicht über konkrete Aufzeichnungen.

Quantifikator-Punktwert

Trendlinien: +2, –2, 0

Gleitende Durchschnitte: 20-Tage, +1; 50-Tage, +1; 150-Tage, +1; (1+, –1,0) für alle drei

Kursanstiegs-/Kursrückschwungslinie: +1, –1, 0

Unterstützungs- und Widerstandslinien: +1, –1, 0

Zinssätze: +1, –1, 0

Sie bestimmen den Markttrend auf Grund Ihres Zeitrahmens und Ihres Trading-Ziels. Die Anzahl der Tage, für die Sie den Trend notieren, beruht auf Ihrem Trading- oder Investitionsstil. Sie können dafür zwei Tage, fünf Tage oder einen längeren Zeitraum vorsehen. Dies führt zu einem wichtigen Interpretationsgedanken. Es ist durchaus möglich, am Montag oder Dienstag einen positiven Trend und am Mittwoch und Donnerstag einen negativen zu verzeichnen. Sie werden sich den gesamten Trend anschauen müssen, um bestimmen zu können, ob wirklich eine Trendverschiebung stattfindet oder ob es sich hierbei nur um „Marktgeschrei" handelt. Registrieren Sie zwei oder drei negative Trendergebnisse nacheinander, so ist ein Trendwechsel wahrscheinlich. In technischer Hinsicht wird durch eine Zerstörung von Trendlinien und gleitenden Durchschnitten bestätigt, dass sich eine Trendwende vollzieht. Es liegt an Ihnen, zu entscheiden, ob es sich bei dieser neuen Trendrichtung um eine kurz- oder langfristige handelt.

Datum	Markt	Indikatoren	Punktwert	Gesamttrend	Aktion
1/5/98	S&P 500	+7 –1	+6 ↑	+2	Kaufen oder halten

Bewahren Sie alle das Trading betreffenden schriftlichen Daten an einem gut zugänglichen Platz auf. Sehr sinnvoll sind Ringordner, bei denen man in einzelne Abschnitte unterteilt. Bei einer derartigen Verwaltung Ihrer Informationen und der Verwendung eines Computers haben Sie einen sofortigen Zugang zu den benötigten Daten und können schnelle und richtige Entscheidungen fällen.

Traden Sie einen Index wie den Standard & Poors 100 (OEX), werden Sie den Trend täglich bestimmen wollen. Wegen der beim Traden in diesem Markt verwendeten Hebelwirkung ist es nötig, täglich Trendbestimmungen vorzunehmen, da eine kurzfristige Trendwende finanziell verheerend sein könnte. Sehen Sie sich hierzu bitte das Markttrend-Quantifikator-Diagramm im Anhang an, das Sie kopieren und für Ihre Trendaufzeichnungen benutzen können.

SEKTORENANALYSE UND ROTATION

Einen großen Anteil des Gesamtgewinns aus Ihrem Portfolio erzielten Sie, weil Sie sich im richtigen Sektor bewegten. Konjunkturzyklen wirken sich auf alle Investment-Instrumente aus: Aktien, Bonds und Waren. Portfolio-Manager wissen das und lassen ihr Portfolio rotieren, weil sie Gewinne erzielen wollen und weil sie sich zur rechten Zeit am rechten Ort aufhalten. Einige Manager sind reine Momentumspieler, die sich den Gezeiten des Marktes anpassen. Andere wiederum versuchen zu schätzen, welche Sektoren sich als Nächstes bewegen werden, und beziehen Positionen, die ihnen im Verhältnis zu anderen Bereichen unterbewertet erscheinen. Die meisten Portfolio-Manager verwenden Modelle, um sowohl unterbewertete als auch überbewertete Papiere zu bestimmen. Entsprechend den Hinweisen dieser Konzepte, gehen sie mit Millionen von Aktien in oder aus dem Markt. Institutionen sind die Giganten, die die Märkte bewegen. Als privater Investor oder Trader können Sie aus dieser Marktbewegung Ihre Vorteile ziehen.

Bestimmen Sie die starken Bereiche sowie die Momentum- und die schwächsten Sektoren innerhalb des Marktes. Haben Sie dessen Trend und die Erfolg versprechenden Branchen bestimmt, so können Sie die zur Auswahl stehenden einzelnen Investments weiter eingrenzen. Sie suchen nach einer Kapitalanlage, die in starker Wechselbeziehung zum Markt und den sich bewegenden Sektoren steht. Auch gewisse fundamentale und technische Charakteristika sind dabei zu berücksichtigen.

Die ersten Schritte der Investment-Auswahl lauten wie folgt:
1. Legen Sie Ihren Zeitrahmen fest.
2. Bestimmen Sie die Markttrends.
3. Finden Sie die führenden und schwachen Sektoren heraus.

AUSWAHL EINZELNER INVESTMENTS

Sie haben Ihren Zeitrahmen festgelegt, den Markttrend sowie die führenden und schwachen Sektoren bestimmt. Der nächste Schritt besteht in der Auswahl eines Investments, welches diesen drei Faktoren entspricht. Aus historischer Sicht gibt es zwei Bereiche, in denen Sie Ihre Suche nach einem individuellen Investment aufnehmen können: (1) Wachstums- und aggressive Wachstumsbereiche, so genannte Momentumaktien und (2) unterbewertete Aktien, die momentan unbeliebt sind, so genannte „gefallene Engel".

Momentumaktien

Websters Wörterbuch definiert den Begriff Momentum als „Menge von Bewegung, Kraft oder Handlung". Hierbei handelt es sich um eine genaue Beschreibung eines Momentum-Investments. Sie suchen nach einer schnellen Kursbewegung, sowohl auf- als auch abwärts, die Ihnen die Gelegenheit gibt, die Bewegung zu traden. Ein Momentum-Investment könnte eine Ware oder Aktie sein. Bei Aktien wünschen Sie sich eine Wachstumssteigerung, die sich in Jahres- und Quartalsgewinnen widerspiegeln soll. Stops werden bei jeder Strategie verwendet, insbesondere aber im Momentum-Trading. Schwankungen und potenzielle Verluste müssen kontrolliert werden.

Gefallene Engel: unbeliebte, unterbewertete Aktien

Bei „gefallenen Engeln" handelt es sich um Aktien guter Qualität, die aus irgendeinem Grund in der Gunst der Anleger gefallen sind. Das Resultat ist selbstverständlich ein niedriger Aktienkurs.

Gefallene Engel sind das Reich der Kontrür- und Value-Investoren. Einige der legendärsten und erfolgreichsten Anleger an der Wall Street waren wertorientierte Investoren: Benjamin Graham, Warren Buffett und John Templeton. Alle drei kauften solide Unternehmen zu – wie sie meinten – günstigen Kursen und hielten sie langfristig.

Alle drei machten sich Ereignisse und Überreaktionen zunutze, wenn sie Aktien zu niedrigeren Kursen kauften. Sie glaubten, dass der Wert eines Unternehmens bestehen bleiben würde, wenn sich dessen fundamentale Faktoren nicht änderten. Jede Aktion am Markt, die zu einer Kurssenkung führte, bot eine Kaufgelegenheit. Fällt der Markt, so werden in der Regel nicht nur schlechte, sondern auch gute Unternehmen heruntergezogen. Im Jahr 1987 fielen hervorragende Unternehmen mit riesigen Gewinnen und guten Bilanzen institutionellen Panikverkäufen und einer Programm-Arbitrage zum Opfer. Haben Sie am Tag des so genannten '87er-Crash oder kurz danach irgendwelche Aktien gekauft? Wenn Sie nach gefallenen Engeln suchen, achten Sie auf folgende Punkte.

1. Bestimmen Sie über die NYSE, den Dow Jones oder die Nasdaq Unternehmen mit gutem Profil und hoher Kapitalausstattung, die derzeit unbeliebt sind.

2. Treffen Sie eine Auswahl von Unternehmen, die aus einem langfristigen Trend Vorteile ziehen können (Gesundheitsvorsorge, Kommunikation, Umwelt, Biotechnologie, Altersversorgung, Lebensmittelproduktion und Verpackungsindustrie etc.).

3. Treffen Sie eine Auswahl von Unternehmen mit niedrigem Kurs/Gewinn-Verhältnis im Vergleich zum Branchen- und Marktdurchschnitt.

4. Suchen Sie nach langsam steigenden Quartalsgewinnen.

5. Achten Sie auf Schuldensenkung durch hohe Hebelwirkung oder alle Schuldenreduktionen.

6. Zählen institutionelle Anleger zu den Aktionären? Wenn ja, wie viele?

7. Kaufen Insider große Aktienpakete?

8. Identifizieren Sie Unterstützungs- und Widerstandbereiche der letzten beiden Jahre. Wo befinden sich Unterstützung und Widerstand im Augenblick?

9. Verwenden Sie die folgenden technischen Indikatoren: Kursänderungsrate; 12-, 20- und 50-tägiger gleitender Durchschnitt und 14-tägiger Relativer Stärke-Index (RSI). Zeigen diese Indikatoren eine Trendumkehr oder -änderung an, so sollten Sie über einen Kauf nachdenken.

DIE TECHNISCHE ENTSCHEIDUNGSMATRIX

Der Markt befindet sich in einem starken Aufwärtstrend, und Sie haben eine Liste mit Investments, die an der Spitze der florierenden Sektoren rangieren. Die nächste logische Frage ist, wann und was gekauft und später verkauft werden soll. Wie schon zuvor erklärt, kann Sie ausschließlich die Technische Analyse mit den Antworten auf diese Fragen versorgen.

Haben Sie sechs Kandidaten und zu wenig Geld, so werden Sie wenigstens zwei oder drei Möglichkeiten ausschließen müssen. Gleichzeitig wollen Sie Ihr Kapital in das Geschäft mit der höchsten Erfolgswahrscheinlichkeit investieren. Sie erreichen dies durch Verwendung der technischen Entscheidungsmatrix. Ähnlich wie den Markttrend-Quantifikator ermitteln Sie die diversen technischen Indikatoren. Der Kandidat mit dem höchsten technischen Ergebnis und dem besten Risiko-/Gewinn-Verhältnis ist Ihre Nummer 1, gefolgt von Nr. 2, Nr. 3 usw. Beim Risikomanagement nahmen

Sie eine Rangeinteilung von Geschäften entsprechend Ihrem potenziellen Gewinn und Ihrer Erfolgswahrscheinlichkeit auf der Grundlage von Chartmustern und Trends vor. Der zweite Teil des Entscheidungsprozesses ist die Entscheidungsmatrix.

Die technische Entscheidungsmatrix kann sowohl von Trend- als auch von Countertrend-Tradern benutzt werden. Ein Trend-Trader tätigt einen Kauf bei einem Ausbruch aus der Trading-Range und folgt dem Trend bis zum Ende. Ein Countertrend-Trader tradet kleine Bewegungen innerhalb von Trading-Ranges. Diese Technik wird auch als Bereichs-Trading bezeichnet. Verwenden Sie Trendindikatoren zur Feststellung eines Trends und Trendumkehr-Indikatoren zur Feststellung einer Trendumkehr.

Die technische Entscheidungsmatrix beginnt am Tag der Analyse des Investments. Der Indikatorpunktwert bezieht sich auf eine Reihe von Trendumkehr-Indikatoren. Beispiele dafür sind: der gleitende Durchschnitt-Konvergenz/Divergenz (MACD); der Relative-Stärke-Index (RSI), 9- oder 14-tägig; die Kursänderungsquote (ROC), 12- und 26-tägig; und der Williams' Prozent R (Williams' % R). Sie können auch andere Indikatoren verwenden, doch sollten Sie bedenken, dass der spezielle Indikator direkt auf die anstehende Aufgabe abgestimmt sein sollte. Hüten Sie sich vor Verwechslungen. Jeder Indikator hat den Wert +1, –1 oder 0. Alle positiven Indikatoren werden addiert und davon werden alle negativen subtrahiert. Der daraus resultierende Gesamtpunktwert wird in der Indikatorpunktwertspalte eingetragen, die Ihnen ein aus mehreren Bestandteilen zusammengesetztes technisches Ergebnis liefert. Die Trendergebnisspalte sowie die Gesamtpunktwertspalte enthalten begleitende Indikatoren und den Punktwert. Die Trendlinien liegen bei +2, –2 oder 0. Die drei Durchschnitte (12-, 20- und 50-tägig) betragen +1, so dass sich ein Resultat von +3, –3 oder eine Abweichung ergeben könnte. Die Nähe zur Stützungs- und Widerstandslinie beträgt +1, –1 oder 0 (neutral). Hausse- oder Baisse-Charts haben Werte von +1, –1 oder 0. Ein Nachfragezuwachs ergibt +1, während ein steigendes Angebot –1 ergibt. Addieren Sie zur Ermittlung Ihres Trendergebnisses die positiven Resultate und subtrahieren die negativen. Den wichtigsten Teil des Trendergebnisses stellen die Trendlinien und gleitenden Durchschnitte dar, da sie den Trend wiedergeben. Registrieren Sie die

Trendrichtung, indem Sie einen der Trendrichtung entsprechenden Pfeil in die Trendspalte neben das Trendergebnis einzeichnen. Hier ein paar Beispiele für Trendindikatoren, Trendumkehr-Indikatoren und Punktwerte.

Trendfolgende-Hilfsmittel

Trendlinien   +2, –2, oder 0

Gleitende Durchschnitte, 12-, 20-, und 50-tägig   +1 oder –1

Stützungs- und Widerstandslinien   +1, –1, oder 0

Chartmuster   +1, –1, oder 0

Volumenstudien   +1, –1, oder 0

Trendumkehr-Indikatoren

MACD   +1, –1

RSI, 9- oder 14-tägig   +1, –1

Kursänderungsrate, 12- und 26-tägig   +1, –1

Williams' % R   +1, –1

Die Interpretation der Entscheidungsmatrix

Sie beginnen Ihre Analyse der xyz-Aktie und beobachten den Markt, in dem Sie traden, sowie den entsprechenden Sektor. Beide sind positiv. Im nächsten Schritt verwenden Sie zur Berechnung des technischen Ergebnisses die technische Entscheidungsmatrix, die Ihnen bei der Einstufung dieses Kandidaten helfen wird.

Beginnen Sie mit der Trendanalyse. Zeichnen Sie Trendlinien sowohl der Höchst- als auch der Tiefstkurse ein. In diesem Fall entwickelt sich ein steigender Trend-Kanal mit höheren Höchst- und höheren Tiefstkursen. Der Steigungswinkel beträgt ca. 45°, es handelt sich also um einen sehr starken Aufwärtstrend. Sie registrieren +2, da der Trend positiv ist und seine Richtung der angenommenen Bewegung entspricht. Der nächste Schritt zur Ermittlung von Trendstärke und Trendrichtung ist die Überprüfung dreier verschiedener gleitender Durchschnitte. Sind der kurz- und mittelfristige Trend positiv, so sollten Momentum und Richtung der xyz-Aktie einige

Zeit anhalten. In diesem Fall erzeugen alle drei gleitenden Durchschnitte eine Aufwärtsbewegung, so dass Sie ein Ergebnis von +3 erhalten. Es könnte eine Situation eintreten, in der der 50-tägige gleitende Durchschnitt und der 20-tägige gleitende Durchschnitt +1, der 12-tägige gleitende Durchschnitt jedoch –1 beträgt, so dass sich ein Gesamtergebnis von +2 ergibt. Dies könnte ein Anzeichen für eine Schwächung des kurzfristigen Trends sein, und Sie würden auf diese Entwicklung achten. Wenn Sie diese drei gleitenden Durchschnitte verwenden, können Sie herausfinden, welcher Teil des Trends sich verändert. Der mittlere Teil ist der wichtigste, da eine kurzfristige Aufwärtsbewegung ohne einen starken mittleren Trend nicht anhalten wird.

Sie überprüfen den 2-Jahres-Chart und sehen, dass die xyz-Aktie in einem Allzeit-Hoch liegt, weit entfernt von irgendeinem Unterstützungs- oder Widerstandsbereich. Deshalb erzielen Stützung und Widerstand das Ergebnis 0. Die Aktien befinden sich im Aufwärtstrendkanal, in dem es kein sichtbares Chartmuster gibt, so dass das Ergebnis hierfür 0 beträgt. Die Analyse des Umsatzvolumens zeigt ein stetiges Wachstum, das offensichtlich aus Käufen herrührt. Dies ist positiv, und der Umsatz erzielt das Ergebnis +1. Das Gesamttrendergebnis beläuft sich auf sehr starke +6 von möglichen +8 Punkten. Sie notieren dieses Ergebnis in der Trendspalte der technischen Entscheidungsmatrix und zeigen die Tendenz durch einen Pfeil in Trendrichtung an.

Im obigen Beispiel von Trend- und Trendumkehr-Indikatoren dienten die Indikatoren MACD, 9- oder 14-Tages-RSI, 12- und 26-tägiger ROC und Williams' % R dazu, Ihnen eine Trendänderung aufzuzeigen. Sie wirken als strategische Kauf- und Verkaufssignale. Konzentrieren Sie sich zunächst auf die individuellen Punktwerte und das Gesamtergebnis der Matrix. Auf den nächsten Seiten werden wir überprüfen, wie diese vier und weitere technische Indikatoren interpretiert werden.

Ihr MACD-Ergebnis beträgt +1, liegt aber sehr nahe an einer Übergekauft-Situation, die als ein Verkaufssignal verstanden werden könnte. Ein Problem im Zusammenhang mit MACD und RSI ist, dass sie in stark tendierenden Märkten zu früh Verkaufssignale geben. Sind Ihre 12- und 20-

tägigen gleitenden Durchschnitte positiv, und zeigen die Trendlinien eine Aufwärtsbewegung an, sollten Sie deshalb dem Trend folgen. Verwenden Sie immer das zusammengesetzte Trendergebnis, bevor Sie eine Kauf- oder Verkaufsentscheidung fällen. Treffen Sie niemals eine Entscheidung auf der Grundlage eines einzigen Indikators, und überprüfen Sie, ob der Kurs die Richtungsänderung bestätigt.

Der RSI zeigt eine stete Aufwärtsbewegung und nähert sich seiner Spitze, was einen Verkauf signalisieren könnte. Wie schon zuvor erwähnt, sollten Sie sich vor zu frühen Verkaufssignalen hüten, die aus starken Aufwärtstrends resultieren. Das Trendergebnis für RSI beträgt +1 für den 14-tägigen RSI-Messwert. Sie können eine auf Ihren individuellen Trading-Plan zugeschnittene 9- oder 14-tägige RSI-Analyse auswählen. Der Zeitraum liegt in Ihrem Ermessen, aber die 9- und 14-tägige Analyse ist sowohl für Trader als auch für aggressive Investoren sehr nützlich.

Operieren Sie mit Kursänderungsquoten, dann haben Sie zwei Berechnungsmöglichkeiten: (1) die kurzfristige Verwendung des 12-tägigen ROC und (2) ein mittlerer Zeitraum von 26 Tagen. Bedienen Sie sich zweier Berechnungen, erhalten Sie einen Überblick sowohl über die kurz- als auch die mittelfristige Kursänderungsquote. Ihr Ergebnis basiert auf +1 für den 12-tägigen und +1 für den 26-tägigen Zeitraum. Stimmen beide überein, wie es bei einem Aufwärtstrend der Fall sein sollte, so ist das Ergebnis +1. Beträgt das Ergebnis für den 12-Tages-Zeitraum –1 und für den 26-Tages-Zeitraum +1, so ist das Ergebnis für die Kursänderungsquote 0. Dies könnte ein Signal für eine Trendwende sein.

Der Williams' % R wird als Überkauft-/Überverkauft-Indikator verwendet. Der Indikator zeigt an, dass sich die betreffende Aktie in einer Aufwärtsbewegung befindet. Williams' % R beträgt +1, und damit wird der Kursaufwärtstrend bestätigt.

Ihre Analyse der xyz-Aktie ist nun vollständig, und Sie können die Ergebnisse auflisten. Die folgenden Ziffern zeigen ein Trendergebnis von +6 und einen Aufwärtstrend an. Das Indikatorergebnis beträgt +4 und liegt damit sehr hoch. Das Gesamtergebnis für xyz ist +10, was einen Kauf signalisiert.

Besitzen Sie bereits die entsprechende Aktie, so halten Sie sie, bis eine Verkaufsanzeige garantiert ist.

Trendergebnis	Indikatorergebnis	Gesamt	Aktion
+6 ↑	+4	+10	Kaufen oder Halten

Wenn Sie den Markttrend-Quantifikator, die technische Entscheidungsmatrix und das Risiko-/Gewinn-Verhältnis aus dem Risikomanagement verwenden, werden Sie jedes Geschäft entsprechend der Erfolgswahrscheinlichkeit einstufen können. Nehmen Sie sich für die Analyse etwas Zeit, und Sie werden Dutzende unrentabler Trades eliminieren, auf die Sie sich sonst eingelassen hätten. Diese einfachen Kalkulationen sollten nicht mehr als fünf Minuten in Anspruch nehmen. Nehmen Sie sich die Zeit für diese simple Analyse, und Sie werden aller Wahrscheinlichkeit nach eine Menge Geld sparen und Ihre Performance verbessern. Sehen Sie sich hierzu bitte das Diagramm der technischen Entscheidungsmatrix im Anhang an.

Wenn Sie die Wahrheit nicht hören wollen, warum haben Sie dann gefragt?

„Um Erfolg zu haben, müssen Sie bereit sein, die Arbeit zu erledigen, die niemand sonst machen will." Diese Antwort habe ich sehr oft Menschen gegeben, die mich fragten: „Wie kann ich am Markt erfolgreich werden?" Aber was die meisten wirklich wissen wollten, war: „Wie kann ich mit wenig Aufwand viel Geld verdienen?" Die selben Menschen sagen dann auch: „Wenn es so einfach ist, warum macht es dann nicht jeder?" Aber hinter diesen Worten steht unausgesprochen: „Ich bin faul, und ich möchte für meinen Erfolg nichts tun. Wenn ich Geld verliere oder die Dinge nicht nach meinen Vorstellungen laufen, dann werfe ich alles hin und mache alle anderen für mein Versagen verantwortlich." Ich weiß, dass das hart und etwas grob klingt, aber ich weiß auch, dass es der Wahrheit entspricht. Wollen Sie erfolgreich sein, dann müssen Sie eine Methode verwenden, die Ihrer Persönlichkeit und Ihrem Investitionsziel entspricht, und Sie müssen handeln! Wenn Sie nur reden, werden Sie nie etwas erreichen. Um in einer Sache erfolgreich zu sein, muss man handeln.

Ich verwende die Informationen in diesem Text, um Portfolios zu managen und die Märkte aktiv zu traden. Ich glaube an die Methode, die ich Ihnen präsentiert habe. Und ich glaube auch, dass Sie Erfolg haben können, wenn Sie bereit sind, die notwendige Arbeit dafür zu leisten. Ich fordere Sie auf, die hier beschriebene Methode anzuwenden und abzuwarten, ob sich Ihr Trading und Ihr Anlageerfolg verbessert. Ich bin wirklich davon überzeugt, gäbe es einen Weg ohne Verlustrisiko, der Gewinne garantieren könnte (dieser existiert natürlich nicht), und Sie würden 200 Leuten davon erzählen, so würden ihn nur 20 Personen testen. In den meisten Unternehmen sind 10 Prozent der erfolgreichsten Leute für mehr als 80 bis 90 Prozent des Outputs verantwortlich. Dies trifft besonders auf den Vertrieb zu.

TECHNISCHE INDIKATOREN DES SCHWARZEN GÜRTELS

Wenn Sie Investmentsoftware verwenden, kann die Technische Analyse einer Aktie, eines Index oder einer Ware einfach durch Knopfdruck und Mausklick vorgenommen werden. Das fehlende Verständnis dessen, was Ihnen Ihr Bildschirm präsentiert, und die Anzahl technischer Studien können zur Verwirrung und Fehlinterpretation führen. Die Auswahl des geeigneten Hilfsmittels sollte der speziellen Aufgabe entsprechen. Sie würden keinen Hammer nehmen, wenn Sie eigentlich eine Säge brauchen, oder? Um herauszufinden, auf welchen technischen Indikator Sie zurückgreifen sollten, müssen Sie zwei Dinge tun. Legen Sie zunächst Ihren Zeitrahmen fest. Betreiben Sie Day-Trading, oder traden und investieren Sie über längere Zeiträume, etwa drei bis sechs Monate oder noch länger. Zum zweiten müssen Sie festlegen, ob Sie mit einem Trend oder mit einem Countertrend traden und investieren wollen. Ein Countertrend-Trader tradet kleine Bewegungen innerhalb von Trading-Ranges. Haben Sie diese Entscheidungen getroffen, können Sie mit der Auswahl der richtigen technischen Instrumente beginnen.

„Vertrauen Sie der Qualität Ihres Wissens." Dieser Satz aus dem Kinofilm Karate Kid gilt auch für die Technische Analyse. Wählen Sie einige technische Indikatoren aus, die für Ihre Aufgabe geeignet sind, und versuchen Sie, diese gründlich zu verstehen. Acht bis zehn Indikatoren reichen für Ihre Analyse völlig aus. Das sind die „technischen Indikatoren des schwarzen Gürtels", wie ich sie nenne. Und wenn Sie wissen, wann und wie Sie sie anwenden müssen, können Sie Leistungen erzielen, die denen entsprechen, die für den „schwarzen Gürtel" im Judo erforderlich sind und Ihnen hoffentlich einige Gewinne bringen. „Vertrauen Sie der Qualität Ihres Wissens, nicht der Quantität."

Der nächste Schritt in Ihrem Auswahlprozess bringt Sie zur Interpretation der technischen Indikatoren. Die Kombination technischer Indikatoren sollte Ihnen viel bessere Resultate einbringen. Richtig zusammengesetzt, kann Ihnen eine Sammlung von Indikatoren zu einem genaueren Bild des Investments verhelfen, das Sie gerade analysieren. Fällen Sie Ihre Entscheidungen auf Grund vielfältiger Informationen. Das kann Ihre Performance verbessern.

INTERPRETATION TECHNISCHER INDIKATOREN

Gleitende Durchschnitte

Inzwischen kennen Sie die Bedeutung von gleitenden Durchschnitten bei der Analyse von Märkten oder Investments. Sie wissen vielleicht nicht, dass es viele verschiedene Arten von gleitenden Durchschnitten gibt. Sie können Kombinationen bilden, die Ihrem speziellen, gewünschten Ergebnis eine höhere Erfolgswahrscheinlichkeit verleihen. Sie können die Schwäche eines gleitenden Durchschnittes durch die Stärke eines anderen ausgleichen. Es folgen nun einige Beispiele für gleitende Durchschnitte. Versuchen Sie eine Kombination von gleitenden Durchschnitten zu ermitteln, die Ihr bestehendes System verbessern würde. Testen Sie sie dann auf Ihrem Computer, um sicherzugehen, dass die Ergebnisse Ihre Resultate wirklich verbessern.

Einfach. Ein einfacher gleitender Durchschnitt gibt der Marktaktion eines jeden Tages das gleiche Gewicht. Sie können den gleitenden Durchschnitt auf der Grundlage des Höchst-, Tiefst- oder Schlusskurses des Tages berechnen. Wollen Sie beispielsweise einen einfachen gleitenden Durchschnitt auf der Basis des Schlusskurses berechnen, so addieren Sie einfach die Schlusskurse von x Zeiträumen, dividieren das Ergebnis durch die Anzahl dieser Zeiträume und erhalten damit den Durchschnittskurs für x Zeiträume. Die Zeiträume können Minuten, Stunden, Tage, Wochen, Monate oder Jahre sein. Welchen Zeitraum und Typus eines gleitenden Durchschnittes Sie verwenden, hängt von Ihrem individuellen Investment- oder Trading-Ziel ab.

Für langfristige Investitionen ist ein einfacher gleitender Durchschnitt von größerer Relevanz, da einfache gleitende Durchschnitte jeden Tag das gleiche Gewicht verleihen. Es können Verzerrungen auftreten, die in keinem Verhältnis zum wahren Trend stehen. Wollen Sie einen einfachen gleitenden Durchschnitt verwenden, so nehmen Sie einen 50-tägigen oder einen Durchschnitt, der sich auf einen längeren Zeitraum bezieht.

Trader wünschen sich, dass sowohl kurz- als auch langfristige gleitende Durchschnitte einen Kurs- oder Umsatztrend so wahrheitsgetreu wie möglich widerspiegeln. Aus diesem Grund bedienen sie sich anderer gleitender Durchschnitte. Meistens verwenden sie exponentielle gleitende Durchschnitte und kümmern sich nicht um einfache gleitende Durchschnitte.

Exponentielle gleitende Durchschnitte. Exponentielle gleitende Durchschnitte werden von den meisten Tradern und aggressiven Investoren eingesetzt. Der Grund dafür ist darin zu sehen, dass ein exponentieller gleitender Durchschnitt den neuesten Kurs- oder Volumeninformationen mehr Gewicht verleiht. Da die neuesten Informationen eine wesentliche Rolle spielen, ist es wichtig, sie stärker in den Vordergrund zu rücken. Auf ältere Angaben sollte man aber nicht ganz verzichten, denn sie sind immer noch von Bedeutung. Die Stärke eines exponentiellen gleitenden Durchschnittes ergibt sich aus der Tatsache, dass er sowohl ältere als auch aktuelle Informationen berücksichtigt.

Abbildung 4.4 zeigt einen Chart eines einfachen und eines exponentiellen gleitenden Durchschnitts. Bei der Interpretation von gleitenden Durchschnitten sollte man bedenken, dass ein gleitender Durchschnitt den Trend auf der Grundlage eines festgelegten Zeitraums darstellt. Wenn Sie sich daher einen 12-, 20-, oder 50-tägigen Trend anschauen, so beobachten Sie ihn über einen dieser speziellen Zeiträume. Wenn Sie die Durchschnitte in verschiedenen Zeiträumen verfolgen, können Sie die kurz-, mittel- oder langfristigen Trends überprüfen. Die Trendstärke kann anhand der Neigung des gleitenden Durchschnittes bestimmt werden. Unter Neigung versteht man die Rate, mit der der gleitende Durchschnitt steigt oder fällt. Sicher wollen Sie dabei sein, wenn sich der Kurs Ihres Investments über dem gleitenden Durchschnitt befindet, und möglicherweise wollen Sie short gehen oder aussteigen, wenn sich der Kurs unter den gleitenden Durchschnitt bewegt. Alle gleitenden Durchschnitte sind mehr oder weniger Trendindikatoren und funktionieren bestens in tendierenden Märkten und bei tendierenden Investments.

Abbildung 4.4 Einfache und exponentielle gleitende Durchschnitte

1: einfacher gleitender Durchschnitt.
2: exponentieller gleitender Durchschnitt.
Beide Durchschnitte haben ein Zeitfenster
von 50 Tagen.

Variabler gleitender Durchschnitt. Unter einem variablen gleitenden Durchschnitt versteht man den exponentiellen gleitenden Durchschnitt, der sich automatisch an Kurs- oder Umsatzdaten anpasst. Je unbeständiger der Datenstrom ist, desto sensibler verhält sich die mathematische fließende Konstante bei der Berechnung des variablen gleitenden Durchschnitts. Dies bedeutet, dass der gleitende Durchschnitt die einzigartige Fähigkeit besitzt, sowohl in tendierenden als auch nichttendierenden Märkten eine relativ gute Leistung zu erbringen. Sie könnten einen variablen gleitenden Durchschnitt als Ausstiegssignal verwenden, wenn Sie schnell aus einer rückläufigen Kursbewegung aussteigen wollten.

Verwenden Sie einen variablen gleitenden Durchschnitt, wenn Sie die Empfindlichkeit an die Kurs- oder Umsatzbewegung anpassen wollen. Überprüfen Sie den Indikator mit alten Kurs- und Umsatzdaten. Beachten Sie in Abbildung 4.5 die Kursempfindlichkeit des variablen gleitenden Durchschnitts im Vergleich zum exponentiellen gleitenden Durchschnitt. Es handelt sich in beiden Fällen um Zeiträume von 50 Tagen.

Abbildung 4.5 Variabler gleitender Durchschnitt

Triangulärer gleitender Durchschnitt. Ein triangulärer gleitender Durchschnitt ist ein einfacher gleitender Durchschnitt, der zweimal geglättet
wurde. Bei diesem gleitenden Durchschnitt liegt die Betonung auf dem
mittleren Abschnitt der Kurs- oder Umsatzdaten. Trianguläre gleitende
Durchschnitte sind bei der Bestimmung des Zyklus eines Marktes oder
eines Investments sehr sinnvoll (siehe Abbildung 4.6). Zyklen und ihre
Nützlichkeit werden noch später in diesem Kapitel diskutiert.

Beachten Sie in Abbildung 4.6, wie der trianguläre gleitende Durchschnitt
einer Sinuswelle gleicht und die hohen/niedrigen Zyklen des Investments
verdeutlicht. Erinnern Sie sich, Zyklen ändern sich mit der Zeit und den
ökonomischen Bedingungen. Verschiedenen Investments liegen verschiedene Zyklen zugrunde, und ein triangulärer gleitender Durchschnitt hilft,
sie zu erkennen.

Abbildung 4.6 Triangulärer gleitender Durchschnitt, 20-tägig

Auswahl und Überprüfung

Trendlinien

Trendlinien sind keine Indikatoren, doch sie sind von sehr großer Bedeutung. Eine Analyse eines Investments oder Marktes wäre ohne sie nicht vollständig. Eine Trendlinie stellt eines der einfachsten Instrumente des gewaltigen Arsenals dar, das dem modernen technischen Experten zur Verfügung steht. Um eine Trendlinie zu erzeugen, brauchen Sie keinen Computer. Alles, was Sie brauchen, ist ein Füller oder Bleistift und ein Lineal. Sie verbinden die Tiefst- und parallel dazu die Höchstkurse (siehe Abbildung 4.7). Auf diese Weise erhalten Sie einen Trendkanal, der in drei Richtungen verlaufen kann: aufwärts, abwärts oder seitwärts.

Trendlinien sind zusammen mit gleitenden Durchschnitten sehr hilfreich. Ein gleitender Durchschnitt könnte beispielsweise von der Kurslinie penetriert werden, obwohl die Trendlinie immer noch stabil ist. Mit Hilfe dieses einfachen Verfahrens können Sie in einem Trend bleiben, wenn Sie ansonsten wegen des gleitenden Durchschnittes zu früh ausgestiegen wären.

Gleitende Durchschnitte und Trends haben etwas gemeinsam: den Winkel oder die Neigung. In den meisten Fällen wird ein Investment oder Markt immer wieder die gleichen Winkel anzeigen, mit nur ein paar Graden Unterschied. Mit der entsprechenden Software können Sie diese Winkel messen und sie zur Prognose der nächsten Steigungs- oder Neigungswinkel in einem Kurstrend benutzen.

Genau wie Unterstützung und Widerstand werden die Trendlinien umso dominanter, je länger sie existieren. Hat sich ein Trend einmal in Gang gesetzt, und wird er von willigen Käufern oder Verkäufern angetrieben, so folgen Sie ihm oder bleiben außen vor. Wie ein Geschoss, das abgefeuert wurde, wird er erst anhalten, wenn er auf einen resistenteren Bereich trifft; solange dies nicht der Fall ist, wird die Bewegung andauern, bis er an Geschwindigkeit verliert und schließlich zum Stillstand kommt.

Vernünftigerweise würde man es unter allen Umständen vermeiden, bei der Konfrontation mit einem rasanten Trend eine Gegenposition einzunehmen. Die alte Redewendung: „Der Trend ist dein Freund" stimmt, aber nur

Abbildung 4.7 Trendlinien

solange, bis er zum Stillstand kommt. Passiert dies, so sollten Sie es registrieren, denn wenn Sie sich auf der falschen Seite des Trends befinden, könnte Ihre Freundschaft ein jähes Ende nehmen. Das Zeichnen von Trendlinien und die Verwendung von Resistenz und Widerstandsstudien sollten den ersten Schritt Ihrer Technischen Analyse eines jeden Investments darstellen.

Abbildung 4.7 zeigt fallende und steigende Trendlinien, die zwei Trendkanäle bilden. Im Juli wurde der Kursaufwärtstrend für kurze Zeit unterbrochen. Beachten Sie, wie der Kurs zum steigenden Trendkanal zurückkehrt und höher steigt.

Bollinger Bands

Bollinger Bands ähneln in gewisser Hinsicht den gleitenden Durchschnitten, haben aber auch die Charakteristika der Trendlinien. Wie Sie bereits wissen, können gleitende Durchschnitte für den Höchst-, Tiefst-

oder Schlusskurs eines Marktes oder Investments ermittelt werden. Die Auswahl der Zeitperioden erfolgt auf der Basis Ihres Trading-Ziels und Zeitrahmens. Bollinger Bands werden dagegen auf der Basis der Unbeständigkeit des analysierten Investments entwickelt. Die Messung dieser Unbeständigkeit ist die Standardabweichung über und unter einem einfachen 20-tägigen gleitenden Durchschnitt. In den meisten Computer-Analyseprogrammen sind Bollinger Bands enthalten. So bedarf es zur Kalkulation der Bandbreiten nur eines Mausklicks oder Tastendrucks.

Auf der Basis des 20-tägigen einfachen gleitenden Durchschnitts werden zwei Linien gezeichnet, die das Zentrum des analysierten Investments darstellen. Ich empfehle Ihnen, den einfachen gleitenden Durchschnitt durch einen exponentiellen gleitenden Durchschnitt zu ersetzen. Die Bänder passen sich selbst der Unbeständigkeit an. So entwickelt sich ein Bereich, der sich mit den Kursbewegungen verändert. Eine höhere Unbeständigkeit wird zu einer Verbreiterung der Bänder führen. Vermindert sich im umgekehrten Falle die Unbeständigkeit, so verengen sich die Bänder. Diese Expansion und Kontraktion der Bänder lässt Vorhersagen zu.

Befindet sich die analysierte Aktie bei einer Expansion an oder im oberen Bereich des Bandes, so ist die Wahrscheinlichkeit einer Korrektur zur Mittellinie oder Basis des unteren Bandes hoch. An einem Band beginnende Bewegungen setzen sich häufig zur anderen Seite fort. Dies ermöglicht Ihnen eine gewisse Kursprognose in beide Richtungen. Bewegt sich der Kurs bei einer Expansion über das Band hinaus und verbleibt dort für zwei Tage, so ist eine Fortsetzung des Kurstrends wahrscheinlich. Seien Sie auf der Hut vor einer plötzlichen Umkehr, wenn die Bewegung parabolisch ist und mehr als 45 Prozent von der Basis des niedrigen Bands abweicht. Bei einer Kontraktion wird die Unbeständigkeit gesenkt und es findet eine Kurskonsolidierung statt. Eine Konsolidierung zieht oft einen Kursausbruch nach sich, aber die Richtung des Ausbruchs ist nicht sicher. Handeln Sie erst, wenn Sie die Richtung erkennen können.

Bollinger Bands können auch zur Identifikation des allgemeinen Trends über oder unter dem 20-tägigen exponentiellen gleitenden Durchschnitt verwendet werden. Die Nähe des Kurses zum oberen oder unteren Band ist

Abbildung 4.8 Bollinger Bands

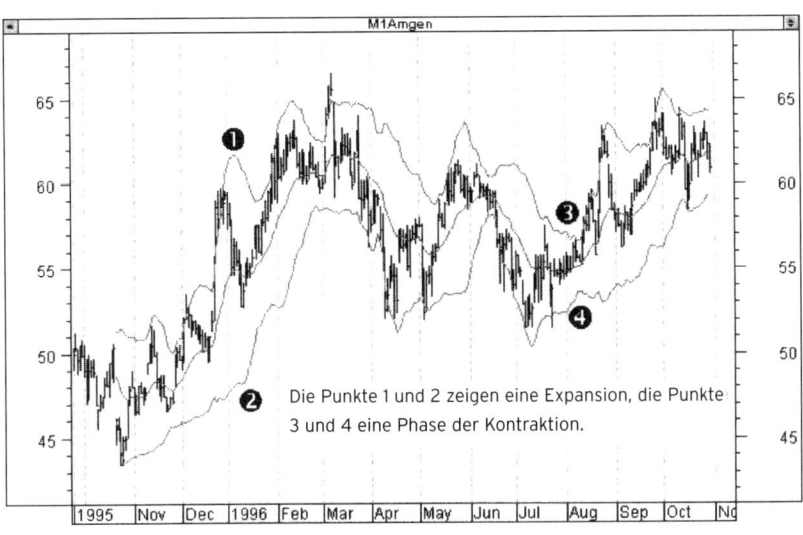

Die Punkte 1 und 2 zeigen eine Expansion, die Punkte 3 und 4 eine Phase der Kontraktion.

für die Einschätzung des wahrscheinlichen Ausmaßes der Auf- und Abwärtsbewegung und des Zeitpunktes des Beginns nützlich. Liegt der Kurs an der Spitze des Bandes, warten Sie bis eine Kursbewegung Ihre prognostizierte Kursrichtung bestätigt. Erteilen Sie keinen Kauf- oder Verkaufsauftrag, bis der Kurs Ihre geschätzte Richtungsbewegung bestätigt, und verwenden Sie bei der Entscheidungsfindung immer auch andere Indikatoren. Die Bollinger Bands wurden von John Bollinger, dem Präsidenten von Bollinger Capital Management, einer Investment-Gesellschaft mit Sitz in Kalifornien, erfunden.

Die Abbildungen 4.8 und 4.9 zeigen Bollinger Bands in Aktion. Beachten Sie die Expansions- und Kontraktionsphasen der Bänder sowie die Art und Weise, wie ein Kurs, wenn er einmal ein Band erreicht hat, dazu neigt, das andere Band zu suchen. Bevor Sie Bollinger Bands verwenden, überprüfen Sie sie erneut auf die Zuverlässigkeit ihrer Aussagekraft für die Zukunft.

Abbildung 4.9 Bollinger Bands

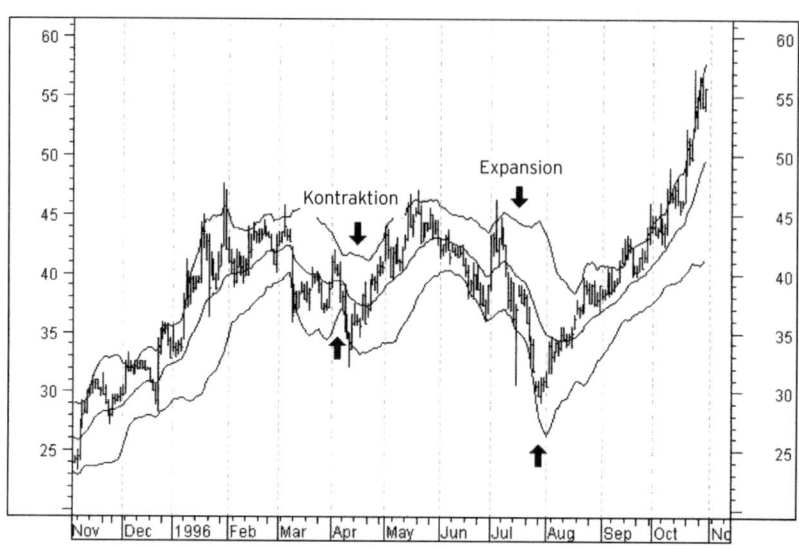

Gleitender Durchschnitt Konvergenz/Divergenz (MACD)

Der MACD ist ein Indikator in Form eines gleitenden Durchschnittes, der den Unterschied zwischen einem 26-tägigen und einem 12-tägigen exponentiellen gleitenden Durchschnitt zeigt. Ein 9-tägiger exponentieller gleitender Durchschnitt, die so genannte Auslösungslinie, wird an der Spitze des MACD eingezeichnet. Diese Auslösungslinie weist auf Kauf- und Verkaufspunkte hin. Ein Kauf wird angezeigt, wenn der MACD über die Auslösungslinie steigt, und ein Verkauf, wenn der MACD unter die Auslösungslinie fällt. Da es sich beim MACD um einen Trendindikator handelt, ist er bei Märkten mit einer Neigung der Trendlinie von 35∞ bis 45∞ von größter Aussagekraft.

Findet bei einem Markt oder einem Investment eine parabolische Bewegung statt, so tendieren sowohl der MACD als auch RSI zur Abgabe zu früher Signale. Die rapide Kursbewegung geht oftmals mit einer Verzerrung des Indikators einher (siehe Abbildungen 4.10 und 4.11).
Sie können den MACD als Überkauft-/Überverkauft-Indikator verwenden.

Steigt er über die Null-Linie, so befindet er sich im Aufwärtstrend; fällt er unter die Null-Linie, befindet er sich im Abwärtstrend. Das Ausmaß des Überkauft/Überverkauft variiert von Aktie zu Aktie. Sie werden für die Aufzeichnung des MACD einer Aktie mindestens die Daten eines Jahres verwenden müssen, um ein Gefühl dafür zu bekommen, wie sich der Indikator in überkauften/überverkauften Ebenen verhält.

Unter einer Divergenz versteht man eine Situation, in der sich ein Indikator und der Kurs einer Aktie in verschiedene Richtungen bewegen. Erreicht der MACD beispielsweise neue Tiefstwerte, doch der Kurs der Aktie erreicht keine neuen Tiefstkurse, so liegt eine bearishe Divergenz vor. Erreicht der MACD umgekehrt neue Höchstwerte, der Kurs der Aktie jedoch keine neuen Höchstkurse, so handelt es sich um eine bullishe Divergenz. Diese erreicht einen beträchtlichen Wert, sofern sie an Extrempunkten – einer Überkauft-/Überverkauft-Ebene – eintritt.

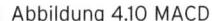

Abbildung 4.10 MACD

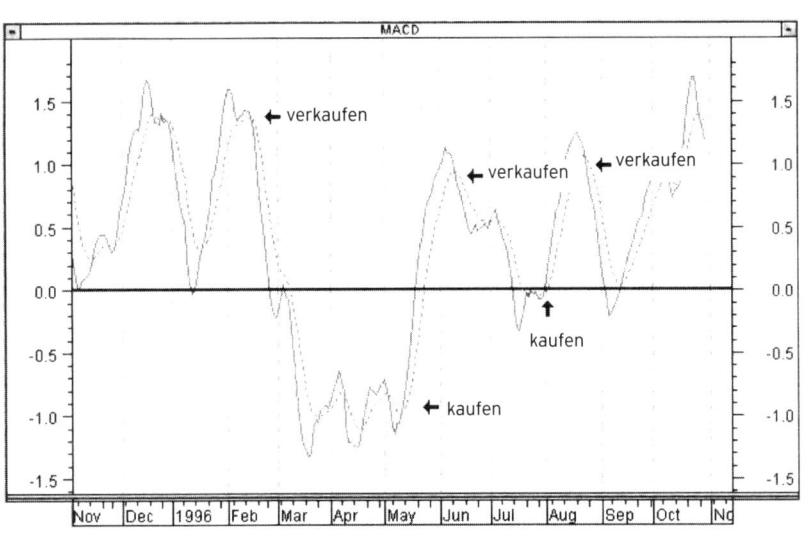

Abbildung 4.11 MACD

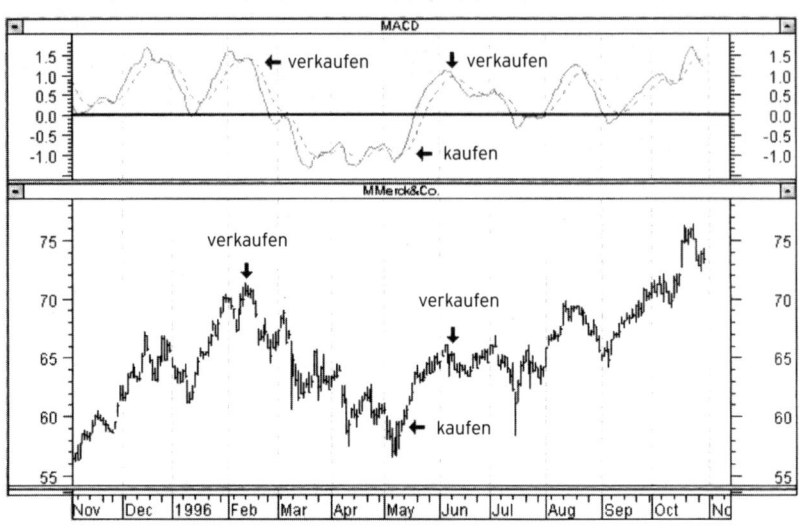

Der Relative-Stärke-Index (RSI)

Unter dem RSI versteht man einem kursfolgenden Oszillator. Auch der RSI ist ein Trendindikator. Wie bei allen anderen Oszillatoren gibt es auch hier einen bestimmten Bereich, der normalerweise verwendet wird. Im Falle des RSI sind die häufigsten Zeiträume 9 und 14 Tage. Wie im Falle des MACD ist es am besten, wenn Sie den RSI für die Aktie, die Sie traden wollen, über verschiedene Zeiträume testen. Dabei könnten Sie möglicherweise einen Zeitraum finden, der besser funktioniert als die Standard-Zeiträume. Sie werden auch sehen, in welchem Verhältnis der RSI zu diesem speziellen Investment steht. Alle Investments haben unterschiedliche Chart- und Indikator-Charakteristika. Lernen Sie diese kennen, bevor Sie mit dem Traden beginnen, und beachten Sie, wie sie bei unterschiedlichen Marktbedingungen wirken.

Der RSI kann ein sehr nützlicher Indikator sein. So wie für den MACD, gibt es auch für den RSI verschiedene Verwendungsmöglichkeiten. So kann der RSI beispielsweise als Überkauft-/Überverkauft-Indikator eines

Abbildung 4.12 RSI

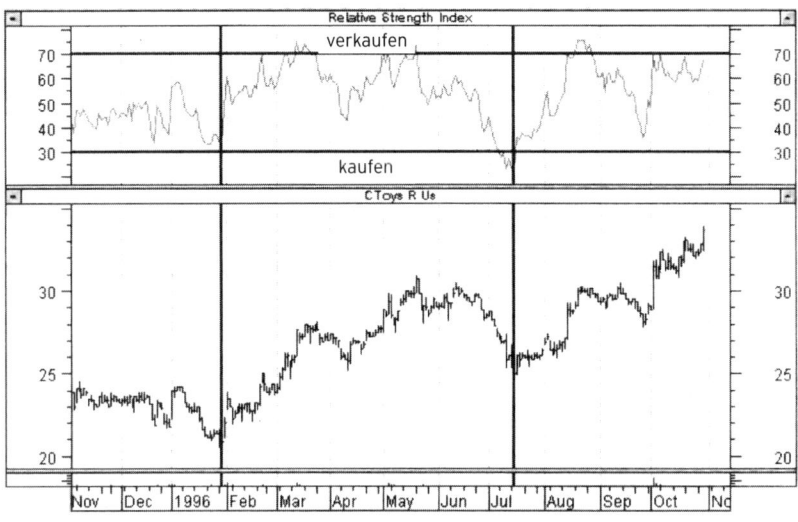

Trends verwendet werden. Der RSI wird typischerweise bei 70 in eine Überkauft-Situation gehen, was die Spitze darstellen könnte, und bei 30 oder niedriger die Basis erreichen. Sie können Trendlinien einzeichnen und Chartmuster bestimmen, die im Chart möglicherweise nicht zu finden sind. Der RSI verfügt außerdem oftmals über die unglaubliche Fähigkeit, Unterstützungs- und Widerstandsbereiche besser zu finden und sichtbar zu machen als ein Balkenchart (siehe Abbildungen 4.12 und 4.13).

Der TRIX-Momentum-Indikator

Der TRIX-Indikator glättet zackige Kursbewegungen und stellt den Trend dar, in dem Sie sich derzeitig befinden sollten. Dies wird durch einen dreifach geglätteten exponentiellen gleitenden Durchschnitt des Schlusskurses einer Aktie erzielt. Er ist ein ausgezeichneter Indikator zur Bestätigung der Trendrichtung des Kurses. Sie spezifizieren den Trend, den Sie identifizieren wollen, – zum Beispiel 12-, 26- oder 39-tägig – und eliminieren somit alle anderen Zyklen und Trends.

Abbildung 4.13 RSI

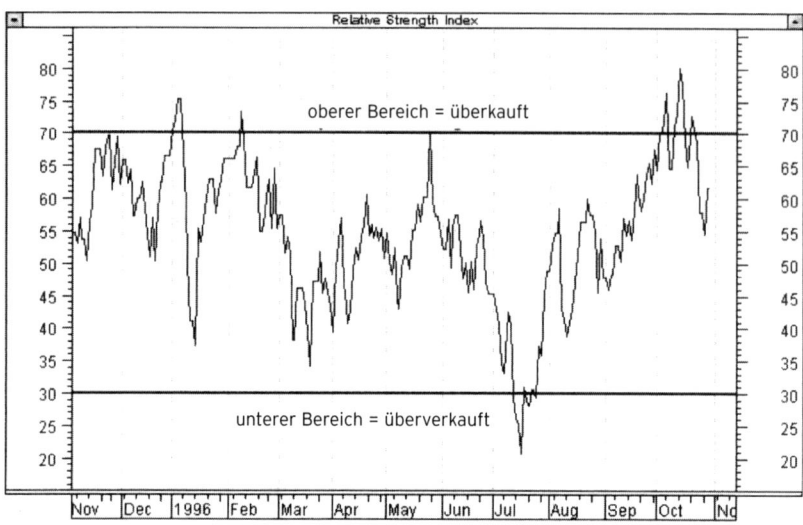

Manche Investoren und Trader verwenden den TRIX als Indikator für ihre Trades. Sobald der Kurs eine Trendänderung in die Richtung erfährt, in die sich Ihrer Ansicht nach das Momentum bewegt, steigen Sie ein. Ich empfehle, den TRIX als bestätigenden Trendindikator zu verwenden. Die Spitzen und Böden können mit dem RSI und früheren Unterstützung- und Widerstandslinien überprüft werden.

Dies gibt Ihnen eine gute Vorstellung von der Kursprojektion und der Trendrichtung. Werden der TRIX und anderer Indikatoren zur Trendbestätigung und zur Anzeige von Kauf- und Verkaufspunkten benutzt, ist die Wahrscheinlichkeit eines Erfolgs größer. Abbildung 4.14 zeigt ein Beispiel eines TRIX-Indikators.

Abbildung 4.14 TRIX

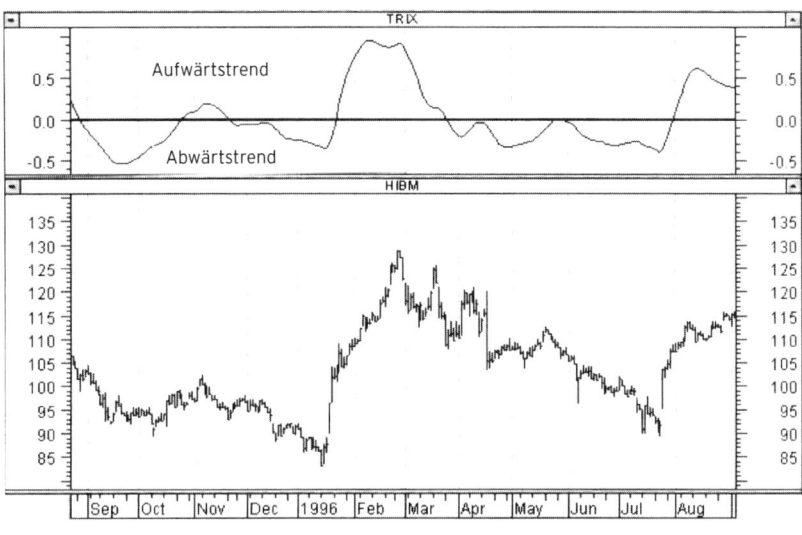

Die Kursänderungsrate

Die Kursänderungsrate ist ein Momentum-Oszillator, der die Differenz zwischen dem gegenwärtigen Kurs und einem Kurs, der x-Zeitperioden zurückliegt, misst (siehe Abbildung 4.15). Dieser Indikator kann in Punkten oder in Prozent angegeben werden. Er ist äußerst nützlich, wenn Sie erfahren wollen, wie hoch das interne Kursmomentum einer Gruppe von Aktien ist. Die Aktie mit der größten Veränderung der Kursänderungsrate zeigt eine erhöhte Kauf- oder Verkaufsaktivität an. Sie verfügen zum Beispiel über eine Liste von 20 Aktien und wollen wissen, welche ein 10-prozentiges Kurswachstum und ein 30-prozentiges Umsatzwachstum über einen Zeitraum von x-Tagen erfährt.

Der Änderungsraten-Indikator liefert Ihnen die Antwort auf beide Fragen. Für eine Antwort zum Umsatzvolumen brauchen Sie lediglich die Umsatz- und Kursänderungsrate.

Abbildung 4.15 Kursänderungsrate

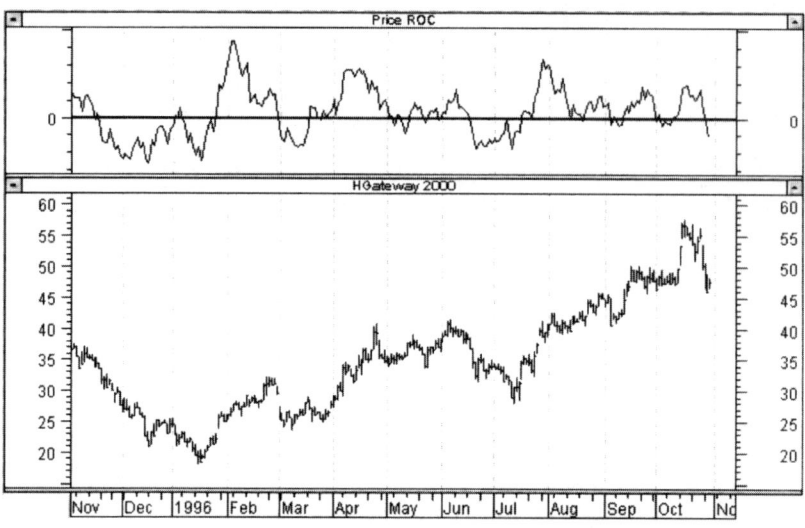

Da es sich bei dem Änderungsraten-Indikator um einen Oszillator handelt, wird er die Überkauft-/Überverkauft-Bereiche eines jeden Investments anzeigen, auf das er angewendet wird. Ich schlage wie auch für die anderen Indikatoren vor, ihn für einen Zeitraum von zwei Jahren festzustellen. Auf diese Weise werden Sie ein Gefühl dafür entwickeln, wie die Indikatorwerte sein werden. Oszillatoren sind bei Konsolidierungsmustern, die starke Unterstützungs- und Widerstandsbereiche aufweisen, von starker Aussagekraft. Sie können diese historischen Ebenen zur Bestätigung verwenden.

Bei extremen Überkauft- oder Überverkauft-Ebenen bleibt er tatsächlich für einige Zeit in diesen Situationen. Er könnte aber auch eine Zeit lang der Trendrichtung folgen. Reagieren Sie nicht allein schon deshalb, weil der Indikator überkauft oder überverkauft anzeigt; warten Sie, bis der Kurs eine Richtungsänderung bestätigt.

Williams' % R

Williams' % R ist ein Momentum-Oszillator, der kurzfristige Überkauft-/ Überverkauft-Situationen misst (siehe Abbildung 4.16). Der Indikator schwankt innerhalb eines Bereiches von 0 bis –100. Ein Bereich von –80 bis –100 zeigt eine überverkaufte Situation an und 0 bis –20 eine überkaufte. Wie beim RSI gibt es Referenzpunkte für überkaufte und überverkaufte Situationen. Williams' % R verwendet –10 und –90 Prozent, um starke Überkauft- und Überverkauft-Bereiche anzuzeigen. Kurzfristig kann der Williams' % R einen Trend bestätigen und Sie vor möglichen Kursrichtungsänderungen warnen. Bedenken Sie stets, dass Oszillatoren für einige Zeit in Überkauft- und Überverkauft-Situationen ausharren können, bevor sich der Kurs letztendlich ändert. Warten Sie aus diesem Grund, bis der Kurs selbst die Richtungsänderung bestätigt.

Der vom bekannten Warenterminhändler Larry Williams entwickelte Williams' % R kennzeichnet kurzfristige Bewegungen in Märkten oder Investments. Außerdem kann man dieses Instrument sehr gut zur Bestäti-

Abbildung 4.16 Williams' % R

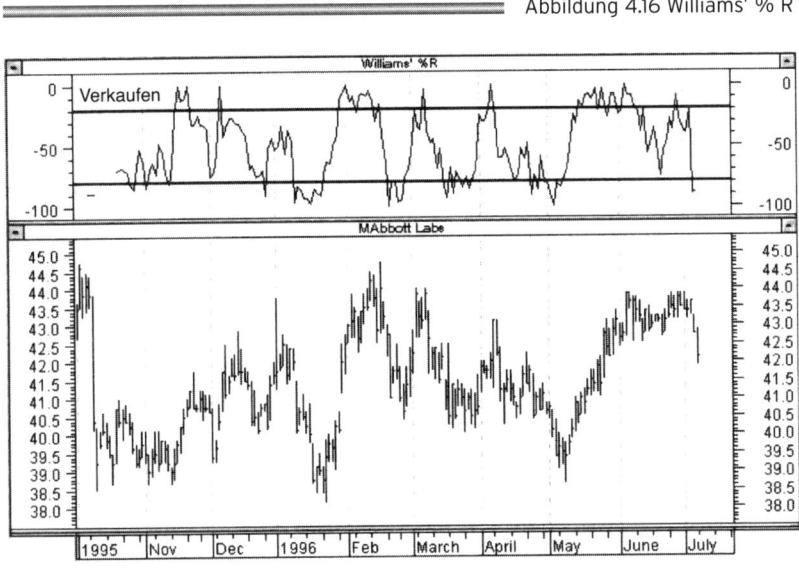

gung eines kurzfristigen Kurstrends beim Einstieg in einen Trade benutzen. Achten Sie auf extreme Indikatoranzeigen, insbesondere im Überverkauft-Bereich. Oft werden Sie feststellen, dass damit exzellente Kaufgelegenheiten einhergehen. Warten Sie vor Ihrer Kaufentscheidung auf eine Umkehr an diesen Extrempunkten und das damit verbundene Aufwärtsmomentum sowie auf die Bestätigung einer Kursbewegung. Bei Konsolidierungsbewegungen oder langsam tendierenden Märkten sollten Sie mit dem Williams' % R bessere Ergebnisse erzielen.

Umsatzvolumen

Wenn das Umsatzvolumen spricht, hört der Markt zu. Das stimmt, denn das Umsatzvolumen zeigt das Engagement aller Marktteilnehmer gegenüber einer Aktie oder dem Gesamtmarkt in einer bestimmten Minute, Stunde, einem Tag oder einer Woche. Geringer Umsatz ist ein Zeichen für Unsicherheit und entspricht oft Marktböden oder Konsolidierungsmustern. Große Volumina finden Sie oft an Markthochs, an Böden oder am Anfang eines Trends.

Die Umsatzanalyse kann man mit der körperlichen Untersuchung eines Patienten vergleichen. Der Umsatz kann ausdrücken, ob ein starker, gesunder Trend vorherrscht oder ob es erste Anzeichen für Schwäche gibt. Zeigt der Chart eine Kurskonsolidierung an, so ist dies manchmal ein Anzeichen für spekulative Aufkäufe einer Aktie während einer Baissephase.

Der 10-tägige variable gleitende Umsatzdurchschnitt. Aufgrund der vorangegangenen Informationen über gleitende Durchschnitte werden Sie sicherlich noch wissen, dass es sich bei einem variablen gleitenden Durchschnitt um einen exponentiellen gleitenden Durchschnitt handelt, der sensitiv ist und sich selbst an die Daten anpasst. Wegen des fließenden Prozentsatzes, der auf Schwankungen beruht, reagiert er sehr sensibel auf eine Änderung der Daten, die er misst. Wenn Sie einen 10-tägigen variablen gleitenden Durchschnitt verwenden, können Sie Umsatztrendänderungen beobachten, die in der Umsatzanzeige eines Histogramms vermutlich nicht sichtbar werden. Sie werden wahrscheinlich die vom gleitenden

Abbildung 4.17 10-tägiger variabler gleitender Durchschnitt

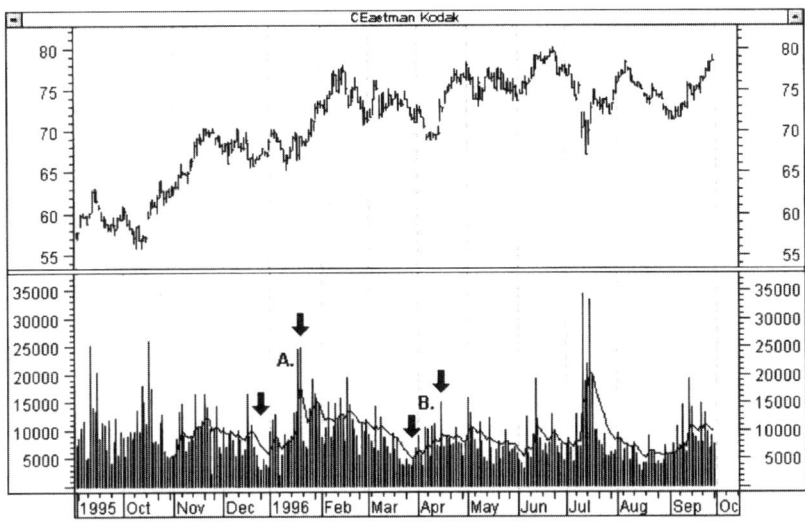

Durchschnitt verdeutlichten Volumenänderungen erkennen, die Ihnen Hinweise auf die künftige kurzfristige Trendrichtung geben.

Die Verwendung eines 10-tägigen variablen gleitenden Durchschnitts ist eine ausgezeichnete Möglichkeit zur Beobachtung des Gesamttrends. Sie beobachten den neuesten Umsatztrend, der mit seinem Kursverlauf verglichen werden kann. Bei einigen Analyseprogrammen können Sie das Volumenhistogramm löschen und es bleibt nur der Bewegungsdurchschnitt. Ich empfehle Ihnen, das Histogramm zu behalten, denn die beiden Methoden der Volumendarstellung wirken bei der Feststellung von Änderungen komplementär. Im Histogramm ist jede Zeitperiode durch einen Balken dargestellt, der die Umsatzstärke oder -schwäche an diesem Tag, in dieser Woche oder diesem Monat aufzeigt. Oftmals wird der variable gleitende Durchschnitt einen Aufwärts- oder Abwärtstrend andeuten, bevor dieser im Histogramm ersichtlich wird. Wenn Sie sowohl den gleitenden Durchschnitt als auch das Histogramm verwenden, können Sie die mögliche Bewegungsstärke und -richtung besser einschätzen. Betrachten Sie in den Abbildungen 4.17 und 4.18 die Beispiele für 10-tägige variable gleitende Durchschnitte.

Abbildung 4.18 10-tägiger variabler gleitender Durchschnitt

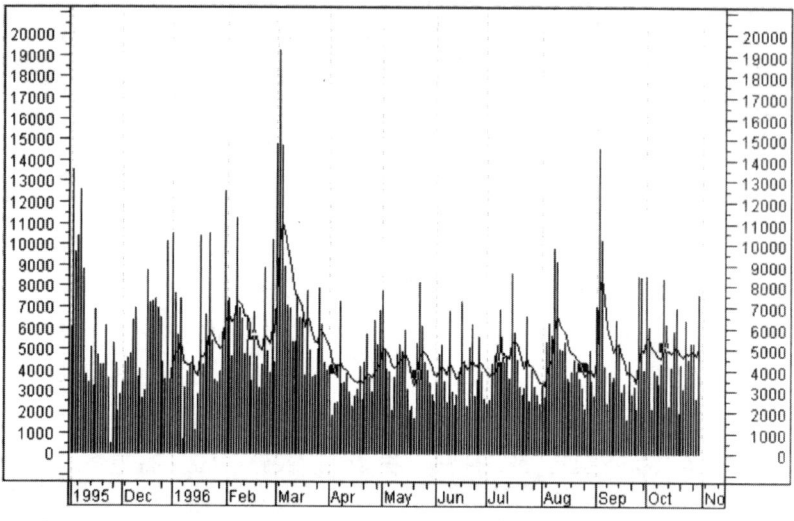

Umsatzänderungsrate. Die Änderungsrate entspricht der Bewegungsgeschwindigkeit. Schnelle Umsatzänderungen finden normalerweise an wichtigen Punkten einer Kursbewegung statt, am offensichtlichsten bei Kursausbrüchen, an Spitzen, Böden in Charts sowie steigenden Kopf- und Schulter-Formationen, bei denen die rechte Seite der Formation von fortgesetzt steigendem Volumen begleitet sein sollte (siehe Abbildung 4.19).

Die Änderungsrate als Indikator sehr nützlich sein. Achten Sie auf die Umsatzänderungsrate an der Spitze steigender und fallender Dreiecke und bei Doppelspitzen-Formationen, wenn sich der Kurs zu weit und zu schnell von der letzten Kurskonsolidierung entfernt hat. Halten Sie Ausschau nach Extremwerten dieses Indikators, und beobachten Sie den durchschnittlichen Umsatz über wenigstens ein Jahr. Dies wird Ihnen die Identifikation signifikanter Umsatzveränderungen erleichtern.

Wie bei den Kursindikatoren sollten Sie die Umsatzindikatoren kombinieren, um ein klares Bild der Umsatzaktivität eines bestimmten Marktes oder Investments zu erhalten. Zur Überprüfung der verschiedenen Umsatztrends empfehle ich einen Zeitraum von 12, 26 und 39 Tagen.

Abbildung 4.19 Änderungsrate des Umsatzvolumens

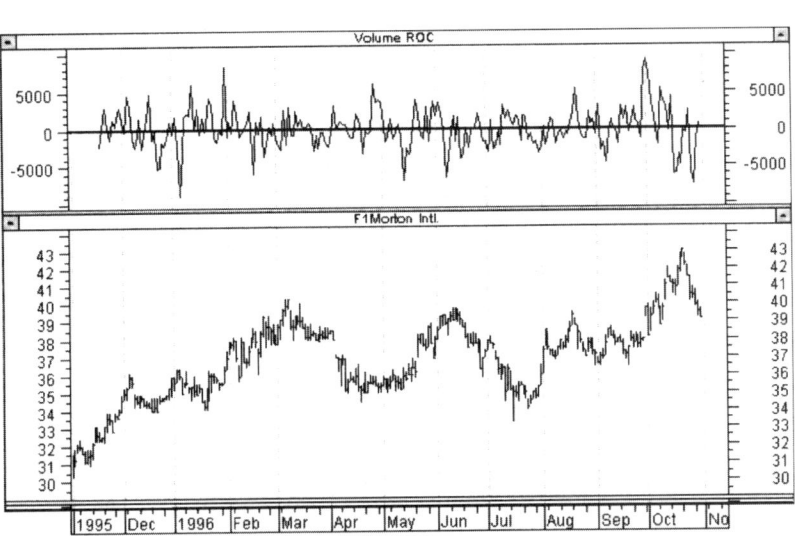

Abbildung 4.19 Änderungsrate des Umsatzvolumens

Der Geldfluss-Index

Der Geldfluss-Index ermöglicht es Ihnen, das in und aus einem Investment fließende Kauf- und Verkaufsvolumen zu bestimmen. Er kann Ihnen wichtige Umsatzbewegungen aufzeigen. Spitzen werden typischerweise bei einem Geldfluss die Marke 80 oder höher erreichen. Tiefpunkte werden erreicht, wenn der Geldfluss einen Wert von 20 oder niedriger annimmt. Ein weiterer wichtiger Indikator aus der Beobachtung des Geldflusses ist die Ebene zwischen 50 bis 55. In den meisten Fällen handelt es sich hierbei um eine Kurskonsolidierungsebene, die ein Aufwärtsmomentum hinauszögert. Achten Sie darauf, welche Richtung der Kurs von dieser Ebene aus einschlägt. Die Richtungsänderung kann aus anderen Indikatoren, Chartmustern sowie Unterstützungs- und Widerstandsebenen abgeleitet werden.

Divergenzen sind eine weitere Möglichkeit, den Geldfluss zur Vorhersage der Kursbewegung einzusetzen. Steigt zum Beispiel der Kurs, während der Geldfluss nachlässt, so könnte es zu einer Trendumkehr kommen. Dies kann auch umgekehrt funktionieren, das heißt, der Geldstrom nimmt zu und der Kurs sinkt. Benutzen Sie auch andere Indikatoren, um die genaue Richtung zu ermitteln, wenn Sie eine Divergenz bemerken.

Betrachten Sie die Abbildung 4.20. Zwischen Punkt 1 und Punkt 2 zeigt der Geldfluss einen Verkauf an. Der Höchst-/Tiefstkurs-Chart weist keine Richtungsänderung auf. Der Geldfluss signalisierte, dass eine Richtungsänderung wahrscheinlich sei. Während sich der Kurs zwischen Punkt 2 und 3 konsolidierte, nahm der Geldfluss zu. Die Punkte 3 und 4 zeigen eine Kaufaktivität an, gefolgt von Verkäufen nach Punkt 4.

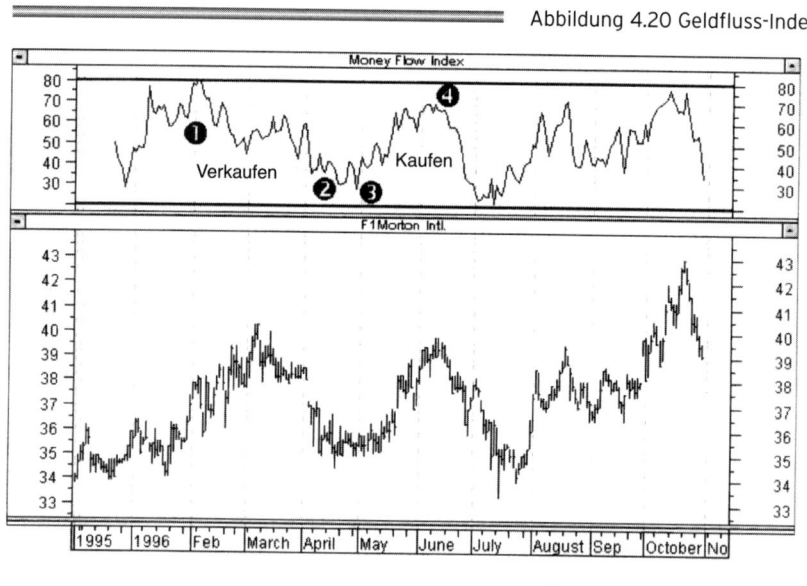

Abbildung 4.20 Geldfluss-Index

ZYKLEN

Das erste Mal als ich jemanden sagen hörte, er wolle an die Börse gehen, da es Zeit für einen Aufwärtszyklus sei, musste ich lachen. Diese Vorstellung fand ich einfach lächerlich. Einen Monat später setzte dieser Trend, so wie die Person es vorausgesagt hatte, ein. Ich konnte dies weder technisch noch fundamental begründen. Wie konnte diese Person das wissen und welche

Methode wurde zur Vorhersage verwendet? Offensichtlich benahm ich mich einer Sache gegenüber völlig ignorant, weil ich sie nicht begreifen konnte; ich musste mich mit diesem Thema auseinander setzen, anstatt so engstirnig zu sein, es als Nonsens abzutun.

Wenn ich mich nun daran erinnere, kann ich nicht mehr verstehen, wie ich die Zyklen, die sich um mich herum befanden, nicht bemerken konnte. Haben Sie Zyklen und ihre Funktionsweise erst einmal verstanden, können Sie mit ihnen zu einem gewissen Maß sinnvolle Vorhersagen treffen. Wenn man Zyklen betrachtet, sollte man mit biologischen Zyklen beginnen, die alles Leben auf diesem Planeten begründen. Lege ich Statistiken zugrunde, so kann ich annehmen, dass Sie jede Nacht zu einer bestimmten Uhrzeit zu Bett gehen. Dies funktioniert, weil Sie sich in einem 24-stündigen biologischen Zyklus befinden. Etwa alle 12 bis 13 Stunden verlangt Ihr Körper nach Schlaf. Während Sie schlafen, ist Ihre innere Uhr auf den Zeitabschnitt gerichtet, mit dem Ihr Tageszyklus beginnt. Muss dieser Zyklus begonnen werden, so wachen Sie auf. Viele von uns haben schon einmal die Erfahrung gemacht, dass sie Minuten vor dem Klingeln des Weckers aufwachen; manchmal brauchen wir gar keinen Wecker – wir wachen genau zur richtigen Zeit auf.

Zwischen Zeit und Zyklus besteht eine Wechselbeziehung. Ein Zyklus ist der Abstand eines Zeitpunktes zu einem anderen Zeitpunkt. Der Definitionsfaktor bei der Messung von Zyklen ist die Zeitdauer. Biologische Zyklen können auf Mikroebene oder über viele Lebenszeiten hinweg gemessen werden. Das gilt auch für die Analyse von Märkten oder einzelner Aktien.

Periodizität

Schauen Sie sich eine Kursbewegung über eine Zeitspanne an, suchen Sie nach gewissen, sich wiederholenden voraussagbaren Bewegungsmustern. Durch eine Analyse dieser Muster werden Sie die Frequenz, in der diese Wiederholungen vorkommen, aufdecken. Bestimmte Kurstiefstpunkte mögen alle drei Monate vorkommen und größere Bären-Märkte könnten ihren Tiefstand alle neun Jahre erreichen. Mit Ihrer Analyse wollen Sie ein

Periodizitätsmuster verifizieren. Die Periodizität saisonal bedingter Änderungen wirkt auf die Kursbewegung von Aktien und Waren.

Als Trader oder aggressiver Investor sollten Sie an einer sich wiederholenden Kursbewegung interessiert sein. Wenn Sie Zyklen kennen, kann Ihnen dies die Vorausbestimmung der zukünftigen Höchst- und Tiefstkurse oder selbst der Verlässlichkeit eines Chartmusters erleichtern. Wenn Sie Zyklusanalyse und technische Kursmuster kombinieren, sind Sie gegenüber klassischen Chartisten im Vorteil.

Trading und Investitions-Zyklen

Tabelle 4.1 zeigt Ihnen eine Auflistung von Zyklen, die jeder Trader und aggressive Investor beachten sollte. Bedenken Sie, dass sich Zyklen von Zeit zu Zeit ändern. Die in Tabelle 4.1 aufgelisteten Zyklen sind dominant. Bestimmen Sie den Zyklus des individuellen Investments, das sie traden. Sicherlich kennen Sie das Bild einer Sinuswelle. Eine Sinuswelle ist eine Serie von steigenden und fallenden Kurven. Die Bezeichnung Welle verschafft uns in der Tat ein gutes Bild eines Zyklus. Ein Wellenmuster ist ein einzelner Zyklus, während eine Reihe aufeinander folgender Wellen längere Zyklen darstellt. Jeder Mensch mit Erfahrung in der Seefahrt weiß, dass Wellen in Folgen auftreten. Diese Folgen repräsentieren einzelne Zyklen innerhalb des Wellenverlaufes und differieren von anderen Wellen in Größe und Distanz. Polynesische Segler navigieren, indem sie die Wellencharakteristika beobachten. Sie wissen, selbst Hunderte von Meilen entfernt, ob eine Welle an Land geschlagen hat, und verwenden diese Information, um dieses Land anzusteuern. Dies ist eine dokumentierte Tatsache.

Tabelle 4.1 Größere Aktienzyklen: Komponenten und Messung

Jahre	Monate	Wochen
4,5	6,0	18,0
3,0	3,0	6,5
1,0	1,5	3,5

Wenn polynesische Segler ihre aus der Wellenanalyse bezogenen Kenntnisse einsetzen können, um eine Insel mitten im Pazifik anzusteuern, sollten Sie in der Lage sein, Zyklen zu verwenden, um im Markt ein gutes Geschäft ausfindig zu machen. Hierfür müssen Sie zunächst die Komponenten eines Zyklus bestimmen und sich dann darüber klar werden, wie Sie die Frequenz dieses Zyklus messen wollen. Haben Sie dieses erreicht, müssen Sie Ihr Wissen anwenden.

Die Komponenten eines Zyklus basieren auf einer x- und einer y-Achse. Die Basis (X) des Zyklus misst dessen Zeitdauer. Sie kann durch das Messen der Distanz (d. h. Zeitspanne) an der Basis des Zyklus abgeleitet werden. Das Messergebnis ist die Zeit des individuellen Zyklus. Die Höhe des Zyklus (Y) wird von der Spitze der Welle bis zur Basis gemessen. Diese Messung nennt man Amplitude (A) und sie zeigt die Dauer an. Je höher die Amplitude eines Marktes oder eines Wertpapiers ist, desto länger ist gewöhnlich auch seine Dauer. In Abbildung 4.21 sehen Sie ein Beispiel für einen Zyklus.

Die Verwendung von Zyklen im Trading

Wie schon zuvor erwähnt, variieren Zyklen von Märkten und Wertpapieren. Wählen Sie eine Aktie oder Ware aus, die Sie traden möchten. Führen Sie unter Verwendung der Abbildung 4.21 eine einfache Zyklusanalyse des ausgewählten Papiers durch.

Betrachten Sie einen Jahreschart. Identifizieren Sie größere Kurstiefststände (Böden). Haben Sie dies erledigt, nehmen Sie eine Messung der Zeitdauer in Monaten oder Wochen vor. Der als Boden gekennzeichnete Bereich der Grafik ist das Messungsziel. Es wird innerhalb eines Jahres mehrere größere Kurstiefststände geben. Es sollte deutlich geworden sein, dass die Zyklusbestimmung für ein Timing von Ein- und Ausstieg nützlich sein kann.

Zykluskalkulation. Beim ersten Anblick der Abbildung 4.21 könnten Sie vermutet haben, dass es sich um einen Unterstützungs- und Widerstands-Chart handelt. Bei Ihrer Messung von Zyklen messen Sie Zeit und Distanz bei horizontal verlaufenden Tiefst- und Höchstkursen. Die Zykluskalkulation liefert Ihnen Informationen, die sich von Unterstützung und Wider-

Abbildung 4.1 Zyklenkomponenten

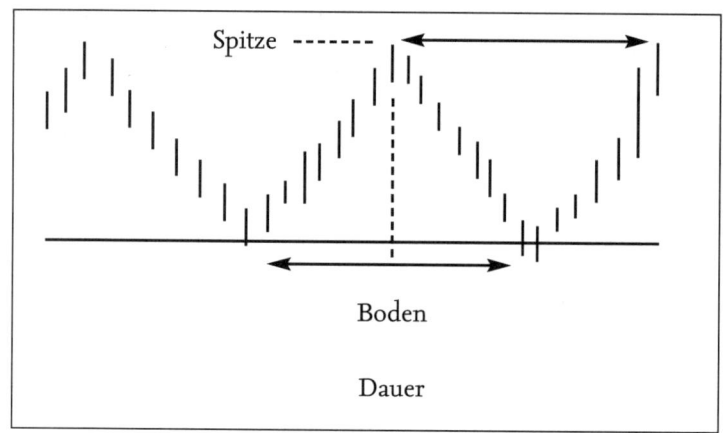

stand, die die vertikale Kursbewegung und Trading-Psychologie messen, völlig unterscheiden. Die grundlegende Zykluskalkulation ist sehr einfach. Gehen Sie in folgenden Schritten vor:

1. Addieren Sie alle größeren Tiefstkurse (Böden) innerhalb des ausgewählten Zeitrahmens; zum Beispiel ein Jahr. Sie erkennen fünf größere Böden.

2. Bestimmen Sie nun, wie viele Wochen oder Monate es in dieser 1-Jahres-Periode in den Böden gibt. Zur Verdeutlichung gehen wir davon aus, dass Sie 15 in der ersten, 18, 26, 25 und 21 in den nächsten finden. Addieren Sie nun alle Wochen, und bilden Sie den Durchschnitt dieser Gesamtzahl, indem Sie sie durch die Anzahl der Tiefstkurse (fünf) dividieren. Sie haben nun den Zyklus ermittelt.
    a) Fünf Tiefstkurse im Jahr bei insgesamt 105 Wochen.
    b) 105 Wochen dividiert durch 5 Tiefstkurse = 21 Wochen
       = 5 Monate und 1 Woche

3. Zum Ausgleich eines Abweichungsfehlers (plus/minus) müssen Sie einen Prozentsatz addieren. Verwenden Sie einen Prozentsatz von 12 Prozent. Dauert der Zyklus sechs Monate an, verwenden Sie immer Wochen.

a) Abweichung 12 %

b) 21-Wochen-Zyklus   12 % x 21 = 2,5 Wochen

c) Ihre Abweichung beträgt plus oder minus 2,5 Wochen

4. Bei der Bestimmung des Zyklus ist es wichtig, zu wissen, ob sich das Investment im Trend oder in einer Konsolidierungsphase befindet. Befindet es sich im Trend, müssen Sie zu Ihrem Zyklusergebnis 1,5 addieren. Befindet es sich in einer Konsolidierung, müssen Sie 1,5 subtrahieren. Setzt ein starker Trend ein, so ist das Resultat eine Verzerrung der Zyklusergebnisse und eine Anpassung ist erforderlich. Hier ist das endgültige Ergebnis der Zykluskalkulation.

21 Wochen + Abweichung von 2,5 = 23,5

21 Wochen - Abweichung von 2,5 = 18,5 Wochen

23,5 Wochen + Trendverzerrung von 1,5 = 25 Wochen

18,5 Wochen - Trendverzerrung von 1,5 = 17 Wochen

Trading:
Ein Portfolio-Ansatz

Einige Trader fangen schon bei der bloßen Erwähnung des Wortes Portfolio höhnisch zu grinsen an. In diesen Tradern ruft ein Portfolio das Bild Hunderter Wertpapiere hervor, und diese Art der Diversifizierung zerstört ihr Ziel. Die meisten Trader sind daran interessiert, die höchste Kapitalverzinsung in kürzester Zeit zu erzielen. Dies trifft auch auf aggressive Investoren zu. Keiner möchte, dass sein Kapital für lange Zeit brachliegt. Eine Ausnahme stellte eine Situation dar, in der sich die Märkte unter einem extremen Druck befinden: Die beste Vorgehensweise wäre hier, in der Sicherheit von Geldmarktkonten eine Verbesserung abzuwarten.

Die meisten Trader betrachten den Risikofaktor nicht ganzheitlich, sondern auf der Basis jedes einzelnen Trades. Jedes Wertpapier (Aktie) hat seine eigenen individuellen Risiko-Charakteristika. Erinnern Sie sich an unsere Diskussion über Risikomanagement, in der wir herausstellten, dass es acht verschiedene Risikofaktoren gibt, die Sie vor Aufnahme eines Trades bestimmen sollten. Risiko ist quantifizierbar und zu einem gewissen Grad kontrollierbar. Das Schlüsselwort ist natürlich, kontrollierbar. Wie kann man Risiko auf einfache Weise kontrollieren, so dass ein hohes Maß an Flexibilität bestehen bleibt. Die Antwort hierauf lautet: Diversifizierung.

Ein taktisch diversifiziertes Portfolio aus zum Traden bestimmten Wertpapieren stellt eine Möglichkeit dar, das dem Trading inhärente Risiko zu kontrollieren. Obwohl eine vollkommene Eliminierung nicht möglich ist, kann das Risiko durch die Kombination verschiedener Wertpapiere drastisch reduziert werden. Ein solches Portfolio würde die von Tradern und aggressiven Investoren ersehnte Gewinnquote nicht beeinträchtigen. Es würde dem Einzelnen die Flexibilität verschaffen, die für jedes Wertpapier nötig ist, und könnte auf die individuellen Bedürfnisse des Einzelnen zugeschnitten werden.

ENHANCED TACTICAL ALLOCATION PORTFOLIO STRATEGIES (ETAPS)

Portfolios, die durch eine strategisch verbesserte taktische Portfolio-Verteilung (ETAPS) entstehen, bringen Sicherheit und höhere Ertragsraten durch Diversifizierung, Investment-Auswahl und Timing. Dieses Portfolio wird schneller Gewinne erzielen als die klassischen Portfolio-Modelle der Vergangenheit. Die älteren Modelle verwendeten zum größten Teil Strategien des Kaufens und Haltens mit unregelmäßigem Austausch der Vermögenswerte. Das beste Beispiel hierfür ist das so genannte ausgeglichene Portfolio. Die dahinter stehende Philosophie ist einfach: Haben Sie in sieben verschiedenen Bereichen ausreichend investiert, dann wird irgendein Papier sicherlich im Wert steigen. Fallen die Papiere, dann erleidet Ihr Portfolio bei einer breiten Diversifizierung keinen so massiven Verlust. Während diese Strategie für manche geeignet sein mag, so funktioniert sie bei Tradern oder aggressiven Investoren einfach nicht.

Bei einem ETAPS-Portfolio handelt es sich um eine Kombination zweier Portfolio-Strategien. Bei beiden Strategien setzt sich das Portfolio aus Wertpapieren mit hoher Erfolgswahrscheinlichkeit zusammen. Eine Sektion ist mit einer längeren Periode des Haltens konservativ. Die Zeit des Haltens könnte, abhängig von Ihren Zielen und der Performance der Investments, ein Jahr oder länger dauern. Die erzielten Gewinne der konservativen Sektion sollten bei 8 bis 12 Prozent liegen. Die konservative Sektion besteht aus Bonds, offenen Fonds, geschlossenen Fonds, Geldmarktpapieren und zwei Arten von Eigenkapital: (1) unterbewertete S&P 500-Gesellschaften mit hoher Kapitalisierung („gefallene Engel"), für die Dividenden ausgeschüttet werden, und (2) Versorgungsunternehmen.

Seien Sie vorsichtig bei der Auswahl von Versorgungsunternehmen. Eine Deregulierung dieser Branche und andere Probleme könnten einigen Versorgungsunternehmen echte Schwierigkeiten bereiten. Treffen Sie Ihre Auswahl sehr sorgfältig. Bei der anderen Sektion handelt es sich um Papiere mit einer aggressiveren Strategie, mit Halteperioden von einem Monat, drei Monaten und bei Fortsetzung eines sehr starken Trends bis zu einem Jahr. Die Halteperioden sind nicht in Stein gemeißelt. Haben Sie beispielsweise eine Aktie gekauft, die einen meteoritenhaften Kursanstieg von 35 Prozent verzeichnet, so könnten Sie sich überlegen, ob Sie sie verkaufen und den Gewinn mitnehmen. Sicherlich würden Sie keine Stops setzen, um Ihren unverhofften Gewinn zu sichern. Die Gewinnziele für die aggressive Sektion liegen zwischen 15 und 35 Prozent. Die Papiere in dieser Sektion werden als aggressive Wachstums-(Momentum-)Aktien klassifiziert und an der NYSE und den Nasdaq-Märkten (in Deutschland NEMAX) gehandelt.

Die meisten Vermögenswerte werden in die konservative Sektion des Portfolios aufgenommen. Lassen Sie sich von dem Wort konservativ nicht in die Irre führen. Diese Unternehmen sind nicht risikofrei; sie sind lediglich weniger risikoreich als die aggressive Sektion Ihres Portfolios. Die Aufteilung der Vermögenswerte und Ihre Platzierung innerhalb des Portfolios sind von vielen Faktoren abhängig – ihrem Alter, den ökonomischen Umständen, dem Risiko-/Gewinn-Verhältnis ... Niemals jedoch sollten Sie mehr als 48 Prozent Ihres Kapitals in der aggressiven Sektion binden. Beim Traden werden Sie normalerweise eine Form der Hebelwirkung verwenden. Ein aggressiver Anteil von 48 Prozent bedarf eines hohen Maßes an Expertise und eines DDRL-Ergebnisses (siehe Kapitel 3), das über 2,1 liegt. Ist dies nicht der Fall, sollten Sie dieser aggressiven Sektion weit weniger als 48 Prozent zuteilen.

Die Kombination von mehreren Strategien in einem Portfolio sorgt für ein optimales Gleichgewicht bei der Diversifizierung und höhere Gewinne. Das ETAPS-Portfolio unterscheidet sich in vielerlei Hinsicht von einem konventionellen Portfolio. Zunächst unterteilt man die Wertpapiere in zwei Sektionen: Momentum-Aktien und unterbewertete Aktien. Dann zwingt Sie die Sektorenanalyse zu einer Auswahl von Aktien nach ihrer Performance innerhalb der Branche. Drittens gibt es keine Mittelschicht mit mittlerem Risiko. Dies sorgt für eine höhere Gewinnwahrscheinlichkeit, da der Fokus auf der Risikokontrolle, auf einem wenig voraussagbaren Gewinn und einem sehr hohen Gewinn liegt. Der höhere Gewinn ergibt sich aus den kombinierten Gewinnraten der konservativen und aggressiven Sektion des ETAPS-Portfolios. Dieses Zusammenspiel dient auch dazu, den Risikofaktor des gesamten Portfolios im Verhältnis von Gewinn und Kapitalausstattung zu senken. Betrachten Sie die Abbildungen 5.1 und 5.2.

In Abbildung 5.1 sehen Sie die grafische Darstellung des ETAPS-Portfolios. Sie werden sofort erkennen, dass es keine mittlere Sektion im Portfolio gibt. Das ETAPS-Portfolio eliminiert die Mittelschicht der Aktien mit mittlerem Risiko. Die konservative Sektion ist mit dem Buchstaben A gekennzeichnet und die aggressive mit dem Buchstaben B. In Sektion A befinden sich Unternehmen mit hoher Kapitalisierung, die aus bestimmten Gründen in diese Sektion passen.

Abbildung 5.1 ETAPS-Portfolio

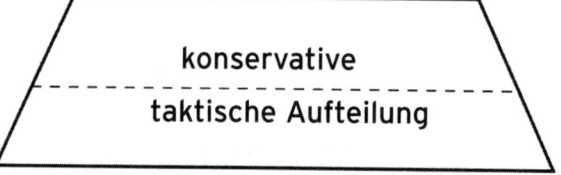

Der Beta-Faktor der Aktien innerhalb von Sektion A rangiert zwischen 0,75 und 1,15. In Sektion A befinden sich auch Ihre passiven Erlösquellen, gekennzeichnet durch die gestrichelte Linie. Sowohl in Sektion A als auch in B werden Maßnahmen zur Absicherung Ihres Kapitals getroffen. Die Unternehmen in Sektion A sind so genannte „gefallene Engel". Informationen zu „gefallenen Engeln" vermittelt Ihnen Kapitel 4.

Sektion B stellt den aggressiven Teil Ihres Portfolios dar. Die Wertpapiere in Sektion B sind Momentum-Papiere, für die in den meisten Fällen ein höherer Hebel angesetzt wird. Sektion B ist eine reine Trading-Sektion, die im Vergleich zu Sektion A häufiger umgeschichtet wird. Der Beta-Faktor wird zwischen 1,20 und 3,50, eventuell sogar höher liegen.

Beachten Sie, dass das ETAPS-Portfolio ein zum Traden gedachtes taktisches Portfolio ist. Sektion A besteht aus konservativen Investments, die aus taktischen Gründen aufgenommen wurden. Eine Aktie in Sektion A wird nicht nur wegen ihres Gewinnpotenzials ausgewählt, sondern auch, weil dies den Beta-Faktor des Portfolios senkt. Da das Traden stets ein Risiko darstellt, sollte sich Ihre Risikokontrolle auf das gesamte Portfolio und nicht auf einen einzelnen Trade beziehen.

Der auf- und abwärts zeigende Pfeil stellt den Kapitalfluss in und aus Sektion A und B dar. Jeder erzielte Gewinn wird auf das Geldmarktkonto eingezahlt.

RISIKO UND GEWINN KÖNNEN KONTROLLIERT WERDEN

Abbildung 5.2 zeigt Ihnen die Bedeutung der Platzierung und Auswahl von Wertpapieren in einem taktischen Trading-Portfolio. Durch die richtige Platzierung und Auswahl, können Sie das Risiko größtenteils reduzieren und Ihre Gewinnquote einschätzen. Dies erreicht man durch Selektion verschiedener Wertpapiere in den Sektoren mit verschiedenen Betas und Wachstumscharakteristika. Diese Vehikel wirken komplementär synerge-

Abbildung 5.2 Risiko und Gewinn

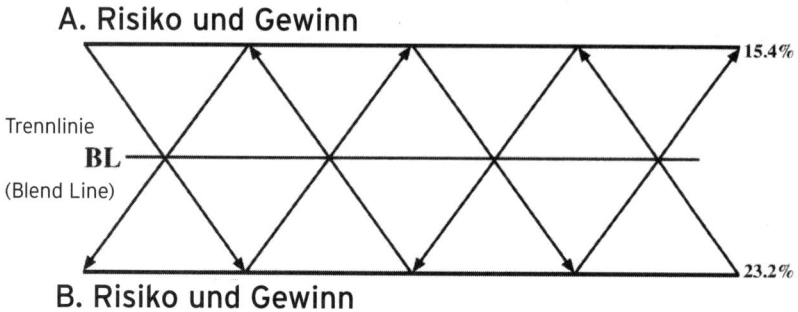

A. Risiko und Gewinn

Trennlinie **BL** (Blend Line)

15.4%

23.2%

B. Risiko und Gewinn

tisch. Verwechseln Sie dies nicht mit einem Portfolio, dessen Ziel es ist, den niedrigsten Beta-Faktor zu erreichen. Bei der taktischen Diversifizierung verfolgen Sie die Absicht, den Beta-Faktor zu senken, aber nicht in dem Maß, dass eine höhere Gewinnquote unmöglich wird.

Abbildung 5.2 zeigt die Kombination zweier Wertpapiere oder Indizes zur Senkung des Risikos und Schaffung eines Bereiches vorausbestimmbarer Erträge. Der Mittelbereich BL ist der Bereich, in dem ein Risikoausgleich stattfindet. Dieser Bereich kann auch dazu verwendet werden, die durchschnittliche Ertragsrate beider Wertpapiere einzuschätzen. Verfügt A beispielsweise über eine Ertragsrate von 15,4 Prozent und B über eine Ertragsrate von 23,2 Prozent, so beträgt der Durchschnitt aus diesen beiden Werten 19,3 Prozent. Verwenden Sie für ein weitaus akkurateres Bild den gewogenen Beta-Durchschnitt. Hierbei liegt eine stärkere Betonung auf dem kapitalintensiveren Investment. Bei gleicher Kapitalzuteilung genügt ein einfacher Durchschnitt.

Index-Optionen zur Sicherung eines Portfolios sind eine wertvolle Alternative bei einer extrem risikoreichen Marktlage. Verzeichnen Sie einen Verlust in Ihrem Portfolio, so profitieren Sie sicherlich aus Ihrer Indexschutzversicherung. Ich empfehle, Index-Optionen nur bei extremen Marktrisiken zu verwenden. An solchen Extrempunkten sind beispielsweise 4 bis 5 Prozent normale Marktschwankungen. An allen anderen Punkten sollten Sie zur Absicherung Ihrer Position eine Index-Option oder eine Verkaufsoption verwenden.

Abbildung 5.3 zeigt die erwarteten Renditen für die Sektionen A und B. Die durchgezogene Mittellinie repräsentiert die aus beiden Sektionen erwartete Rendite.

Die Abbildungen 5.2 und 5.3 zeigen eindeutig das Gleichgewicht zwischen Risiko und Gewinn innerhalb des Portfolios. Das Ziel einer taktischen Diversifizierung wie des ETAPS ist eine schützende Diversifizierung, mit der man das Risiko kontrollieren kann, ohne Einbußen beim Gesamtgewinn hinnehmen zu müssen.

Tabelle 5.1 zeigt ein 100.000-DM-Portfolio. Darin ist die in einem taktischen Portfolio erlaubte maximale Anzahl von 10 Positionen enthalten. In der Beta-Spalte für die Sektionen A und B erkennen Sie die individuellen Beta-Faktoren für alle 10 Investments.

Abbildung 5.3 Zusammengesetzter Portfolio-Gewinn

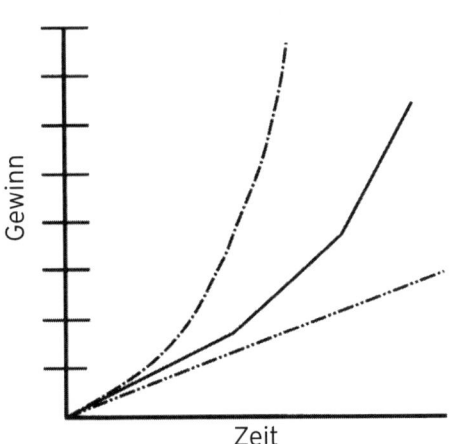

Tabelle 5.1 ETAPS 100.000-DM-Portfolio: durchschnittliches und gewichtetes Beta-Risiko

Beta	durchschnittliches Beta	Kapital	Kapitalzuteilung pro Trade
Sektion A	0,96	65.000 DM	13.000 DM
1,05			
0,85			
1,15			
0,25			
1,00			
Sektion B	1,70	35.000 DM	7.000 DM
1,65			
1,85			
1,50			
2,15			
1,35			

Durchschnittliches Portfolio-Beta 1,33

Gewichtetes Portfolio-Beta 1,22

In den Beta-Spalten der Sektionen A und B sehen Sie die für alle 10 Investments aufgelisteten Beta-Faktoren. Die Spalte für das durchschnittliche Beta zeigt den einfachen Durchschnitt jedes Investments in Sektion A und B. Die Kapitalspalte zeigt das dieser Sektion des Portfolios zugewiesene Gesamtkapital an. Die Zuteilungsspalte gibt Ihnen die Information, welche Kapitalsumme für jeden einzelnen Trade aufgewendet wurde. Am Ende der Tabelle 5.1 finden Sie das Ergebnis. Obwohl ein hoher Prozentsatz des Gesamtkapitals in Anlagen mit hohem Risiko investiert wurde, ergibt sich als Endresultat ein geringerer Risikofaktor für das Gesamtportfolio. Mit dieser Methode kann ein aggressiver Investor oder Trader die Diversifizierung nutzen. Die ETAPS-Methode ist auf alle zugeschnitten, die eine Diversifizierung ohne Minimierung des Gesamtgewinns anstreben.

DIVERSIFIZIERUNG

Tabelle 5.2 sagt viel über Diversifizierung, Rendite und die Realität konsequenten Investierens und Tradens aus. Sie können sehen, dass 100.000 DM für 20 Jahre zu einem Zinssatz von 8 Prozent angelegt wurden. Nach 20 Jahren ist diese Summe durch Aufzinsung auf 466.095,71 DM angestiegen. Was wäre passiert, wenn sie dieselben 100.000 DM in verschiedene Beträge diversifiziert hätten mit Ausnahme einer sehr großen Differenz. Nehmen wir einmal an, dass 40.000 DM in Vergessenheit gerieten und daher eine Ertragsrate von 0 erzielten. In der Realität ist so etwas natürlich nicht denkbar. Das Kapital hätte in Geldmarktpapiere oder auf einem Geldmarktkonto angelegt werden können.

Tabelle 5.2 Diversifizierung: Ertrag und Sicherheit

Gesamtkapital für Investitionen durch Zinseszins	Zinssatz	Anzahl von Jahren	Gesamtwachstum
100.000 DM	8 %	20	466.095,71 DM
40.000 DM	0 %	20	?
20.000 DM	5 %		
20.000 DM	10 %		
20.000 DM	15 %		
80.000 DM	0 %	20	?
20.000 DM	20 %		

Nehmen wir an, dass Sie wirklich für Ihre 40.000 DM eine Rendite von 0 erzielten. Die verbleibenden 60.000 DM wurden in drei Titel von jeweils 20.000 DM investiert, die während der 20 Jahre drei verschiedene Renditen erzielen. Was wäre das Ergebnis? Bedenken Sie, dass 40 Prozent Ihres gesamten Kapitals nicht verwendet wurden. Der aufgezinste Gesamtgewinn beträgt 514.964,68 DM oder 48.850,97 DM mehr, als die vollen 100.000 DM bei einem Zinssatz von 8 Prozent erzielten.

Betrachten Sie den unteren Abschnitt der Tabelle 5.2. In diesem Beispiel geraten 80 Prozent des gesamten Investitionskapitals 20 Jahre lang in Vergessenheit. Nur 20 Prozent oder 20.000 DM stehen für Trading und Investition zur Verfügung. Mit diesen 20.000 DM erzielten Sie durch Aufzinsung ein Kapital von 766.751,99 DM. Nicht schlecht!

Was können wir aus diesem Beispiel lernen? Beim Traden und Investieren ist eine Kapitaldiversifizierung besser, als wenn man alles auf ein Pferd setzt. Die 100.000 DM sind einem höheren Risiko ausgesetzt, da sie in einem einzigen Investment angelegt sind. Diversifizierung kann wegen des Zusammenspiels verschiedener Renditen zu einer Gewinnverbesserung führen. Nutzen Sie eine konsequente Methode, und kontrollieren Sie den Kapitalschwund, denn auch wenn Sie Verluste einstecken müssen, können Sie sehr erfolgreich sein. Auf lange Sicht bergen kleine Geldsummen das Potenzial für riesige Gewinne.

Ein weiterer sehr wichtiger Faktor der ETAPS-Methode bei der Auswahl des Investments sind die Konjunkturzyklus-Investitionsstrategien (ECIT). Doch darüber sprechen wir gleich.

KONJUNKTURZYKLUS-INVESTITIONS-STRATEGIEN (ECIT = ECONOMIC CYCLE INVESTMENT TACTICS)

Wir haben sicherlich alle schon einmal das Sprichwort gehört: „Alles hat seine Zeit und seinen Ort." Dasselbe trifft auch für die Kapitalzuweisung für die einzelnen Investments. Verschiedene Konjunkturzyklen gehen mit unterschiedlicher Performance einher, und die Herstellung einer richtigen Anlagen-Mischung ist entscheidend. Das ETAPS-Portfolio wendet bei der Auswahl von Anlagen für jede Sektion des Portfolios dieses Konzept an. Verwenden Sie ECIT für die taktische Verteilung des ETAPS-Portfeuilles.

Das TA in der Abkürzung ETAPS steht für Tactical Allocation (taktische Verteilung). Taktische Verteilung bedeutet schlicht und einfach, dass das Portfolio allmählich Anpassungen an die verschiedenen Konjunkturzyklen vornimmt. Steigen die Zinssätze beispielsweise dramatisch, so muss eine Anpassung des Eigenkapitalanteiles des Portfolios vorgenommen werden. Aktien erzielen typischerweise in einer Umgebung niedriger Zinsen eine gute Performance, und ein Portfolio mit vielen Aktien wird im Wert sinken, wenn die Zinsen steigen.

In der Tat sind die Zinssätze ein Primärindikator bei der Feststellung eines inflationären oder deflationären Zyklus. Die Zinssätze stellen, abhängig von ihrer Richtung, meist die treibende Kraft für eine Erholung oder einen weiteren Kursverfall dar. Informationen zu Zinssätzen werden in den meisten Tageszeitungen veröffentlicht. Zusätzliche Informationen finden Sie in Finanzzeitungen und Finanzzeitschriften (FT Deutschland, Handelsblatt, Capital, Finanzen, Börse Online usw.).

Die taktische Verteilung sollte nicht mit Market-Timing verwechselt werden. Bei der taktischen Verteilung wählen Sie ein Investment aus, das unter gegebenen ökonomischen Bedingungen gute Leistungen erzielen wird. Diese Bedingungen herrschen jetzt oder in naher Zukunft vor. Die taktische Verteilung befasst sich ausschließlich mit der Auswahl der Investments auf der Grundlage ihres Leistungspotenzials und ihrer Fähigkeit, andere Kapitalanlagen in einem speziellen ökonomischen Szenario zu ergänzen.

Branchen und Sektoren

Hier finden Sie einige Schlüsselbranchen. Heutzutage konzentrieren sich Sektorenfonds auf eine oder mehrere Branchen. Ein Teil ihrer „Aufnahmeprüfung" ist die Stärke jedes einzelnen Investments, das sie in Erwägung ziehen.

Luft- und Raumfahrt	Elektrizitätswerke
Fluglinien	Elektronik
Bekleidung	Unterhaltung
Autos	Lebensmittel
Baumaterialien	Möbel
Chemikalien	Maschinen
Computer	Maschinenwerkzeuge
Container	Metalle
Kosmetika	Filme
Warenhäuser	Erdöl
Pharmazeutika	Ölfördermaschinen
Dienstleistungen für die Ölbranche	Schuhe
Papier	Alkoholfreie Getränke
Verlage	Stahl
Radio/TV	Textilien
Eisenbahngesellschaften	Tabakwaren
Kautschuk	Spielwaren
Immobilien	Versorgungsunternehmen

ZYKLISCHE, DEFENSIVE, ZINSEMPFINDLICHE UND WACHSTUMSAKTIEN

Zyklische Aktien

Bei zyklischen Aktien handelt es sich um Aktien von Unternehmen, deren Gewinne entsprechend der Konjunkturzyklen schwanken. Sowohl positive als auch negative Zyklusänderungen wirken sich auf sie aus. Findet eine Zyklusbewegung zugunsten eines zyklischen Unternehmens statt, so werden höhere Einnahmen erzielt und der Aktienkurs steigt; geschieht das Gegenteil, sinken die Aktienkurse. Zyklische Unternehmen haben viel in Fabrikhallen oder Maschinen investiert. Bei ungünstigen Bedingungen neigen sie zu einer Rationalisierung bei Arbeitskräften und zu rückläufiger Expansion. Sie profitieren von einer Umkehr der Bedingungen aufgrund ihrer Strategie und Kostenkontrolle. Einige Beispiele zyklischer Branchen:

Fluglinien

Automobile

Zement

Maschinen

Maschinenwerkzeuge

Papier

Eisenbahngesellschaften

Stahl

Hier nun einige verbraucherabhängige zyklische Branchen:

Haushaltsgeräte

Bekleidungsherstellung

Freizeit

Spezialherstellungen

Defensive Aktien

Bei defensiven Aktien handelt es sich um Aktien aus Branchen, die als rezessionsresistent gelten. Allerdings gibt es keine völlig rezessionsresistente Branche. Einige sind lediglich ein wenig resistenter als andere. Hier ist meine Definition einer defensiven Branche oder Aktie: „Eine Branche oder ein Unternehmen, das nur geringen zyklischen Einflüssen unterliegt und sehr stabil ist." Ein Beispiel hierfür wären Aktien von Versorgungsunternehmen. Dies könnte immer noch Gültigkeit haben, aber wie auch immer, politische Änderungen in der Branche erfordern eine sorgfältige Überprüfung jedes einzelnen Versorgungsunternehmens, bevor Sie sich zu dessen Aufnahme in Ihre Defensiv-Auswahl entschließen. Bei Versorgungsunternehmen handelt es sich um wirklich zinsempfindliche Unternehmen; sie sind nicht mehr so defensiv wie einst. Hier folgen weitere Beispiele anderer defensiver Branchen:

Süßigkeiten / Konfekt

Pharmazeutika / Tabakwaren

Der Lebensmittelindustrie zugehörig: alkoholfreie Getränke, Fertiggerichte

Lebensmittelketten

Zinsempfindliche Aktien

Wie schon der Name sagt, haben die von der Zentralbank vorgenommenen Zinsänderungen ihre Wirkung auf zinsempfindliche Branchen und Aktien. Versucht die Zentralbank durch eine Erhöhung der Zinssätze eine Inflation zu bekämpfen, so bekommen die folgenden (zinsempfindlichen) Branchen und entsprechenden Aktien die Auswirkungen zu spüren:

Banken

Maklerfirmen

Bau- und Baunebengewerbe, Baumaterialien

Lebensversicherungen

Telefongesellschaften

Versorgungsunternehmen

Wachstumsaktien

Bei Wachstumsaktien handelt es sich um Unternehmen, deren Einnahmen und Marktanteil schneller wachsen als der Branchendurchschnitt und die Wirtschaft im Allgemeinen. Es gibt sie in jeder Branche und sie schütten meist geringe oder keine Dividenden aus. Stattdessen lassen sie dieses Geld für Expansionen im Unternehmen. Diese Firmen erzielen explosive Wachstumsraten von 25 bis 100 Prozent. Dies zeigt natürlich Auswirkungen auf den Aktienkurs, sowohl in positiver als auch in negativer Hinsicht. Solange Wachstum und andere Faktoren positiv sind, wird der Kurs schnell steigen. Gibt es jedoch einen Umsatzrückgang oder kommen andere negative Faktoren ins Spiel, so fällt der Kurs gewöhnlich dramatisch.

Es folgen einige übliche Beispiele für Wachstumsaktien. Bedenken Sie, Wachstumsaktien basieren auf ihren Charakteristika und können in jeder Branche vorkommen.

Computer

Biotechnologie

Medizin

Technologie

Einzelhandel

Die folgenden Untergruppen können ebenfalls als Wachstumsbranche bezeichnet werden:

Gebrauchsgüter und Konsumgüter

Kapitalgüter und Technologie

Konsumwachstum: Kosmetika, alkoholfreie Getränke, Pharmazeutika

Finanzen und Banken

KONJUNKTURZYKLUS-AKTIONSPUNKTE

Es sollte Ihnen nun klar geworden sein, dass Sie an verschiedenen Punkten des Konjunkturzyklus in Ihrem Trading-Portfolio Anpassungen vornehmen müssen.

Abbildung 5.4 Konjunkturzyklus-Aktionspunkte

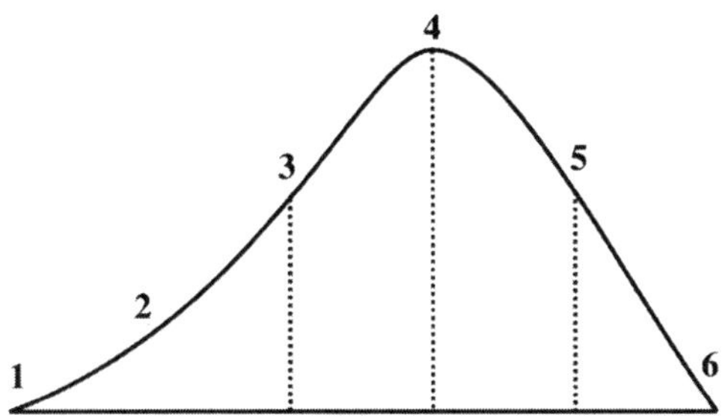

Trading: Ein Portfolio-Ansatz

Die Punkte 1 bis 6 in Abbildung 5.4 kennzeichnen Aktionspunkte, an denen diese Entscheidungen vorgenommen werden müssen. Verwenden Sie als Referenz die nachfolgend vorgeschlagenen Branchen für jeden Aktionspunkt.

	Inflation	Investments	Zinssätze
Aktionspunkt 1			
Konsumwachstum	Niedrig	Aktien, Wechselfonds, offene Fonds, Geld-Markt-Index	Am niedrigsten
Aktionspunkt 2			
Finanzzyklen	Leichter Anstieg	Dieselben Vehikel	Niedrig
Konsumzyklen	Wirtschafts-wachstum		
Kapitalgüter	steigend		
Konsumwachstum			
Aktionspunkt 3			
Kapitalgüter	Gemäßigt	Wechselfonds, Aktien	Höher
Wachstumsaktien	Wirtschafts-wachstum	Offene Fonds	
Goldaktien	Steigend	Numismat. Münzen	
Ölaktien		Immobilienfonds	
Aktionspunkt 4			
Defensiv	Inflations-spitzen	Langfristige Bond-Fonds	Am höchsten
Finanzen		Zero-Coupon-Bonds Langfristige Geldmarktpapiere Gold-Index	
Aktionspunkt 5			
Basisindustrien	Rückgänge	Wechselfonds, Aktien, Offene Fonds, Index	Niedriger
Finanzen			
Zinsreagibel			
Selektives Wachstum			
Aktien			
Aktionspunkt 6			
Konsumwachstum	Rückgänge	Wechselfonds	Abfallend
Versorgungsunter-nehmen, Finanzen		Offene Fonds Aktien	

ETAPS-Trading und Anlagephilosophie

Wahrscheinlichkeitsanalyse, Risikoanalyse, Auswahl und Überprüfung – dies sind einige der soliden Grundsätze der ETAPS-Philosophie. Diese Philosophie versucht, Ihre Trading- und Investitionsmethode unter empirischem Ansatz zu quantifizieren, organisieren und fokussieren. Dieser Prozess beginnt mit der Investologie und der Entwicklung des Verständnisses dafür, wie und warum Sie auf den Stress des Tradens und Investierens reagieren. Mit Hilfe der Investologie erkennen Sie, wie emotionale Entscheidungen und vorprogrammierte Informationen Ihre Erfolgschancen zerstören, und erhalten so die nötige Kontrolle über Angst und Gier zurück.

Der Versuch, die Marktrichtung für die Zukunft zu bestimmen, ist eine Falle, in die jeder früher oder später tappt. In der Tat ähnelt dies sehr dem Versuch, das Wetter vorherzusagen. Meteorologen verfügen über eine sehr hoch entwickelte technische Ausrüstung und mathematische Computermodelle, die ihnen eine 80-prozentige Regenwahrscheinlichkeit vorherzusagen erlauben. Doch wie Sie wissen, irren sie sich des Öfteren. In ähnlicher Weise legen einige Menschen ihr Geld auf den Tisch und erwarten von Zahlen den Beweis, dass sie richtig liegen. Weitaus besser ist es, zu warten, bis man den Trend erkennt. ETAPS und seine quantifizierende Methode bewegen sich größtenteils mit dem aktuellen Trend eines Marktes oder Investments. In dieser Hinsicht hat ETAPS vieles mit Rodeoreiten zu tun. Sie satteln auf, stecken Ihre Füße in die Steigbügel und warten, bis der Ritt vorüber ist. Sie wissen nicht, in welche Richtung sich der Markt bewegen wird. Der Ritt (oder Trend) und Ihr Pferd (Investment) beruhen auf einer Reihe technischer Überprüfungen zusammen mit Fundamentaler Analyse und dem Geldmanagement. Im Mittelpunkt steht das Ziel: die höchste Erfolgswahrscheinlichkeit. Sie wissen, Sie werden nicht immer erfolgreich, aber Sie sollten es meistens sein.

Für eine erfolgreiche Anwendung der ETAPS müssen Sie sich realistische Ziele setzen. Das Wissen, dass eine Verlustserie wahrscheinlich ist und dass Sie mit den besten professionellen Tradern der Welt konkurrieren, lässt Sie bescheiden bleiben. Diese Demut ist wichtig, denn die Kapitalanlage an der

Börse bedeutet nur Ärger. ETAPS zwingt Sie dazu, ein Geschäft dem wesentlichen Inhalt nach auf einen wahrscheinlichen Erfolg hin zu überprüfen. Der Schwerpunkt liegt auf der Methode und der Überprüfung. Das Ego darf in diesem Prozess niemals eine Rolle spielen. Während andere zu beweisen versuchen, dass sie richtig liegen und der Markt falsch, gehen Sie mit dem aktuellen Trend. Dies verschafft Ihnen definitiv einen psychologischen Vorteil.

Wenn Sie als Investor oder Trader den in diesem Buch beschriebenen Regeln folgen, so sollte Ihre Erfolgswahrscheinlichkeit weitaus größer sein. Unglücklicherweise gibt es niemals eine Garantie, dass eine bestimmte Methode erfolgreich sein wird, denn Sie sind der Primärfaktor in der Erfolgsgleichung. Wenn Sie allen Regeln des Investierens und der ETAPS-Methode folgen, so wie Sie einem Rezept folgen würden, um einen Kuchen zu backen, sollten Sie konstante Gewinne erzielen. Während unterschiedlicher Konjunkturzyklen werden viele Variablen auftreten. Wie Sie mit jenen umgehen und wie konsequent Sie sind, wird den Umfang Ihres Erfolgs bestimmen. Die beste Möglichkeit, sich auf den Erfolg zu konzentrieren, ist eine Wiederholung des gesamten Prozesses und die Entwicklung eines Trading-Plans von Anfang bis Ende, Stück für Stück, gemäß der Anatomie eines Trades.

DIE ANATOMIE EINES TRADES

In der folgenden Anatomie eines Trades werden Sie den gesamten Trading- und Investitionsprozess von Anfang bis Ende überprüfen. Eine vollständige Wiederholung des bis hierher Gelernten anhand eines Arbeitsbeispiels ist wichtig. Im Anhang finden Sie einen Entwurf für die Entwicklung eines Trading-Plans. Fertigen Sie Ihren Trading-Plan auf der Basis dieses Konzepts an und bewahren Sie ihn gut auf. Sie können diesem Entwurf etwas hinzufügen, um Ihren individuellen Bedürfnissen gerecht zu werden, aber nehmen Sie nichts weg. Ohne einen vorbestimmten Aktionsplan werden Trading-Entscheidungen zu einem Glücksspiel. Jedem erfolgreichen Geschäft liegt ein Geschäftsplan zugrunde. Ihr Trading-Plan ist Ihr Geschäftsplan. Einen Entwurf eines Trading-Planes und weitere Informationen finden Sie im Anhang.

Der Anfang

Sie lesen die Morgenzeitung, und eine Geschichte über das Unternehmen xyz erregt Ihre Aufmerksamkeit. Dieses Unternehmen könnte ein Kandidat für Ihr taktisches Portfolio sein. Sie machen sich in Gedanken eine Notiz für weitere Recherchen. Beim Mittagessen sind Sie Zeuge einer Unterhaltung, in welcher der Name xyz in einem positiven Zusammenhang erwähnt wird. Dies bestärkt Sie weiter in Ihrer Absicht, Untersuchungen über xyz anzustellen. Ist xyz der Öffentlichkeit ein Begriff, so könnte es zu einem kurzfristigen Kursanstieg kommen. Obwohl alles sehr viel versprechend aussieht, erteilen Sie keinen Kaufauftrag, bevor Sie nicht Ihre eigene Analyse durchgeführt haben. Es kursieren immer Geschichten über Unternehmen, doch Sie investieren Ihr Kapital nicht in ein Geschäft oder Investment, bis Sie die Fakten im Hinblick auf xyz überprüft haben und über solide Informationen verfügen.

Das besagte Unternehmen xyz befindet sich nicht in Ihrer Computerdatenbank. Also halten Sie auf dem Heimweg bei der Bibliothek an (Abteilung: Zeitungen und Zeitschriften) und nehmen einige vorbereitende Untersuchungen vor. Sieht die Firma xyz viel versprechend aus, so nehmen Sie sie in Ihre Datenbank auf, aber nur, wenn sie die erforderlichen Charakteristika aufweist. Ein schneller Blick auf einen Chart offenbart, dass sich xyz in einem Aufwärtstrend befindet und vor einer Woche mit starkem Umsatz aus einem Widerstandsbereich ausgebrochen ist. Die Wachstumsraten der Quartals- und Jahresgewinne des Unternehmens sind sehr gut. Die institutionellen Anleger sind mit insgesamt 6 Prozent engagiert. Das Unternehmen hat nur sehr wenig Schulden und seine Produkte werden sich wahrscheinlich weiterhin einer regen Nachfrage erfreuen. Sie können über das Management nicht viele Informationen finden, aber die exzellenten Gewinne des Unternehmens beweisen Ihnen, dass es gut ist. Bei einer weiteren Untersuchung stellen Sie fest, dass der Sektor, in dem sich xyz befindet, einen Aufschwung vor sich hat. Es dauerte insgesamt nur 15 Minuten, um diese Informationen zu erlangen. Auf Grund der Performance des Unternehmens und des Kurstrends des Charts treffen Sie die Entscheidung, die Aktie in Ihre Datenbank aufzunehmen. Ist sie einmal integriert, kann eine weitere Überprüfung mit Hilfe der Software zur Technischen Analyse durchgeführt werden. Auf der Basis dessen, was Sie zu diesem Zeitpunkt wissen, ist xyz ein heißer Kaufkandidat, doch noch weitere Überprüfungen sind notwendig.

All diese Informationen finden Sie in den Finanzzeitungen, Wirtschaftszeitschriften und der Zeitschrift Die Aktienanalyse. Oder, für den amerikanischen Bereich im Value Line Survey.

Die Anatomie beginnt

Bevor Sie die Bibliothek verließen, machten Sie sich einige Notizen über die derzeitige Trading-Range von xyz, die Währung, in der es gehandelt wird, das Ticker-Symbol, die Quartals- und Jahreswachstumsrate, den Zeitpunkt des letzten Aktiensplits und den Trend des Marktes, in dem xyz gehandelt wird. Nach dem Abendessen gehen Sie mit diesen Informationen in Ihr Arbeitszimmer, schalten Ihren Computer an und laden aus dem Internet einen Überblick über die Firmenentwicklung der letzten zwei Jahre herunter. Dieser Zeitraum ist notwendig, um Ihre Indikatoren auf verlässliche Kauf- und Verkaufssignale zu testen. Während diese Informationen in Ihr Programm heruntergeladen werden, können Sie schon mit der Überprüfung Ihres Trading-Plans beginnen. Ähnlich wie ein Pilot sein Flugzeug vor dem Abflug checkt, fangen Sie mit der Überprüfung Ihrer Checkliste an. In diesem Fall ist die Liste Ihr Trading-Plan. Beginnen Sie mit dem Zeitrahmen und den Regeln der Kapitalanlage.

Haben Sie die Absicht, diesen Wert zu traden, oder planen Sie ihn für sechs Monate bis zu einem Jahr zu halten? Die Antwort auf diese Frage wird ausschlaggebend dafür sein, wie Sie das Unternehmen technisch analysieren. Die Anzahl der Tage, die Ihrem gleitenden Durchschnitten zugrunde liegt, bis zur Anzahl von Zeitperioden für eine RSI- oder stochastische Studie werden von Ihrem Zeitrahmen bestimmt.

Sie sollten die Regeln der Kapitalanlage niederschreiben und in Ihrem Arbeitszimmer aufbewahren. Wiederholen Sie sie jeden Tag und insbesondere vor einem Einstieg oder Ausstieg aus einer Position. Diese Regeln werden Ihnen helfen, sich auf rationale Entscheidungen zu konzentrieren, und Sie bei Ihrem Auswahlprozess unterstützen.

Technische Analyse

Die Technische Analyse beginnt mit einer Untersuchung des Marktes, in dem die xyz-Aktien gehandelt werden. In diesem Fall handelt es sich um die NYSE. Sie wollen ermitteln, ob eine Wechselbeziehung zwischen xyz und dem Index selbst besteht. Sie beginnen mit der Durchführung technischer Kurvenstudien von Trendlinien sowie von Unterstützung und Widerstand über einen Zeitraum von zwei Jahren. Nach dieser Studie, markieren Sie die größeren Unterstützungs- und Widerstandsebenen und fertigen einen Ausdruck des Charts der NYSE an. Diese Informationen bewahren Sie für einen schnellen Zugriff zusammen mit allen anderen ausgedruckten Studien in einem Ringordner auf. Der nächste Schritt in Ihrer Technischen Analyse des Marktes ist das Studium gleitender Durchschnitte. Sie stellen einen 20-, 50-, und 150-tägigen exponentiellen gleitenden Durchschnitt des Schlusskurses von xyz dar. Jeder einzelne Durchschnitt wird benannt und dann ausgedruckt. Es wird deutlich, dass sich xyz in einem starken Aufwärtstrend befindet. Für all Ihre Studien verwenden Sie Tages-, anstelle von Wochen- oder Monats-Daten.

Sie konzentrieren sich auf das letzte Jahr und hier insbesondere auf die letzten sechs Monate. Bei Ihrer Analyse der Unterstützungs- und Widerstandsbereiche notieren Sie jedes bedeutungsvolle Chartmuster, um Hinweise auf Richtung und Stärke zu erhalten. Ein variabler gleitender Durchschnitt des Volumens zeigt ein solides Kaufvolumen und einen Aufwärtstrend an.

Ihre erste Indikatorstudie ist eine Kursanstiegs-/Kursrückgangslinie. Sie zeigt eine Akkumulation von xyz an, was wenig überraschend ist. Auch die Zinssätze werden im Hinblick auf ihre Tendenz und ihren Einfluss auf die

Kapitalbildung sowie das derzeitige Wirtschaftswachstum untersucht. Eine Bewertung der Zinssätze ergibt, dass sie aktuell niedrig sind, aber auch in der Vergangenheit gering waren. Das sind zwei positive Faktoren.

Nach Ihrer Marktanalyse registrieren Sie die Informationen im Markttrendquantifikator. Der Punktwert enthüllt einen starken Aufwärtstrend. An diesem Punkt wissen Sie, dass das Aufwärtsmomentum der an der NYSE notierten xyz-Aktie weiter steigen sollte.

Unter dem Mikroskop. Jetzt, da die Marktanalyse komplett ist, widmen Sie sich der Analyse von xyz. Sie beginnen mit der Überprüfung des Trends. Das ist ebenso wie bei der Marktanalyse. Beginnen Sie mit den Trendlinien sowie mit Unterstützung und Widerstand. Danach suchen Sie nach jeder Chart-Formation, die nützlich sein könnte. Als Nächstes führen Sie einige Studien gleitender Durchschnitte durch. Für diese Studien verwenden Sie einen 12-, 20-, und 50-tägigen exponentiellen gleitenden Durchschnitt des Schlusskurses. Ein 10-tägiger variabler gleitender Volumendurchschnitt wird in das Histogramm eingezeichnet. Dies erleichtert eine schnelle Überprüfung der Trendrichtung. Alle Studien werden ausgedruckt und ebenso gekennzeichnet wie Ihre Marktanalyse. Es ist sehr nützlich, Monate später nachschauen zu können, warum Sie sich für diesen Deal entschieden haben.

Chirurgischer Ein- und Ausstieg. Ihre Analyse hat bereits ergeben, das sich xyz in einem Aufwärtstrend befindet. Viele technische Indikatoren versorgen Sie mit Einstiegs- und Ausstiegspunkten. Sie betrachten verschiedene Studien wie Konvergenz/Divergenz des gleitenden Durchschnittes (MACD), den Index der Relativen Stärke (RSI), der Preisänderungsquote (ROC), den Williams' % R und den Geldfluss. Nachdem Sie die Ergebnisse dieser diversen Studien überprüft und das Resultat in der technischen Entscheidungsmatrix registriert haben, sprechen die Fakten entweder für das Kaufen, Verkaufen oder Halten. Nehmen wir an, alle Daten plädieren für einen Kauf von xyz.

Schützende Maßnahmen

Der erste Schritt im Risikomanagement ist eine Risiko-/Gewinn-Analyse. Aus dieser ergibt sich, ob ein Traden in xyz Gewinnpotenzial birgt oder zu riskant ist. Für die Einstufung eines Deals richten Sie sich nach Chartmustern, Unterstützungs- und Widerstandslinien sowie der Stärke und Dauer eines Trends. Diese Einstufung geschieht in Verbindung mit der technischen Entscheidungsmatrix und dient dazu, Ihnen den Deal mit der größten Erfolgswahrscheinlichkeit, der zweitgrößten usw. anzuzeigen.

Selbst nach bester Analyse könnte es passieren, dass ein Geschäft oder Investment nicht Ihren Erwartungen entspricht. Betreiben Sie Risikomanagement stets mit Stop-Orders zum Schutz Ihrer Position. Ihr Stop bestimmt Ihr maximales Risiko. Welchem DM-Betrag das Geschäft auch immer entspricht, er stellt einschließlich Provision den maximalen DM-Verlust beim Traden mit xyz dar.

Nach der Analyse bestimmen Sie, dass das Risiko-/Gewinn-Verhältnis günstig ist und wo Sie zum Schutz Ihres Vermögens Ihre Stops setzen.

Die Operation ist fast beendet

Das Geldmanagement ist der nächste Schritt. Ihr DDRL-Ergebnis beträgt 2,5. Dies bedeutet, dass Ihre Fertigkeiten und bisherige Performance die Verwendung aller Hebel erlauben.

Das zu riskierende Kapital basiert auf Ihrer prozentualen Zuteilung. Hinsichtlich des Geldmanagements werden Sie sich bestimmt erinnern, dass für das Ergebnis sieben Faktoren von Bedeutung sind. Der einzige Grund für die Verwendung dieser Zuteilungsformel ist die Logik, dass Kapital dann eingesetzt werden sollte, wenn die Wahrscheinlichkeit eines Zuwachses am größten ist. Ein geringerer Betrag oder gar kein Kapital sollte eingesetzt werden, wenn nur eine geringe Erfolgswahrscheinlichkeit besteht. Das auf sieben Faktoren basierende Modell sagt Ihnen, dass Sie bis zu 80 Prozent Ihres verfügbaren Kapitals für das Traden und Investieren einsetzen könnten. Stünden Ihnen derzeit über 40.000 DM zum Traden zur Verfügung, so würde dies bedeuten, dass Sie 32.000 DM dafür ansetzen könnten.

Jetzt, da Sie den Betrag kennen, den Sie zum Traden verwenden dürfen, lautet die nächste Frage, welcher Kapitalanteil in den Trade investiert werden sollte. Sie entscheiden sich, 12.600 DM in xyz zu investieren. Sie wählen diese Summe, weil Sie noch zwei weitere Käufe tätigen wollen. Dafür verbleiben Ihnen 19.400 DM. Sie könnten auch von der 80/20-Regel Gebrauch machen (siehe Kapitel 3).

Der letzte Röntgenstrahl

Der letzte Schritt in der Anatomie eines Trades ist die Umsetzung aller Analysen. Wenn Sie nicht handeln, werden Sie niemals erfolgreich sein. Sie können mit xyz keinen Ertrag erzielen, wenn Sie die Aktien nicht kaufen. Aus irgendeinem Grund akzeptieren es einige Menschen, zu versagen, weil sie nicht handeln. Für mich ist dies viel schlimmer, als einen Verlust zu verzeichnen. Scheuen Sie jeden Versuch, so ist ein Versagen vorprogrammiert. Verhindern Sie, dass mit Ihrer Analyse eine Paralyse einhergeht. Handeln Sie und lassen Sie Ihren Erfolg wahr werden. Hinweise auf die Entwicklung eines Trading-Plans finden Sie im Anhang.

Computer, Software und Trading-Systeme

Heute können Sie mit einem Computer und der richtigen Software Analysen durchführen, die noch vor ein paar Jahren ausschließlich Wall-Street-Profis vorbehalten waren. Die Preise für Computer sind so stark gefallen, dass jeder sie sich leisten kann. Ohne einen Computer befinden Sie sich bei den heutigen schnelllebigen Märkten in einem unglaublichen Nachteil. Alle technischen Studien in diesem Buch wurden durch ein Computerprogramm erzeugt, das jeder kaufen kann. Computer sind sehr mächtige Instrumente, die sich innerhalb von ein paar Wochen bezahlt machen können. Mit ihrer Hilfe können Sie Gelegenheiten sowie Gefahrenzonen identifizieren. Aufgrund der Schnelligkeit und Rechenkapazität moderner PCs dauert eine Analyse, die früher Stunden in Anspruch genommen hätte, nur wenige Minuten. Der Prozess ist automatisierbar. Sie können komplexe Analysen mit einem Mausklick oder wenigen Tasten durchführen. Das können Sie nachts oder dann machen, wenn es Ihnen angenehm ist. So können Sie sich Ihre Zeit besser einteilen und gleichzeitig andere Aufgaben erledigen. Die Multitask-Merkmale von Windows und die Vielzahl der Analyse-Software ermöglichen es Ihnen, z. B. einen Brief in Word zu verfassen, während Kalkulation und Analyse in Ihrem Computer gleichzeitig automatisch ablaufen. Nach der Analyse ertönt ein Signal, so dass Sie sie direkt überprüfen oder zunächst Ihre Aufgabe im Textprogramm vollenden können. Die Entscheidung liegt bei Ihnen.

Tatsächlich kann kein seriöser Trader oder Investor an den heutigen Märkten ohne Computer zurechtkommen. Diese Zeiten sind endgültig vorbei; will man leistungsfähig sein, so sind die modernen Errungenschaften unabdingbar. Für einen Anfänger, der nur über geringe oder gar keine Computererfahrung verfügt, kann dies etwas einschüchternd wirken. Sie wollen schließlich keinen Computer kaufen, der für Ihre Zwecke ungeeignet erscheint, oder Software, die mit Ihrem Computer nicht kompatibel ist. Gleichzeitig möchten Sie ein System kaufen, das mit der Software- und Hardware-Entwicklung Schritt halten kann. Dies bedeutet, Sie müssen einen Computer kaufen, der flexibel entwickelt wurde, so dass Sie später Ihr Computersystem aufrüsten können und nicht gezwungen sind, einen Neukauf zu tätigen. Zu Ihrer Unterstützung bei der Lösung dieser Probleme und des Anforderungsprofils sollten Sie die Empfehlungen in diesem Kapitel lesen.

Ihr neues Computer-System

Sie brauchen einen Computer, der sowohl schnell als auch leistungsfähig ist und über einen angemessenen RAM-Speicher und viel Platz auf der Festplatte verfügt. Sie sollten einen Computer mit höchstmöglicher Speicherkapazität in Erwägung ziehen. Ich schlage mindestens ein 7- bis 10-Gigabyte-Festplattenlaufwerk und mindestens 64 MB RAM vor. Auch ein CD-ROM-Laufwerk ist sehr ratsam. Immer mehr Datenverkäufer bringen historische Daten auf CD-ROMs, und in Zukunft werden die Anwendungen für CD-ROMs noch zunehmen. Können Sie Ihren Computer später nicht mit einem CD-ROM-Laufwerk nachrüsten, dann sehen Sie von einem solchen Kauf ab.

Sind Sie sehr mobil, oder benötigen Sie den Computer zeitweise auch anderenorts, so sollten Sie die Anschaffung eines Notebooks in Erwägung ziehen. Wenn Sie zu Hause oder im Büro arbeiten, ist der Anschluss einer normal großen Tastatur und eines VGA-Farbmonitors an Ihr Notebook möglich. Wenn Sie verreisen müssen, entfernen Sie Monitor und Tastatur und nehmen nur Ihr Notebook mit. Notebooks sind teurer als Desktops, doch wenn Ihnen die Mobilität wichtig ist, sollten Sie die zusätzlichen Kosten nicht scheuen.

Hardware-Empfehlungen

Personalcomputer (PC)
Pentium III-Prozessor
Festplattenlaufwerk, 7 bis 10 Gigabyte
64 MB RAM, Minimum
1,44-Diskettenlaufwerk oder ein Zip-Laufwerk mit einer Speicherkapazität
von bis zu 100 MB
CD-ROM-Laufwerk oder CD-ROM-kompatibel für spätere Aufrüstung
Band-Laufwerk für Datensicherung
56er-Modem, je schneller, desto besser
17-Zoll-VGA-Farbmonitor

PC. Der wichtigste Grund für die Auswahl eines PCs ist, dass die meiste Investment-Software für das IBM-Umfeld (unter Windows) geschrieben wurde. Windows bietet Ihnen eine benutzerfreundliche Grafikschnittstelle, die bei den meisten Software-Programmen standardmäßig angeboten wird. Es gibt keinen zwingenden Grund dafür, ein anderes System zu kaufen. Alternativ können Sie auch über einen Apple Mac nachdenken – der läuft in der Regel stabiler, doch gibt es eben den Nachteil, dass nur wenige Programme für das Apple-OS-System geschrieben wurden.

Pentium III. Die meisten Hardware-Hersteller bieten Pentium-Prozessoren an. Eine Taktfrequenz von 500 MHz sollte für Ihre Bedürfnisse ausreichen.

Festplattenlaufwerk. Innerhalb eines Zeitraumes von 10 Jahren, hat sich die Speicherkapazität des Festplattenlaufwerks von 40 MB auf 10 und mehr Gigabyte gesteigert. Die Programme sowie das Windows-Umfeld erfordern immer mehr Speicherkapazität. Sie sollten einen Computer mit der höchstmöglichen für Sie erschwinglichen Speicherkapazität anschaffen. Hören Sie nicht auf jene, die Ihnen weismachen wollen: „Eine so große Speicherkapazität werden Sie niemals benötigen", denn Sie werden sie benötigen. Die Kosten der Speicher-Chips sowie anderer Computer-Komponenten sinken. Vor nur 10 Jahren hätten Sie für ein 40-MB-Festplattenlaufwerk noch so viel bezahlt wie heute für eine 10-GB-Festplatte.

RAM. Ihr Computer bedarf eines RAM-Speichers zur Durchführung der gesamten höheren Analyse. Sie sollten 64 MB in Erwägung ziehen, die bis auf 256 MB oder mehr nachrüstbar sind. Indem Sie sich der Möglichkeit einer Aufrüstung des Computers, dessen Kauf Sie in Betracht ziehen, vergewissern, sparen Sie auf lange Sicht Geld. Sie werden sich nicht alle zwei oder drei Jahre einen neuen Computer anschaffen müssen, um eine neue Software verwenden zu können. Brauchen Sie mehr RAM, setzen Sie es einfach ein.

Disketten- oder Zip-Laufwerk. Das Standard-Diskettenlaufwerk hat derzeit eine Speicherkapazität von 1,44 MB. Eventuell ziehen Sie ein externes Zip-Laufwerk vor, das über Kapazitäten bis zu 2 GB verfügt (ca. 700 DM). Das 100-MB-Zip-Laufwerk ist sehr weit verbreitet (ca. 280 DM). Zukünftig werden neuere, verbesserte Laufwerke, beispielsweise DVD-Laufwerke, den Markt dominieren. Heute gibt es hier noch Schwierigkeiten beim Datenaustausch, da nur wenige ein solches Laufwerk haben. Dieses Medium können Sie auch für Ihre Datensicherung benutzen.

CD-ROM. Die CD-ROM wird im zunehmenden Maße an Bedeutung gewinnen. Ein CD-ROM-Laufwerk macht wegen der hohen Speicherkapazität der CDs (650 MB) eine Durchsicht und Überprüfung von Marktdaten möglich, die sich über einen Zeitraum von 20 Jahren angesammelt haben. Dies ist besonders nützlich bei einer Überprüfung von Trading-Systemen unter verschiedenen wirtschaftlichen Bedingungen. Achten Sie deshalb darauf, dass dieses Laufwerk installiert ist. Wenn Sie sich beschreibbare CDs und einen externen CD-Brenner (ca. 600 DM) kaufen, so können Sie Ihre wichtigsten Daten auch auf CD speichern und sichern.

Bandlaufwerk. Das Bandlaufwerk ist eine weitere Möglichkeit, von allen Daten auf der Festplatte Sicherungskopien zu erstellen. Suchen Sie das verlässlichste Bandlaufwerk, denn Ihre Daten sind Ihr größtes Vermögen. All Ihre finanziellen Entscheidungen basieren auf der Interpretation dieser Daten. Schützen Sie sie also.

Kaufen Sie das Bandlaufwerk mit der höchsten Speicherkapazität, die Sie sich leisten können. Der Versuch einer Nachladung all Ihrer Programme und Daten bei einem Defekt des Festplattenlaufwerkes kommt einem Alptraum gleich, den Sie sich sicher ersparen wollen. Haben Sie Ihre Daten gesichert, so können Sie ruhig schlafen, denn Sie wissen, dass all Ihre Daten und Programme sicher verwahrt sind. Erstellen Sie an jedem zweiten Tag eine Sicherungskopie Ihres Festplattenlaufwerkes. Für bestimmte Dateien können Sie auch das Diskettenlaufwerk verwenden. Versichern Sie sich, dass die 1,44-Diskette alle Dateiinformationen aufnehmen kann. Testen Sie die Datei, bevor Sie sie kopieren, um sicherzugehen, dass die Diskette über ausreichend Speicherplatz für alle Daten verfügt.

56-bps-Modem oder schneller. Je schneller Ihr Modem arbeitet, desto schneller erfolgt die Datenübertragung. Als Trader oder Investor werden Sie Informationen über Hunderte von Aktien aus dem Internet in Ihre Stammdatenbank herunterladen. Verwenden Sie ein langsames Modem, so kostet Sie die verlorene Zeit Geld und Gelegenheiten. Die Datenübertragung sollte so schnell und so exakt wie möglich vonstatten gehen. Selbst wenn Ihr Datenverkäufer die Daten nicht schneller übermitteln kann, so wird er sich wegen des wachsenden Konkurrenzdrucks bald dazu gezwungen sehen. In der Zwischenzeit wird einfach die Übertragungsrate so lange sinken, bis sie sich dem gegenwärtigen Datenverkäufer angepasst hat.

17-Zoll-Farbmonitor, möglichst größer. Während einige einen 17-Zoll-Monitor als Luxus betrachten, werden Sie feststellen, dass er eher eine Notwendigkeit ist. Der große Bildschirm erleichtert die Anzeige und Handhabung zahlreicher Datenfenster. Ein größeres Blickfeld kommt Ihnen bei grafischen Entscheidungen hinsichtlich Ihrer Kursdiagramme zugute. Die Möglichkeit, die Farbe verschiedener Datenblöcke auf einem großen Bildschirm zu ändern, kann beim Zugang zu Bereichen, in denen die Daten in einem Chart komprimiert sind, sehr nützlich sein. In naher Zukunft wird der flache TFT-Bildschirm zu erschwinglichen Preisen erhältlich sein. Tritt diese Situation ein, sollten Sie einen solchen Monitor in Erwägung ziehen. Haben Sie einmal einen größeren Monitor verwendet, wird Ihnen eine Rückkehr zu einem 14-Zoll-Bildschirm fast unmöglich erscheinen.

Software

Es gibt mittlerweile unzählige Softwareprodukte und Handelsplattformen auf dem Markt. Alle angeführten Produkte sind sehr umfangreich und strotzen nur so vor Hilfsmitteln und Funktionalität. Natürlich können sie nur einen kleinen Ausschnitt aus dem riesigen Angebot darstellen. Es obliegt dem einzelnen, sich genau und ausführlich über die verschiedenen Möglichkeiten zu informieren, bevor er sich für die eine oder andere Software entscheidet.

EQUIS INTERNATIONAL (www.equis.com)

Equis International ist seit 1984 von Salt Lake City in Utah aus tätig. 1988 wurde der Firmenname von Computer Asset Management auf Equis International geändert. Mit unzähligen Preisen und Auszeichnungen ist Equis International eine der ersten Adressen im Bereich der Investment Software. Unter den verschiedenen Equis-Produkten ist MetaStock sicherlich das herausragendste.

MetaStock für Windows 7.2

MetaStock ist eine gelungene Mischung aus zukunftsweisender Technologie und leistungsstarken Analysewerkzeugen. Seit über einem Jahrzehnt setzt MetaStock im Bereich der Software zur technischen Analyse Maßstäbe, an denen andere Softwarepakete gemessen werden. MetaStock ist bislang das einzige technische Analyseprogramm, das wirklich objektorientiert in der 32-bit Ausführung arbeitet und zu 100% mit Microsoft Office 97, Windows 95 und Windows NT kompatibel ist.

Alle Kursdarstellungen und Hinweise auf Ihrem Bildschirm sind Objekte, die Sie anklicken, bewegen und verändern können. Um Preisdarstellungen von zwei oder mehr Unternehmen in einem Diagramm zu sehen, muss nur eine der Darstellungen angeklickt und in das gewünschte Fenster hinübergezogen werden. So können mühelos verschiedene Preisdarstellungen in einem Chart kombiniert werden.

MetaStock nutzt die Möglichkeiten des Internets: Links zu Quotes, News, Charts oder Bulletin Boards im Internet können leicht per Mausklick auf den jeweiligen Wert aufgerufen werden. Eine automatische Onlineaktualisierung der Werte erfolgt über das Internet.

Dank MetaStocks umfassender Sammlung von im Programm integrierten Indikatoren und Darstellungsarten kann jedes Portfolio schnell analysiert werden. So bietet MetaStock Hilfe bei der Entwicklung eigener Handelsstrategien. Desweiteren steht der Indicator Builder zur Erstellung eigener Indikatoren sowie der System Tester zur Überprüfung neuer Handelsansätze zur Verfügung.

– Expert Symbols überwachen den Chart ständig auf wichtige Ereignisse. Im Chart werden dann entsprechende Kauf- bzw. Verkaufssignale angezeigt.

– Expert Trends hilft bei der Erkennung steigender, fallender oder gleichbleibender Trends.

– Expert Highlights ist ein visuelles Werkzeug zur Chartanalyse, das günstige Handelsbedingungen anzeigt.

– Expert Alerts informieren mit akustischen Signalen über wichtige Handelssituationen.

Systemanforderungen
- Windows 95 oder Windows NT 4.0 oder höher
- Prozessor: ab Pentium II
- Ab 32 MB RAM; 64 MB werden empfohlen
- Festplatte mit mindestens 60 MB freier Kapazität

Außerdem werden zu MetaStock folgende Plugins angeboten:

The Bollinger Band System – Auf der Grundlage der bekannten Bollinger Bands haben John Bollinger und Equis International ein mechanisches Tradingsystem erstellt, das die Preisbewegung eines Wertes unter Berücksichtigung des Money Flow Indikators (MFI), der das Volumen mit einbezieht, sowie des Bollinger Volatility Index (BVI), der die relative Volatilität eines Wertes gegenüber anderen misst, in Relation zur Bewegung des Indikators stellt.

John Murpy's Chart Pattern Recognition – Hilft bei der Erkennung der neun wichtigsten Chartmuster und gibt sehr ausführliche Informationen zum jeweiligen Tradingverhalten.

Dynamic Trading Tools – Auf der Basis der grundlegenden Konzepte der

Technischen Analyse, nämlich Unterstützung, Widerstand und Trendlinien, wird mit diesem Plugin der Anwender näher an die komplexe
Materie der Chartanalyse herangeführt.

Performance Systems Plus – Dieses Plugin beinhaltet 54 komplette
Trading-Systeme.

Weitere Informationen über Metastock, ein Metastock-Forum und
Software zu günstigen Konditionen finden Sie im Internet unter
www.TerminmarktWelt.de/metastock

OMEGA RESEARCH (www.tradestationtechnologies.com)

Als eines der führenden Unternehmen in der Entwicklung professioneller
Handelssoftware wurde Omega Research von der TradeStation Group
übernommen. Nach wie vor legt das Unternehmen größten Wert auf inno-
vative Technologie und stabile Leistung. Die beiden Hauptprodukte
SuperCharts 4.0 und die Omega Tradestation stoßen auf große Begei-
terung in der Tradergemeinde, nicht zuletzt weil Omega qualitativ hochwertige Produkte zu erschwinglichen Preisen anbietet. Sowohl der Technische Support als auch die Dokumentation sind vorbildlich.

TradeStation (www.tradestation.com/individual/tradestationplatform/)
Die TradeStation ist das Vorzeigeprodukt aus dem Hause Omega Research.
Als die erste TradeStation 1991 auf den Markt kam, war sie ein sofortiger
Erfolg. Die vielseitige Software wird in erster Linie zum Handel von
Optionen und Futures herangezogen.

Über die Handelsplattform TradeStation sind historische Daten für Aktien,
Indices und Futures über bis zu 30 Jahre verfügbar. Ab November 2000 stehen sogar Intraday- und Minutencharts zur Verfügung.

Mit einfachen Schritten kann ein Alert Monitor eingerichtet werden, der
das Erreichen der entsprechenden Kriterien automatisch signalisiert. Mit
vorgefertigten Listen wird das Beobachten ganzer Sektoren vereinfacht.
Der Ticker kann beliebig platziert werden. Die größten Gewinner und Verlierer des Tages sind auf einen Blick übersichtlich erfassbar. News und

Alerts werden automatisch und in Echtzeit angezeigt. Alle wichtigen fundamentalen Daten stehen mit einem Mausklick zur Verfügung.

Eine Vielzahl an Möglichkeiten bietet auch die Chartdarstellung: jeder beliebige Zeitrahmen kann eingestellt werden. Man kann zwischen verschiedensten Darstellungsformen und über 70 Indikatoren wählen. Außerdem können eigene Indikatoren programmiert werden. Viele Zeichenwerkzeuge und damit verknüpfbare Signale stehen zur Auswahl.

22 vorinstallierte ShowMe-Funktionen können schnell um eigene mögliche Chartmuster erweitert werden. Die PaintBar-Funktion färbt vorher definierte Muster in anderen Farben ein, um sie für den Betrachter leichter erkennbar zu machen.

Weitere Informationen über Tradestation, ein Tradestation-Forum und Software zu günstigen Konditionen finden Sie im Internet unter www.TerminmarktWelt.de/tradestation

VECTOR VEST (www.vectorvest.com)

Die Firma Vector Vest war früher unter dem Namen Marketsoft Research bekannt und hat es sich in den wenigen Jahren ihres Bestehens zum Ziel gesetzt, trotz bester Qualität und aktuellster Technologie erschwingliche Produkte auf den Markt zu bringen. Diese Software kennt man unter dem Namen ProGraphics und ProTrader.

ProTrader 5.0

ProTrader ist das Tradingmodul, das auf der Chartanalysesoftware ProGraphics aufgesetzt wurde. Eine große Anzahl technischer Hilfsmittel mit über 40 Indikatoren erleichtert kurzfristig wie langfristig orientierten Tradern die Suche nach profitablen Trades.

Mit dem ProTrader Sequencer können mehrere Suchvorgänge auf einmal ausgeführt werden. Damit fällt die Suche nach geeigneten Kandidaten für einen profitablen Handel leichter.

Die Kriterien der Key Reversals, der Channel Breakouts, Moving Average Crossovers, Expansion Breakouts , Range Breakouts, Explosive Breakouts und Exhaustive Reversals können mit wenigen Mausklicks schnell und einfach auf tausende Werte angewendet werden. Der Relative Moving Average, die Lizard Tails und der Gap Finder helfen bei Tradingentscheidungen.

NIRVANA SYSTEMS

Nirvana Systems bietet seit 1987 hochwertige automatische Handelssysteme an. Der OmniTrader, eine vollautomatisierte Software zur Marktanalyse, ist das Hauptprodukt. Er erlaubt es dem Anwender, interessante Tradingsituationen in extrem kurzer Zeit zu finden und zu identifizieren.

OnmiTrader 2001 für Windows

OmniTrader ist ein vollautomatisiertes Handelssystem mit vielen einzigartigen Eigenschaften. Mit OmniTrader können automatisierte Handelssysteme getestet, Kauf- und Verkaufssignale generiert und bestätigt werden. OmniTrader-Anwender werden von den folgenden Eigenschaften in ihren Handelsentsheidungen unterstützt:

Die automatisierten Funktionen von OmniTrader erscheinen in der To-Do List. Mit einen Mausklick lässt sich das jeweilige Portfolio neu berechnen, die jeweils passenden Handelssysteme für jeden Wert neu optimieren und Handelssignale generieren.

Jedes Trading-Modell stellt Filter für Kauf und Verkauf zur Signalgenerierung zur Verfügung. So zeigt das "Medium-Term-Model" auch wirklich die mittelfristige Richtung an. Alle Trading Modelle haben auch bestimmte Verkaufsregeln, um eine optimale Performance zu erzielen. Die einzelnen Modelle können auch verändert und angepasst werden, damit Sie Ihre eigenen Strategien verwirklichen können.

Die Focus List vermittelt einen schnellen Überblick über die aktuellsten Kauf- und Verkaufssignale. Mit nur einem Mausklick wird der entsprechende Chart mit allen Signalen und Trendlinien dargestellt.

Aus über 120 Systemen werden diejenigen Indikatoren aufgelistet, die nach einem Test und einer Optimierung sich als aussagekräftig erwiesen haben. Den jeweiligen Indikator wie auch eine Beschreibung des Indikators mit den optimierten Werten und die Trefferquote in der Vergangenheit kann man sich durch einen Klick auf die entsprechende Zeile anzeigen lassen.

Die Option Time Synch ermöglicht die Darstellung aller offenen Charts mit der gleichen Skalierung darzustellen. Dies bietet die Möglichkeit, alle Werte aus einem Sektor und die dazugehörigen Signale direkt miteinander zu vergleichen.

Um das Trading zu vereinfachen, besitzt OmniTrader noch weitere Features wie z.B. eine vollintegrierte Depotverwaltung, mit der mehrere Konten bzw. Depots verwaltet werden können. Desweiteren kann mit Hilfe des Game- bzw. Lab-Mode auf spielerische Weise eine Markt-Simulation gestartet werden.

Weitere Anbieter für Handelssoftware sind im Internet leicht zu finden, da alle Broker sowohl Software als auch die Echtzeitdaten anbieten. Eine kleiner Hinweis: Der Börsenverlag Richard Ebert AG nimmt seit mehr als 25 Jahren die interessantesten Finanzmärkte weltweit unter die Lupe. Neben umsetzbaren Trading-Strategien liefert er Ihnen professionelles Know-how für den Handel unterschiedlicher Anlageprodukte. Zusätzlich bieten Ihnen die renommierten Experten hervorragende Beratung und erstklassigen Service zu den beiden führenden Softwares Metastock und Tradestation. Informieren Sie sich unter www.TerminmarktWelt.de.

PAPER-TRADING FUNKTIONIERT NICHT

„Traden Sie Ihr System erst auf dem Papier, und wenn das funktioniert, versuchen Sie es am richtigen Markt." Obwohl dies ein vernünftiger und logischer Ratschlag zu sein scheint, wird diese Methode in den meisten Fällen beim echten Traden nicht funktionieren. Paper-Trading oder Computersimulationen funktionieren recht gut, um ein Trading-System zu testen. Doch das bedeutet nicht, dass es auch wirklich erfolgreich sein wird. Auch wenn dieses System sehr gut funktioniert und auf dem Papier nur geringe Verluste und hohe Erträge anzeigt, heißt dies nicht zwangsläufig, dass sich Ihr Kapital erhöhen wird. Die meisten Leute, die sich mit der Herstellung von Trading-Systemen befassen, vergessen dabei den wichtigsten Teil der Gleichung: Sie. Leider befolgen Sie, anders als bei anderen Anwendungen, nicht immer die Vorschriften. Sie treffen emotionale Entscheidungen oder fällen Urteile auf der Basis anderer Informationen, die aus dem Deal ein Verlustgeschäft machen könnten. Dasselbe Geschäft könnte sich bei einem

Test auf dem Papier oder mittels einer Computersimulation als erfolgreich erweisen. Beziehen Sie jedoch die menschliche Komponente in den Entscheidungsprozess ein, so könnte es zu einem gegenteiligen Resultat kommen. Führen Sie ein Geschäft auf dem Papier durch, riskieren Sie kein echtes Geld. Dasselbe trifft für das Testen eines Trading-Systems zu. Sie sehen sich nur Zahlen an, und diese Zahlen stellen keine emotionale Verbindung her, haben keinen psychologischen Einfluss auf Sie, bis Sie Ihr Geld in das Geschäft investieren. Dann, und nur dann, verursachen diese Zahlen tiefe Gefühle, die physische Reaktionen hervorrufen. Das Traden auf dem Papier ist eine emotionslose Angelegenheit und daher als Indikator für Ihre Resultate nutzlos.

Ein Trading-System ist nicht besser als die Person, die es verwendet. Sie entscheiden letztendlich darüber, wann Sie Geld in ein Geschäft investieren oder im umgekehrten Fall aus einem Geschäft abziehen. Nicht der Computer, sondern Sie treffen schließlich die Entscheidung, zu kaufen, zu verkaufen oder zu halten. Solange Sie es nicht schaffen, rationale Entscheidungen am Markt zu treffen und Ihrem Trading-Plan zu folgen, wird selbst das beste Trading-System versagen.

In Kapitel 3, „Geldmanagement" wurden Sie über die DDRL-Gleichung informiert. Diese Gleichung wird Ihnen bei der Verbesserung Ihrer Trading-Methode behilflich sein, indem sie den Schwerpunkt auf Computer Nr. 1 legt – Ihren Geist! Auf diese Weise können Sie Ihre Resultate verbessern, wenn Sie gewisse Probleme in Ihrem Trading-Muster aufdecken. Wenn Sie die Informationen der Investologie und die DDRL-Gleichung anwenden, sollte Ihr Trading-System bessere Resultate erzielen, denn Sie werden eine bessere Kontrolle über den alten Moneymaker – sich selbst – haben.

TRADING-SYSTEME

Ein Trading-System ist nur so gut wie die Selbstdisziplin, das Wissen, die Erfahrung und die Fertigkeiten der Person, die es benutzt. Das beste System der Welt mag auf dem Papier oder in einer Computersimulation

Geld einbringen, doch wenn der menschliche emotionale Faktor ins Spiel kommt, bleiben die Resultate doch zumindest sehr zweifelhaft.

Ich amüsiere mich immer, wenn ich andere Trader davon sprechen höre, dass das System „versagte". Meistens versagte nämlich nicht das System, sonder der Trader, der das System tradet. Trading-Systeme sind mathematische Instrumente mit eingebauten Problemen. Kein System kann in allen Märkten erfolgreich sein. Ein System mag eine Zeit lang in einem Markt funktionieren, ein paar Monate später jedoch kläglich versagen. Das heißt nicht, dass man Trading-Systeme nicht verwenden sollte; sie sollten verwendet werden. Die eigentliche Aufgabe besteht darin, herauszufinden, wie gut das System wirklich ist, indem man seine Fehler aufspürt und versucht, es anzupassen, um möglichst gute Ergebnisse zu erzielen. Da Märkte dynamisch reagieren und menschliche Emotionen reflektieren, wird es meines Erachtens niemals ein perfektes Trading-System geben. Und doch geht die Suche nach einem „perfekten Trading-System" weiter. Sie sollten nun erkennen, dass es keinen Weihnachtsmann und kein perfektes Trading-System gibt. Es gibt allerdings einige sehr gute Systeme, die meistens funktionieren und zufrieden stellende Ergebnisse liefern. Um gute Resultate zu erzielen, ist die richtige Interpretation des Trading-Systems unabdingbar; außerdem muss es verhindern, dass Ihr Trading-Plan aufgrund emotionaler Entscheidungen eine Änderung erfährt.

Die meisten Menschen versuchen, um jeden Preis Verluste zu vermeiden, aber das ist ein sinnloses Unterfangen. Verluste sind ein Teil des Realitätstests eines exzellenten Trading-Systems. Sie streben nicht das System an, das den höchsten Profit erzielt. Sie wollen ein System, das konstante Gewinne einbringt und bei dem auch eine gewisse Anzahl von Verlusten hinzunehmen ist. Ohne die Fähigkeit der Verlustanalyse werden Sie niemals herausfinden, wie gut ein System im Vergleich zu einem anderen ist.

Ein weiteres mit Verlusten im Zusammenhang stehendes Problem bezieht sich auf die Frage, wie wir Verluste verkraften. Oftmals wird ein perfektes System ausgetauscht, da es in der Tat einige Verluste einbrachte. Um ein Trading-System richtig bewerten zu können, müssen Sie sowohl seine

Schwächen als auch seine Stärken kennen. Sich ausschließlich auf die positiven Seiten zu konzentrieren ist wertlos, wenn eine Änderung der Umstände eintritt und Ihnen Ihr System um die Ohren fliegt. Immerhin gehen Sie nicht Bankrott, wenn Sie Geld verdienen – Sie gehen Bankrott, wenn Sie nicht verstehen, wie Ihr System auf Verluste reagiert, oder die Höhe der Verluste nicht kennen, die für dieses System üblich ist.

Zusammenfassung

Dieses Buch hat Ihnen gezeigt, dass Sie nur erfolgreich sein können, wenn Sie lernen, die psychologischen Barrieren, die ein jeder von uns überwinden muss, zu verstehen und zu bekämpfen. Im Rahmen der Investologie identifizierten wir Verhaltensmuster sowie gesellschaftliche Modifikationen, die zu Ihrem Versagen als Trader oder Investor führen können, wenn Sie sie nicht korrigieren. Die 15 Regeln der Kapitalanlage sind nicht nur eine Möglichkeit, die Kontrolle emotionaler Entscheidungen zu vereinfachen, sondern sie dienen auch dazu, solide Investitions- und Trading-Entscheidungen zu fällen.

Risiko- und Geldmanagement ermöglichen Ihnen nicht nur eine Einschätzung des Risikos und die Verteilung des Kapitals in verschiedene Formen, sondern sie helfen Ihnen auch bei der Analyse Ihrer wahren Trading-Fähigkeiten. Dies erreichen Sie durch Verwendung der DDRL-Gleichung. Genau so, wie ein Trading-System Ihnen bei der Identifikation von interessanten Trades behilflich ist, analysiert die DDRL-Gleichung den Trader, der diese Trades durchführt. Haben Sie Ihre Methode verstanden und kennen sich selbst, haben Sie letztendlich die geistige Einstellung, über die nur wenige Auserwählte verfügen.

Sie haben von einer Methode zur Auswahl und Überprüfung erfahren, die mit einer Reihe von Regeln Märkte und einzelne Investments quantifiziert. Durch die Vorstellung der Strategien einer verbesserten taktischen Portfolio-Verteilung (ETAPS) und der Konjunkturzyklus-Investitionstaktiken (ECIT) lernten Sie, wie Sie ein brauchbares taktisches Trading-Portfolio einrichten können, das ausreichend diversifiziert ist, ohne die Gewinnrate zu schmälern, die Sie als Trader oder aggressiver Investor anstreben.

Sie sollten alle Informationen dieses Buches ausnutzen und in die Praxis umsetzen. Wozu haben Sie sich all dieses Wissen angeeignet, wenn Sie nichts damit anfangen? Lassen Sie es nicht zu, dass irgendwelche Ängste die Oberhand über Ihre Intelligenz gewinnen und Sie dominieren. Sie wissen, wie Sie Risiko quantifizieren und sich selbst auf intelligente Weise schützen können. Die Angst davor, irgendein Risiko einzugehen, kann man mit einer Krankheit vergleichen, die ebenso tödlich und heimtückisch ist wie Viren oder Bakterien, und die Auswirkungen können ebenso verheerend sein. Aus Statistiken wissen wir, dass viele Amerikaner, unabhängig vom jetzigen Einkommen, an die Armutsgrenze kommen werden. Dies liegt in erster Linie daran, dass Menschen im Hinblick auf ihre Anlagestrategien zu konservativ sind und Renditen erzielen, die mit Inflation und Steuern nicht mithalten können. Wenn Sie das Risiko scheuen, könnten auch Sie zu den Opfern dieser Statistik zählen. Es ist interessant, dass gerade das Szenario, vor dem Sie sich am meisten fürchten, eine sich selbst erfüllende Prophezeiung werden kann. Eine zu konservative Haltung kann sehr beängstigende negative Konsequenzen nach sich ziehen.

Ich fordere Sie auf, Ihr Leben in finanzieller Hinsicht zu verbessern. Das können nur Sie selbst tun. Sie dürfen die Dinge nicht so hinnehmen, wie sie sind. Sie können erfolgreich sein; was andere Ihnen sagen, spielt keine Rolle. Wenn Sie einfach Ihre neuen Kenntnisse anwenden und Ihre eigenen Erfahrungen nutzen, können Sie erfolgreich sein. Als Trader oder Investoren sind wir oft von zu vielen negativ denkenden Menschen umgeben, die uns weismachen wollen, dass wir dieses oder jenes nicht können. Doch eigentlich meinen sie, dass sie selbst nicht dazu in der Lage sind und uns den Erfolg nicht gönnen.

Sie halten den Schlüssel zu der aufregenden, chancenreichen Welt des Tradens und Investierens in der Hand. Sie haben den Schlüssel! Öffnen Sie einfach die Tür, und treten Sie ein in die Welt, die nur wenigen Auserwählten vorbehalten ist.

Anhang

RICHTUNG, DISZIPLIN, RISIKO UND DIE DDRL-GLEICHUNG

Eine Erläuterung der folgenden Gleichung finden Sie in Kapitel 2.

$$DDRL = \frac{Gewinne}{Verluste} \cdot \frac{gesamter\ durchschnittlicher\ DM\text{-}Gewinn}{gesamter\ durchschnittlicher\ DM\text{-}Verlust} \cdot \frac{Gewinne}{Verluste}$$

Kaufen	Verkaufen	Hebelwirkung
Richtung	Selbstdisziplin	Kompetenz
Investment-Auswahl	Risikomanagement	Hebel-Berechtigung
Prüfungen		
Timing		Unter +1, kein Hebel
Geldmanagement		+1,2 bis 2, Verwendung der Marge
		Über +2,4, Marge und Optionen

Wie schon in Kapitel 3 erklärt, sollte bei einem Ergebnis von unter +1 keine Hebelwirkung verwendet werden. Ein Ergebnis von +1,2 bis +2 rechtfertigt den Gebrauch der Marge. Ein Ergebnis von +2,4 zeigt an, dass Marge und Optionen eingesetzt werden können. Die rechte äußere Seite der Gleichung gibt Ihnen Auskunft über Ihre wahren Fähigkeiten sowie über die Höhe und Art der verwendbaren Hebel.

Ergebnis von (0)	bis 1	= 0 Marge
Ergebnis von +1,2	bis +1,4	= 20 – 30 % Margen-Kaufkraft
Ergebnis von +1,5	bis +2	= 33 – 45 % verfügbarer Margen-Kaufkraft
Ergebnis von +2,4	bis +4,0	= gesamte verfügbare Margen-Kaufkraft, Optionen und Termingeschäfte

KAPITALSCHWUND

Eine detailliertere Erklärung dieser Tabelle finden Sie in Kapitel 3.

Kapitalschwund-Kalkulationen

Trade	Monat	Netto Gew./Verl.	Erträge	Kapitalabbau	Kapitalabbau-Berechnungen
1	Januar	DM 10.000	DM 10.000	0	0
2	Februar	- 1.000	9.000	-1.000	-1.000
3	März	+1.150	10.150	0	-1.000 + 1.150
4	April	+1.000	11.150	0	0
5	Mai	-1.500	9.650	-1.500	-1.500
6	Juni	-500	9.150	-2.000	-1.500 - 500
7	Juli	+1.200	10.350	-800	-2.000 + 1.200
8	August	-500	9.850	-1.300	-800 - 500
9	September	+2.000	11.850	0	-1.300 + 2.000
10	Oktober	-500	11.350	-500	-500
11	November	+2.100	13.450	0	-500 + 2.100
12	Dezember	+750	14.200	0	+750

Mit und ohne Hebel

Gewinn zur Ohne Hebel	Kostendeckung	Gewinn zur Marge	Kostendeckung
Aktie fällt um 10 %	11 %	Aktie fällt um 10 %	25 %
Aktie fällte um 15 %	17,6 %	Aktie fällt um 15 %	42,9 %

Keine liquiden Mittel durch Hebelwirkung – nur pyramidenförmiger Kapitalaufbau

Zeitraum und Geschäfte	Rendite	Aktueller Wert	Zukünftiger Wert
Ein Jahr	12 %	10.000 DM	
Vier Geschäfte	57,35 %	10.000 DM	15.735,19 DM

10.000 DM jährlich aufgezinst

Jahr	20 %	30 %	40 %	50 %	60 %
1	12.200 DM	13.000 DM	14.000 DM	15.000 DM	16.000 DM
2	14.400 DM	16.900 DM	19.600 DM	22.500 DM	25.600 DM
3	17.280 DM	21.970 DM	27.440 DM	33.750 DM	40.960 DM
4	20.736 DM	28.561 DM	38.416 DM	50.635 DM	65.536 DM
5	24.883 DM	37.129 DM	53.782 DM	75.937 DM	104.857 DM
6	29.859 DM	48.268 DM	75.295 DM	113.906 DM	167.772 DM
7	35.831 DM	62.748 DM	105.413 DM	117.859 DM	268.435 DM
8	42.998 DM	81.573 DM	147.578 DM	256.289 DM	429.496 DM

25.000 DM jährlich aufgezinst

Jahr	20 %	30 %	40 %	50 %	60 %
1	30.000 DM	32.500 DM	35.000 DM	37.500 DM	40.000 DM
4	51.840 DM	71.402 DM	96.040 DM	126.562 DM	163.840 DM
6	74.649 DM	120.670 DM	188.238 DM	284.765 DM	419.430 DM
8	107.495 DM	203.932 DM	368.947 DM	640.722 DM	1.073.741 DM

25.000 DM über 20 Jahre aufgezinst

Jahre	15 %	20 %	25 %
20	409.163,43 DM	958.440,00 DM	2.168.404,35 DM

MARKTTREND-QUANTIFIKATOR

Datum	Markt	Indikatoren	Gesamt-Punktwert	Trend $'\neq\emptyset$	Aktion KVH

Indikatoren +1 oder –1; positiver Trend +2; negativer Trend –2; neutral 0.
Aktion: K = kaufen; V = verkaufen; H = halten; Trendrichtung $'\neq\emptyset$.

TECHNISCHE ENTSCHEIDUNGSMATRIX

Datum	Gegenstand	Indikator P.-Ergebnis	Trend--Ergebnis	Trend Gesamt	Aktion KVH

Indikatoren +1, –1; Trendergebnis +2, –2 oder 0; Trendrichtung ´≠Ø. Aktion: K = kaufen; V = verkaufen; H = halten. Benutzen Sie für die Investments das jeweilige Symbol.

Markttrendrichtung und -Dauer

Eine ausführliche Erklärung finden Sie in Kapitel 4.

Bedeutende Zyklen

Bedeutende Aktienzyklen: Komponenten und Messung

Jahre	Monate	Wochen
4,5	6,0	18,0
3,0	3,0	6,5
1,0	1,5	3,5

Zykluskomponenten

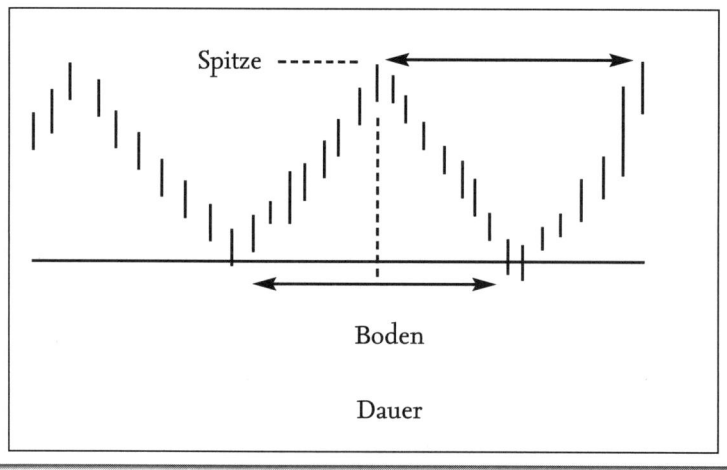

ANTWORTENSCHLÜSSEL ZUR ERMITTLUNG DES TRADING-ERGEBNISSES

Beantworten Sie zunächst die Fragen des Arbeitsblattes in Kapitel 1. Für jede Frage steht Ihnen eine Reihe von Antworten zur Verfügung. Jede Antwort entspricht einer Zahl. Diese Zahl wird registriert; anschließend werden alle Zahlen addiert. Die Summe stellt Ihr Ergebnis dar. Im Folgenden erhalten Sie eine Erläuterung Ihres Ergebnisses.

1.	A = 3	B = 1	C = 4	
2.	A = 1	B = 3	C = 4	
3.	A = 1	B = 3		
4.	A = 2	B = 1		
5.	A = 2	B = 1	C = 4	D = 1
6.	A = 1	B = 2		
7.	A = 1	B = 2	C = 3	
8.	A = 1	B = 2	C = 4	D = 6
9.	A = 1	B = 3	C = 6	D = 9
10.	A = 3	B = 1		
11.	A = 1	B = 3	C = 5	D = 9	E = 0
12.	A = 1	B = 2	C = 3	D = 5
13.	A = 1	B = 2	C = 4	D = 6

Was Ihnen Ihr Ergebnis verrät

21 oder weniger Punkte. Ein solches Ergebnis identifiziert Sie als einen konservativen Investor. Investitionen mit hohem Risiko werden Ihnen den Schlaf rauben. Richten Sie also Ihr Augenmerk auf Investitionen mit niedrigem Risiko, bis Sie Ihre Fertigkeiten verbessert haben. Verwenden Sie die Informationen dieses Buches und die Regeln der Kapitalanlage.

21 bis 35 Punkte. Sie haben als Investor wahrscheinlich schon eine fünfjährige oder noch längere Erfahrung. Sie besitzen ein Verständnis für Risiko und Verlust und sind in der Lage, kalkulierte Risiken einzugehen. Sie halten jedoch möglicherweise zu lange an einem Investment fest und grenzen Verluste nicht rechtzeitig ein. Diese Situation können Sie verbessern, indem Sie den Regeln des Investierens folgen und sich auf Ihre Schwachstellen konzentrieren.

36 Punkte oder mehr. Sie traden möglicherweise Optionen. Seien Sie vorsichtig; Sie neigen dazu, hohe Risiken einzugehen und zu spielen, anstatt zu traden und zu investieren. Folgen Sie unbedingt allen Regeln der Kapitalanlage, speziell jenen, die das Geldmanagement betreffen. Bei einer Kontrolle Ihrer Verluste könnten Sie als Trader sehr erfolgreich sein. Führen Sie sich vor Augen, dass die Anzahl Ihrer Verlustgeschäfte höher sein wird als die der meisten anderen, denn Sie befinden sich in einer aggressiveren Position.

DER UNTERSCHIED ZWISCHEN GEWINNERN UND VERLIERERN

1. Gewinner lernen aus ihren Fehlern, Verlierer nicht.
2. Gewinner machen niemand anderen für ihre Niederlage verantwortlich. Verlierer machen jeden dafür verantwortlich, nur sich selbst nicht.
3. Gewinner gehen kalkulierte Risiken ein. Verlierer gehen nur Risiken ein.
4. Gewinner lernen, ihre Gefühle zu beherrschen. Verlierern gelingt dieses nicht oder nur selten.
5. Gewinner lernen stets dazu und verbessern somit ständig ihre Leistung. Verlierern fehlt dazu die Zeit.
6. Gewinner folgen Regeln. Verlierer kennen keine Regeln.
7. Gewinner setzen ihre Stärken ein und minimieren ihre Schwächen. Verlierer kümmern sich nicht um ihre Schwächen.
8. Gewinner entwickeln einen Erfolgsplan. Verlierer haben keine Pläne.
9. Gewinner verteilen das Risiko. Verlierer setzen alles auf eine Karte.

Alle Selektionen und alle Strategien der Welt können nichts bewirken, wenn Sie nicht lernen, emotional gesteuerte Entscheidungen zu kontrollieren. Sie müssen Ihr Ego und möglicherweise selbstzerstörerisches Verhalten erkennen und sich damit beschäftigen. Nach dem Studium der Investologie sollten Sie sich bei einem Blick in den Spiegel wesentlich besser kennen.

DIE ENTWICKLUNG EINES TRADING-PLANS

Der Trading-Plan ist der Schlüssel zu Ihrem Erfolg. Er zwingt Sie dazu, sich auf die für das Erreichen Ihrer Ziele entscheidenden Faktoren zu konzentrieren. Traden ist ein Geschäft, und jedem erfolgreichen Geschäft liegt ein gut entwickelter Geschäftsplan zugrunde. Ohne einen ausgeklügelten Trading-Plan besteht nur wenig Aussicht auf stetigen Erfolg.

Es folgen einige Punkte, die für die Entwicklung Ihres Trading-Planes wichtig sind. Sechs Faktoren sollten bei jedem Trading-Plan berücksichtigt werden: (1) Investologie – psychologische Aspekte des Trading und der Entwicklung einer Trader-Mentalität; (2) Risikomanagement; (3) Geldmanagement; (4) technische Faktoren; (5) fundamentale Faktoren; (6) Anwendung.

Investologie
1. Bestimmen Sie Ihren Zeitrahmen.
2. Folgen Sie den 15 Regeln der Kapitalanlage.

Risikomanagement
1. Bestimmen Sie das Risiko-/Gewinn-Verhältnis.
2. Verwenden Sie Chart-Projektionen.
3. Setzen Sie an Ausstiegspunkten Stops.
4. Setzen Sie konkrete, keine mentalen Stops.

Geldmanagement

1. Wie sieht Ihr DDRL-Ergebnis aus?
2. Welcher Anteil des verfügbaren Gesamtkapitals sollte riskiert werden?
3. Welche Summe sollten Sie in jedem einzelnen Trade riskieren?
4. Welche Hebelwirkung sollte verwendet werden?
5. Rechnen Sie mit Verlusten und erhalten Sie Ihr Kapital.
6. Traden Sie maximal drei bis fünf Positionen gleichzeitig.
7. Verwenden Sie die 80/20-Regel.
8. Skalieren Sie Ihre Kapitalverwendung.
9. Verwenden Sie passive „Erlösbringer", um Verluste auszugleichen.
10. Nehmen Sie Gewinne mit.

Technisches

Markt oder Märkte

1. Wählen Sie einen Zeitrahmen.
2. Lassen Sie zunächst einen zweijährigen Tages-Chart anzeigen.
3. Verwenden Sie einen einjährigen Tages-Chart.
4. Verwenden Sie einen sechsmonatigen Tages-Chart.
5. Ermitteln Sie Trendlinien.
6. Bestimmen Sie 20-, 50-, 150-tägige exponentielle gleitende Durchschnitte.
7. Identifizieren Sie Kursanstiegs-/Kursrückgangslinien.
8. Markieren Sie Unterstützungs- und Widerstandslinien.
9. Verwenden Sie das Markttrendquantifikator-Punktsystem.
10. Bestimmen Sie anhand der oben genannten Punkte den Trend.

Trading- oder Investment-Instrumente

1. Verwenden Sie Trendlinien.
2. Verwenden Sie 20-, 50-tägige exponentielle gleitende Durchschnitte.
3. Bestimmen Sie Unterstützungs- und Widerstandslinien.
4. Identifizieren Sie Chartmuster.
5. Benutzen Sie Umsatz und Umsatzindikatoren.
6. Bestimmen Sie anhand der oben genannten Punkte den Trend.

Trendumkehr-Indikatoren

1. Verwenden Sie 12-, 20- und 50-tägige exponentielle gleitende Durchschnitte.
2. Verwenden Sie den MACD.
3. Wenden Sie den 9- und 14-tägigen RSI an.
4. Benutzen Sie 12-, 26- und 39-tägige Kursänderungs-ROC.
5. Führen Sie Stochastik oder Williams' % R durch.
6. Verwenden Sie das Punktsystem des Trendquantifikators.
7. Verwenden Sie bei der Bestimmung von Kauf-/Verkaufspunkten bei einer Trendumkehr die oben genannten Punkte.
8. Es steht Ihnen frei, fünf weitere Indikatoren zu verwenden. Versichern Sie sich jedoch, dass sich die Punkte 1 bis 5 nicht wiederholen.

Fundamental

1. Treffen Sie eine Auswahl von Unternehmen mit Wachstumsraten von 20 bis 30 Prozent pro Quartal. Je höher die Wachstumsraten, desto besser.
2. Wählen Sie Unternehmen aus mit einer Jahreswachstumsrate von 20 bis 50 Prozent während der letzten drei bis fünf Jahre.
3. Achten Sie darauf, dass der Anteil des Institutionseigentums bei 3 bis 15 Prozent liegt.
4. Halten Sie Ausschau nach Unternehmen mit mittlerem oder niedrigem Schuldenniveau oder gar keinen Schulden.
5. Wählen Sie Unternehmen aus, die Marktführer in ihrer jeweiligen Branche sind, oder solche, die auf dem Vormarsch sind.
6. Suchen Sie nach Unternehmen, die sich durch ausgezeichnetes Management und exzellente Produkte ausweisen.

Anwendung

Alle Analysen der Welt werden Ihnen nichts nutzen, wenn Sie Ihren Plan nicht befolgen. Lassen Sie es nicht zu, dass mit Ihrer Analyse eine Paralyse einhergeht: Handeln Sie nach Ihrem Plan.

Danksagung

Niemand ist eine Insel. Dieses Buch wäre ohne die Unterstützung anderer Menschen nicht entstanden. Denen, die mir in so vielfältiger Weise geholfen haben, möchte ich hiermit meinen Dank aussprechen.

George Jew und MicroWareSystems

Joycene Deel

Robin Sennett

Ann Rose

Equis International Inc.

WaterHouse Securities

Bernadine Burlin

Valarie Garces

Jane Rundell

Tom DeMark

Pamela von Giessen

Vonnie Rejae

Christine Furry

Über den Autor

Robert Deel trainierte zahlreiche professionelle Trader, Broker und Finanz-planer in den Bereichen Technische Analyse und taktisches Trading. Als anerkannter Trading-Experte ist Robert Deel Portfoliomanager für strate-gische Managemententscheidungen. Er spezialisierte sich auf taktisches Portfolio-Management.

Robert Deel entwickelte die Methode der Enhanced Tactical Portfolio Strategies (ETAPS). Dieses taktische Diversifikationssystem ist für erns-thafte Trader und Profis gedacht, die eine schützende Diversifikation für ihr Portfolio wollen, ohne dass dies auf den Gesamtgewinn entscheidende Auswirkungen hat. Deel entwickelte auch die Gleichung für Direction, Discipline, Risk and Leverage (DDRL). Diese Gleichung untersucht Ihre persönlichen Trading-Fertigkeiten und Ihre Methode. Sie zeigt persönli-che Problembereiche auf und kann Ihnen dabei behilflich sein, den für Sie richtigen Hebel zu finden. Robert Deel trat im Fernsehen und im Radio auf und veranstaltet Workshops in ganz USA.

REGISTER